犯罪学评论

Criminology Review

刘晓梅　编著

社会科学文献出版社
SOCIAL SCIENCES ACADEMIC PRESS (CHINA)

目 录
CONTENTS

I 犯罪学研究/会议综述

II 犯罪防控研究

III 青少年犯罪研究

IV 毒品犯罪研究

V 社区矫正研究

VI 天津犯罪调研

I 犯罪学研究/会议综述

我国城市犯罪若干热点问题研究综述

一 城市街面犯罪及其防控研究

街面犯罪是世界各国在城市化进程中普遍遭遇的一种社会现象。近年来，我国城市街面犯罪不仅发案率高，而且犯罪手段复杂多样，危害程度也不尽相同，已成为对广大人民群众生命财产安全和正常生活秩序的严重威胁。资料显示，自 2004 年以来，全国各地每年发生的"两抢一盗"犯罪案件占全部刑事案件的八成。[①] 街面犯罪已经成为影响我国城市社会治安的主要因素，对社会的和谐发展造成了严重的不良影响。公安部分别于 2002 年、2005 年、2006 年、2008 年、2010 年、2011 年部署开展了全国性的打击"两抢一盗"专项行动，对街面犯罪进行了治理，从而较大程度地遏制了这一犯罪现象的蔓延和扩张。但是，情况依旧不容乐观。在我国城市化进程中，以及当前人口大规模流动的浪潮中，如何有效地控制街面犯罪，这是一个值得引起全社会共同关注的问题。

[①] 周忠伟、李小强：《遏制街面犯罪的警务机制研究》，《中国人民公安大学学报》2005 年第 6 期。

有学者对街面犯罪的概念和特点进行了界定。① 所谓街面犯罪，是指发生在城市街道、车站、公共交通工具、码头、集贸市场、公园等公共场所的违法犯罪，主要包括街面抢劫、抢夺、盗窃、街面诈骗以及色情或麻醉敲诈等各种犯罪。街面犯罪具有以下特点：1. 街面犯罪发案率高、报案少，犯罪黑数高。以广州市街头抢夺手机犯罪为例，绝大多数受害人都没有选择去公安机关报案。对此，广州市公安局的解释是："对抢手机这样的案子，80%的失主都不会报案，为什么呢？就是老百姓觉得即使案件破了，东西也找不回来了"。② 2. 街面犯罪案件的犯罪主体多为流动人口，而在街面犯罪案件的类型上，又以盗窃、抢夺、抢劫等侵财性犯罪所占的比例较大。在宁波市和广州市，八成左右的街面犯罪由外来流动人口所为。3. 作案过程短，逃离现场快，跨区域作案。犯罪分子多利用交通工具如摩托车，在街道、金融机构附近等公共场所寻找、物色作案对象，或精心选择作案对象，尾随伺机突然作案，而如果遇到反抗则实施暴力，因此，其作案的过程通常较短，且一旦得手即迅速逃离现场。4. 人员流动性大，调查取证相对困难。街面犯罪的受害人员及周围群众主要是流动人员，这就增大了寻找证人作证的难度；或者即使找到证人，但因其与犯罪分子接触的时间较短，所以也很难提供对侦查有价值的线索。

陈山、蔡鹤等于 2007 年 8 月采用抽样问卷、抽样访谈等研究方法对成都市街面犯罪进行调查。③ 调查表明，成都市街面犯罪中侵财性犯罪比例较大、发案最严重的几类罪依次是盗窃、"两抢"、诈骗；犯罪地多为集市、车站、商场附近、大街等人财物集中的地方，未发现犯罪时间的分布规律；在街面犯罪中，共同犯罪占的比例较大，犯罪人有较强的预谋性（约有 1/3 的犯罪人曾作好犯罪准备工作），作案过程较快，逃跑迅速，"打一枪换个地方"。街面犯罪的犯罪人呈现以下特点：外地人所占比重较大；中青年人所占比例极大，未成年人和老年人所占比例很小；无职业者犯罪也占较大比例（约占四成）；犯罪人文化水平低，其中小学以下文化程度的街面犯罪人

---

① 王永杰：《论街面犯罪的特点及侦查对策》，《犯罪研究》2007 年第 3 期。
② 参见《便衣警察助破广州治安困局双抢警情降 23.25%》，《瞭望东方周刊》2006 年 6 月 28 日。
③ 陈山、蔡鹤：《成都市街面犯罪调查》，《青少年犯罪问题》2008 年第 2 期。

占调查对象总数的 55.9%；街面犯罪中累犯、惯犯、再犯较多。陈山等人从微观和宏观两个层面对街面犯罪的原因进行了分析：从微观上看，街面犯罪人的犯罪原因中，生活所迫（占 23.5%）、不良习惯（占 26.5%）和一时冲动（占 47.1%）占主导地位，容易脱逃、人多机会多和容易得手是犯罪人选择街面犯罪的前三大原因，约占总数的 80%；从犯罪宏观原因来看，选择"失业率高"的占 47.6%，"经济发展水平"的占 34.7%，"城市化程度"的占 15.3%，其他的占 5.6%，不清楚的占 6.5%。

张扬、张未东、杨俊峰等分析了当前街面犯罪的新动向，发现"打手黑市"已跻身于街面犯罪。近年来，医院、娱乐圈、施工工地等新兴街面已经成为"打手黑市"经常出现的地方。有的人雇请杀手，行凶报复；有的人纠集打手，强揽工程；有的人为泄私愤，封门堵路；等等。如 2005 年 8 月，来自四川的 13 位农民工因陕西安达建设工程有限公司拖欠工资与该公司董事长交涉时，30 多名手持钢管、钢筋的小伙子冲进办公室，不分青红皂白对着农民工就开始抽打，造成农民工中六人受伤，其中两人伤势较重。① 街面犯罪的手段呈现多样化、智能化、专业化特征。当前，街面犯罪的形式花样繁多、不断翻新，呈现多样化特征。在盗窃机动车、电动车等案件中，作案手段的智能化程度越来越高，犯罪嫌疑人利用"解码器""专用钥匙""专用剪刀"打开车锁方便快捷，作案成功率大大提高。在盗窃机动车案件中，盗车、伪装、运输、销赃、上牌"一条龙"作案已屡见不鲜，充分体现了街面犯罪的专业化倾向。犯罪的暴力性持续凸显，犯罪嫌疑人在作案过程中，为实施犯罪、逃避打击，大多携带匕首、短刀、棍棒等凶器，行凶伤人，暴力拒捕。在飞抢案件中，犯罪嫌疑人常驾车"冲撞""挤逼""强拉"或"摔打"被害人，常造成被害人受伤或死亡。被媒体报道的潮州"铁锤帮"，作案手段极度残忍，他们用铁锤击打被害人头部后实施抢劫，致多人死伤。② 被害人从高危群体、弱势群体向一般群体扩散。近年一些城市发生的飞车抢夺、戳汽车轮胎和拎包、瞄准从银行提款的人员等案件中，并不完全针对"走夜路者"、妇女和中老年人等弱势群体。犯罪分子

---

① 张扬：《多发性街面犯罪新动向及其因应策略》，《贵州警官职业学院学报》2007 年第 4 期。
② 张未东、杨俊峰、马建文：《论珠三角街面犯罪的防范与打击》，《法治论坛》2009 年第 2 期。

在精心准备、乘人不备的情况下，许多青壮年也成了侵害对象。

关于街面犯罪的侦查对策。与其他犯罪相比，街面犯罪的现场抓捕率较低、破案率较低。打击街面犯罪存在抓现行犯罪难、调查取证难、排查布控难、审查深挖难、追捕缉逃难等问题，致使街面破案率低，且街面犯罪案件的升幅远远高出一般案件的升幅。这"一高一低"为在街面作案的犯罪分子留下了巨大的生存空间，在一定程度上助长了犯罪分子的嚣张气焰。为了增强侦控街面犯罪的实效，应当以街面犯罪情报信息为基础，通过情报信息主导侦查，综合运用巡逻堵截、视频图像监控、便衣侦查、专案侦查、专项斗争、公开悬赏等多种侦查措施，相互协调、相互补充，形成严密完善的侦查对策体系。① 近年来，各地公安机关面对街面犯罪高发、警力资源不足、人力成本过高等现实挑战，纷纷设置视频监控系统对街面犯罪进行侦查取证。金诚等以浙江省×市为研究对象，采取定量与定性相结合的评估方法，对该市现有视频监控系统进行应用评估。该研究以该市某年每个季度第1个月受理的侵财型案件为样本，共抽取1、4、7、10四个月侵财型案件2050起，并结合110刑事报警数量，就案件的发生数量、发生地点、侦破方式等三个方面进行数据对比分析，以评估现有视频监控的应用效果。调查表明，利用视频监控系统的技术防范模式较传统的人力防范模式具有明显的优势；但从应用现状来看，当前视频监控系统的整体应用效果与其初始目标尚有差距，投入与产出不相匹配，存在着布建不合理，应用效能低等问题。金诚等笔者建议在充分认识犯罪规律和监控的区域性功能定位的基础上，科学合理地布建视频监控系统，采用多种方法提高对视频监控数据的运用能力，最大限度地发挥该系统在街面型犯罪防控中的效能。②

二 城市流动人口犯罪及其防控研究

改革开放以来，伴随我国城市化进程的加快和流动人口的增加，流动人

---

① 王永杰：《论街面犯罪的特点及侦查对策》，《犯罪研究》2007年第3期。
② 金诚、伍星：《视频监控系统在街面侵财型犯罪防控中的应用评估》，《中国人民公安大学学报》2008年第6期。

口犯罪问题也越来越突出。在一些大中城市，流动人口犯罪案件已占全部刑事案件的 50% 以上。如上海市为 70—80%，广州市为 69.2%。[①] 许多学者较深入地研究了我国城市化进程中流动人口犯罪问题，并提出了具有可行性的对策性建议，具有重要的理论价值和现实意义。

麻国安所著《中国的流动人口与犯罪》（2000 年）对北京市、上海市、天津市、广东省深圳市和广州市的流动人口犯罪现象进行了实证分析。有学者以 2005—2007 年北京市昌平区外来人口犯罪为调查对象，分析了城市外来流动人口犯罪，并提出了防控对策。[②] 有学者对 2003—2005 年山东省胶南市人民检察院受理的 155 件外来务工人员犯罪案件（涉案外来流动人口 265 人）进行了调查。[③] 也有学者选取了北京看守所所有已判决犯人作为调查对象（样本数量为 348 人，其中北京户籍的犯人只有 48 名，86.2% 的犯人为外来流动人口）进行问卷调查，并从样本中挑选出具有代表性的犯人进行重点访谈。[④] 还有学者对 2001—2006 年苏州市外来人口犯罪情况进行了调查和分析。[⑤] 实证调查表明，流动人口犯罪作为一类特殊群体的犯罪行为，具有以下几个特点：第一，我国流动人口犯罪现象以侵犯财产权利犯罪和以获得经济利益为目的的妨碍社会管理秩序罪为主要类型，通常包括抢劫、盗窃、走私、诈骗、敲诈勒索、拐卖人口，黑社会性质组织罪等。而其中又以盗窃、抢劫、诈骗所占比例最大。第二，从犯罪形式上看，共同犯罪、团伙犯罪较多。外来流动人口主要是通过同乡、亲戚、朋友介绍来到城市的，身处异地，乡土观念和血缘亲属关系使其具有好抱团、易排外的心理，容易形成以地缘、亲缘为纽带的诸如同乡会之类的小团体。他们同吃、同住、同工作，集体行动较多，当遭到不公正待遇或有利可图时，

---

① 冯江菊、张道许：《城市化进程中流动人口犯罪问题研究》，《河南工业大学学报》2007 年第 2 期。

② 参见陈守海、吴锋《城市外来流动人口犯罪与防控对策——以北京市昌平区外来人口犯罪为例》，《消费导刊》2008 年第 4 期。

③ 张青媛、杨艳芬：《城市外来务工人员犯罪情况的调查报告》，《国家检察官学院学报》2006 年第 1 期。

④ 包路芳：《城市适应与流动人口犯罪——北京犯罪问题的 80 年对比研究》，《中国农业大学学报》（社会科学版）2007 年第 4 期。

⑤ 参见陆冬英、陈园园《关于外来人口犯罪的几点思考——以苏州市外来人口犯罪的调查为视角》，《广州市公安管理干部学院学报》2007 年第 3 期。

极易进行共同犯罪。① 在流动人口中，民工帮会是近年来涌现出的一类比较典型的秘密的社会型非正式组织。有调查表明，黑社会、会馆势力的渗透及民工组织的癌变是民工犯罪的新趋势。② 第三，流动人口犯罪主体以男性青壮年为主。据调查，青壮年是流动人口的高发年龄段，当前我国流动人口犯罪嫌疑人主要集中在 19—35 岁这个年龄段，约占流动人口犯罪嫌疑人总量的八成。

关于流动人口犯罪的原因分析。多数学者认同，流动人口犯罪是一种复杂的社会现象，是城市化进程中必然的伴生物；流动人口犯罪是经济原因、社会环境原因及文化冲突等各个因素综合作用的结果。调查表明，外来流动人口的犯罪中，因家里太穷而犯罪的占 33%，因外出打工找不到工作、生活无出路而犯罪的占 35%，因好逸恶劳而犯罪的占 17%，因其他原因而犯罪的占 15%。③ 因此，贫困是外来流动人口犯罪最主要的内在动因。另外，城市财物的高度聚合，是外来流动人口犯罪的外在诱因。从社会层面来看，大量流动人口涌入城市又游离于本地社会之外，成为"城市边缘人"，他们常常通过一些非正常甚至非法的方式来保护自己；同时市民的歧视和排斥也加重了其对社会的不满心理。张荆教授对文化冲突与进城农民的犯罪进行研究。他提出，中国城市化的特点之一是大量的农村人口向城市迁移，农村文化板块与城市文化板块在城市中碰撞，城乡文化的差异和冲突带来了进城农民的心理冲突，在特定的条件或诱因下引发了进城农民群体的高犯罪比例。④ 也有学者提出"代价论"，即城市流动人口犯罪是我国实现工业化、城市化、现代化进程中的代价。⑤

流动人口犯罪的防控对策也是研究的热点问题之一。麻国安提出预防流动人口犯罪的三层次论：第一层次的预防是通过发展乡镇企业、小城镇建设和农村第三产业，实现我国农村剩余劳动力的转移；第二层次的预防

---

① 方建中：《流动人口犯罪实证研究》，《求索》2003 年第 6 期。
② 鲁肖麟：《农民工城市适应性与城市治安问题》，《江苏警官学院学报》2008 年第 2 期。
③ 方建中：《流动人口犯罪实证研究》，《求索》2003 年第 6 期。
④ 张荆：《现代社会的文化冲突与犯罪》，知识产权出版社，2009，第 131 页。
⑤ 冯江菊、张道许：《城市化进程中流动人口犯罪问题研究》，《河南工业大学学报》2007 年第 2 期。

是通过加强对流动人口的管理，重点做好对其身份的管理和住所地的管理；第三层次的预防是建议通过将外来流动人口罪犯从流入地监狱移交给其流出地监狱，使外来流动人口罪犯得到更好的改造。有学者通过对农民工城市适应性现状的分析，着重探讨了如何从体制层面和文化层面帮助农民工适应城市生活，以遏制城市流动人口犯罪。其具体建议是，要帮助农民工建立新的社会网络，使他们适应城市环境；要开展法制教育，使农民工知法、守法，能运用法律维护自身权益；应该对农民工采取实名登记、属地管理、集中居住等管理方式，实现其身份的显性化，改变其边缘地位。同时，要从社会保障、政治民主等方面改变农民工的弱势地位，保障其权益。① 张荆认为，解决流动人口的犯罪问题必须从缓解文化冲突的角度入手，才能达到治本的预防犯罪的效果。他提出，应当科学地控制城市的发展规模和速度；努力推进城乡一体化，缓解城乡文化冲突；全面改善进城农民的生存环境；改革现有户籍制度；增强城市公安的快速反应能力；建立服务于农民工的社会组织；进一步建立和完善城市社会福利体系，控制犯罪的增长。还有学者研究发现，社会收入分配严重失衡导致的贫富两极分化，是造成当前城市外来人口犯罪多的深层原因；城市对于外来边缘人群的救助缺失，对犯罪的高发生率又起到推波助澜的作用。他认为从社会救助入手，减小贫富分化鸿沟，将从根源上起到犯罪预防的作用。②

对城市村落（城中村）这一城市犯罪高发区域的研究。流动人口在向城市流动的过程中形成了缘聚型和混居型两种聚居方式，并产生了侵财型违法犯罪高发、流动人口与城市居民间差异悬殊的冲突、妨害社会管理秩序活动增多、易形成黑恶势力等治安问题。③ 据郭星华教授 1999 年对北京流动人口的调查，北京外来流动人口聚居地区的各类违法犯罪人员中，90% 以上是外来人口。麻国安对北京市最大的流动人口聚居区——"浙江村"进行了个案研究，探讨了"浙江村"流动人口犯罪类型、犯罪原因及其防卫机制。张荆对北京市流动人口聚居区——"浙江村""安徽村""新疆村""河南村"

---

① 鲁肖麟：《农民工城市适应性与城市治安问题》，《江苏警官学院学报》2008 年第 2 期。
② 童静铭：《论完善外来低收入群体的救助与犯罪的预防》，《犯罪研究》2009 年第 1 期。
③ 张小兵：《流动人口聚居区治安问题研究》，《福建警察学院学报》2009 年第 3 期。

等城市村落进行了调查研究。在他看来，"城市村落"是一个特殊的文化现象。它是一个既非农村文化，也非城市文化的矛盾体，它与外部的城市社会控制系统相脱离，成为一种自我封闭的体系，而且体系内部经常处于一种"失范"状态。因此，"城市村落"常常是城市犯罪的高发区域。

三 城市青少年犯罪及其防控研究

2009 年 9 月至 11 月，中国青少年犯罪研究会组织三个调研组，赴北京、天津、上海、重庆、辽宁、江苏、云南等 18 个省、直辖市的未成年犯管教所进行调研。该调研共发放问卷 1800 份，收回有效问卷 1793 份，进行了 180 例个案访谈。调研对象中，男性未成年犯 1666 人，女性未成年犯 127 人。[①] 调查显示，我国未成年人犯罪呈现以下新动向：1. 未成年犯文化程度普遍偏低，农村籍未成年人犯罪占较高比例。在 1793 名未成年犯中，"小学没毕业"占 13.78%，"小学毕业"占 14.73%，"初中没毕业"占 43.37%，"初中毕业"占 17.07%，"高中或中专没毕业"占 5.46%，"高中或中专毕业"占 1.5%，"大专以上"占 0.05%。未成年犯初中以下学历的占 93%。农村籍未成年人、无业闲散未成年人犯罪占较高比例。2. 共同犯罪现象比较普遍，在未成年人犯罪案件中占有相当大的比例。据不完全统计，自 2003 年以来，共同犯罪一般占未成年人犯罪总数的 70%，个别地区甚至达到了 80% 以上。目前一些地方已经出现了未成年人模仿黑社会帮会，建立未成年人帮会的情况。据调查，1793 名未成年犯中，"有过组建或加入黑社会性质组织想法"的有 632 人，占 36.03%；"已经加入黑社会性质组织"的有 147 人，占 8.38%；"没有组建或加入黑社会组织想法"的有 975 人，占 55.58%。3. 未成年人犯罪的暴力化、恶性化程度加剧。近年来，犯抢劫、强奸、奸淫幼女、故意杀人、故意伤害这五类严重暴力犯罪的未成年罪犯约占全部罪犯的 50%。未成年人实施的重大恶性案件时有发生，相当一部分省份都出现了未成年人残酷杀害祖父母、父母及其他亲属的案例。4. 未成年人犯

---

① 中国青少年犯罪研究会：《我国未成年犯抽样调查分析报告（2009）》，载《中国青少年犯罪研究会第六次全国会员代表大会资料之三》，2010。

罪多集中发生在经济发展迅猛，外来人口集聚的城乡接合部或新兴城镇。据统计，山东省在押未成年犯中犯罪作案地点属于"城乡接合部""新兴城镇"的占 72.29%。5. 犯罪类型仍以侵犯财产罪、侵犯公民人身权利罪和妨害社会管理秩序罪为主。从具体罪名看，主要集中于抢劫、盗窃、故意伤害、故意杀人、强奸、寻衅滋事等八个罪名。各省普遍情况是，抢劫、盗窃轮流排在未成年人各类犯罪的第一位和第二位，排在第三位的一般是故意伤害、寻衅滋事或者强奸。近年来出现的利用计算机网络诈骗、危害计算机网络安全等智力化犯罪不断增加。6. 大多数未成年犯法律意识淡薄，因一时冲动而犯罪。调查表明，"不知道""不太清楚"未成年人保护法的分别占 36.97% 和 38.05%，两者相加达到 75.02%。在 180 例个案访谈中，80% 以上的未成年犯不知道《预防未成年人犯罪法》。在对未成年犯的访谈中发现，一些未成年犯平时表现不错，甚至很老实，但在特殊情况下，他们一时冲动，导致激情犯罪。这既显示了"90 后"未成年犯心理素质较差，缺少与人沟通和解决突发事件的能力，同时也容易导致令人扼腕叹息的结果。这样的孩子一旦进了监狱，就有可能交叉感染，或因为有前科难以被社会接纳，变成一个"真正的坏孩子"。7. 未成年犯弑亲案折射出一部分"90 后"具有严重的心理和人格缺陷。调查数据表明，未成年犯与父母、老师的关系并不乐观。在对未成年犯和父母、老师关系的调查中，认为父母没能尽到监护和抚养责任的超过 40%，怨恨父母的达 32%，与老师关系好的只占 28%。在是否会选择重新回到学校的选项中，"不会"和"没想好"的分别占 37.81% 和 33.05%，二者加起来也超过 70%。很多未成年犯在回答网络聊天、交友目的的选项中，"缓解压力找人倾诉"的占 49.83%。通过个案访谈发现，一些"90 后"未成年犯普遍存在一种焦虑和孤独感，缺少对生命的感恩和对价值的正确判断，表现出人格缺陷、焦虑暴躁、思维偏执的消极性格和不良情绪。8. 接触网络不良信息，邀约犯罪成为未成年人犯罪新动向。调查发现，80% 以上的未成年人犯罪与接触网络不良信息有关。在未成年犯中，"经常进网吧"的占 93%，"沉迷网络"的占 85%，上网主要目的是"聊天、游戏、浏览黄色网页、邀约犯罪"的达 92%。9. 未成年人犯罪有普遍性的前兆。问卷调查数据和个案访谈表明：未成年人犯罪不仅有年龄的标志——十三四岁是个比较危险的年龄，同时，他们还有行为上的共同点。在对1793名未成年犯问卷调查中的犯罪前有过什么不良行为的选项中，"夜不归宿"占63.11%，"接触不良青少年"占10.72%，"逃学旷课"占5.67%，而"经常离家出走"占31.69%。这些数据表明，大多数未成年人犯罪都有明显征兆。

罗大华教授从北京、广州、成都三地的普通青少年人群、违法青少年人群（来自未成年人劳教所）、犯罪青少年人群（来自未成年人管教所）中抽取男性被试[①]。回收有效问卷共797份，其中普通青少年组179名，违法青少年组277名，犯罪青少年组341名。所有797名被试中，有3名被试年龄项缺失，其他794名被试的年龄分布在14—23岁，平均年龄为17.97岁。研究表明，青少年出现违法或犯罪行为的原因是多方面的，并非某单一因素，而是来自家庭、学校、社区等社会环境，以及其个人心理层面，是多种因素共同作用的结果。研究进一步发现，青少年违法、犯罪行为出现的成因是复杂多样的，但是这些因素之间并不是简单的平行式的影响，而是多层次的。有的因素影响较大，有的影响力较小，有的是直接的，有的是间接的。例如父亲监督就并不直接对是否出现违法、犯罪行为产生作用，而是通过对"低自我控制"产生作用，再通过"低自我控制"对是否出现违法、犯罪行为发生影响，是一种间接作用。[②] 根据该研究的数据分析结果，得到青少年犯罪成因的基本框架如下（见图1）：

张远煌教授承担了教育部哲学社会科学重大课题攻关项目"未成年人犯罪问题研究"，组成课题组于2008年10月—2009年3月选取北京、湖北、贵州三地的未成年犯管教所进行了抽样问卷调查。所有问卷调查对象均为男性未成年在押人员。本次调查采用等距抽样法，在每个省市的未成年犯管教所随机抽取30%的男性在押人员作为问卷发放对象。实际发放问卷1000份，回收问卷983份，其中有效问卷966份，有效回收率为96.6%。

---

① 罗大华：《青少年犯罪成因实证研究》，《青少年犯罪问题》2008年第6期。

② 控制理论（Social control theories）是解释青少年犯罪行为产生原因的重要范式。犯罪学研究表明，在影响青少年犯罪的多种因素中，"低自我控制"（low self-control）的解释力最为突出，青春期特有的身心冲突极有可能导致青少年的越轨行为激增。

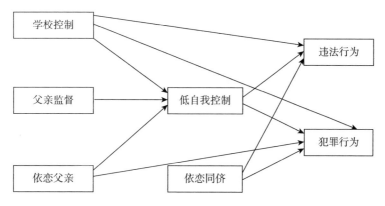

图1 青少年犯罪成因的基本框架

全部问卷资料经检验核实后进行编码，利用 SPSS16.0 统计软件进行数据统计分析。从未成年犯罪人方面的情况看，该数据主要反映出以下四个方面的新特点：1. 无论是从犯罪平均年龄、犯罪高峰年龄还是初犯年龄考察，当前我国未成年人犯罪低龄化的现象有日趋严重的迹象。调查结果显示，未成年犯实施犯罪时的平均年龄为 15.56 岁；未成年犯中 14—15 岁实施犯罪的占 47.2%，16—17 岁实施犯罪的占 52.7%；未成年犯第一次实施犯罪的年龄主要集中在 14—16 岁，占到全部未成年犯的 77.5%；7—13 岁年龄段第一次实施犯罪的比例也高达 9.8%。2. 具有多次犯罪经历者明显增多。3. 闲散状态已成未成年犯罪人案前的主要生活状态。4. 与 20 世纪 90 年代相比，目前未成年犯罪人的文化程度有所提高。调查显示，未成年犯罪人中上过初中的人数最多，占 66.2%；其次是上过小学的，占 19.7%；上过高中、中专或职业高中的占 12.9%；没上过学的仅有 0.8%。从未成年人犯罪行为的实施方面看，数据也呈现出四个方面的新特征：1. 结伙犯罪的组织化程度明显提升。在所有 966 名未成年犯中，有 85.7% 是与他人结伙共同犯罪，只有 14.3% 是单独犯罪。从本次调查所获悉的未成年人犯罪团伙的人数看，87.9% 的团伙在 3 人以上。其中，又以 4 至 6 人的中型团伙为最多，所占比例为 46.2%，更有 5% 的团伙属于 10 至 15 人的大型犯罪团伙，而 20 人以上至 30 人的超大型团伙，也占 1.2% 的比例。未成年人结伙犯罪组织化程度提高，未成年人卷入有组织犯罪的现象出现。2. 犯罪手段的暴力化倾向进一步加强。调查显示，当实施犯罪过程中遭遇到被害人的反抗时，总计有77.6%的未成年犯倾向于选择对被害人实施暴力攻击。其中，23.4%的人选择如能制服被害人就以暴力制服，否则就放弃犯罪；48.1%的人选择直接对被害人实施暴力，直至被害人停止反抗；更有6.1%的人选择干掉被害人，杀人灭口，而只有22.4%的未成年犯在此种情形下选择放弃犯罪，逃离现场。有高达54.2%的未成年犯罪人倾向于通过施暴将犯罪进行到底，这不仅仅说明了未成年人犯罪的暴力色彩浓厚，而且更表明了其犯罪方式还具有较明显的暴虐性。3. 暴力犯罪已成为最主要的犯罪类型。属于成年人犯罪中最典型的四类暴力犯罪——抢劫、故意伤害、强奸和故意杀人，合计已占未成年人全部犯罪的83.4%。本次调查表明，以抢劫为首的暴力犯罪已经稳居我国目前未成年人犯罪的主体位置。4. 犯罪认知度提高、作案的预谋性增强。41.9%的未成年犯罪人在作案前均能够清晰地认识到自己实施的是犯罪行为，37.7%的人虽然缺乏明确的刑事违法性认识，但也意识到了自己的行为会造成严重后果或不利结果。从严格的犯罪构成角度看，有高达79.6%的未成年犯罪人，都属于典型的故意犯罪。一言以蔽之，现阶段未成年人犯罪已呈现出社会危害加重和人身危险性增加的总趋势。①

2008年，中国青少年研究中心"流动青少年权益保护与犯罪预防研究"课题组对北京、上海、广州、南京、杭州、成都、郑州、沈阳这8个流动人口较为集中的城市25岁以下流动青少年违法犯罪的情况进行了抽样调查。调查对象所在机构主要包括：拘留所、看守所、劳教所、普通监狱、重刑犯监狱和未成年人管教所。在调查违法犯罪流动青少年的同时，课题组也调查了一定数量的本地违法犯罪青少年作为对照。共计调查违法犯罪的青少年3427名，其中有效样本3162个。在有效样本中，违法犯罪的流动青少年2101名，占66.4%；本地违法犯罪青少年1061名，占33.6%。在违法犯罪流动青少年有效样本中，699人违法，占33.3%，1402人犯罪，占66.7%。调查表明，流动青少年违法犯罪与当前我国整个青少年违法犯罪的总体状况基本一致，与本地青少年违法犯罪相比存在较大差异——流动青

---

① 张远煌、姚兵：《中国现阶段未成年人犯罪的新趋势——以三省市未成年犯问卷调查为基础》，《法学论坛》2010年第1期。

少年中侵犯财物类犯罪的比例更高。这与他们的成长环境、生活就业、权益保护及社会支持等方面的状况具有一定的相关性。在流动青少年犯罪预防方面，应在综合治理方针的指导下，加强流动青少年权益保护，改善他们的生存发展环境，增强社会支持力度。[1]

此外，还有北京、上海、浙江等地关于青少年犯罪方面的专题调研报告发表在《青少年犯罪研究》《青少年犯罪问题》《法学杂志》等学术期刊上[2]。国内有关"街角青年"亚犯罪的行为倾向的研究和社区青少年犯罪与被害的研究也取得了一些成果。[3]

四 城市空间环境与犯罪防控研究

早在 20 世纪 60 年代，在国外就有学者就城市环境与犯罪防控开展研究，他们的研究成果对通过环境设计预防犯罪起到了不可忽视的作用。如，Jane Jacobs 在《美国大城市的死与生》（1961）一书中指出，随着城市化不断加快和人口不断增加，城市建筑逐渐放弃传统社区街道及建筑的形态，而改以高楼大厦；在一定程度上使传统社区生活遭受严重侵蚀。人与人之间疏远感增加，人际关系隐匿性加大，冷漠感加深，治安死角增加，非正式控制减弱。Newman 于 1972 年出版《可防卫空间——通过城市设计预防犯罪》一书。他在研究纽约市住宅区犯罪情况时提出防御空间四要素论。他认为，在涉及区域建筑环境设计时，应使建筑所有者有较好的监控视野，以便观察陌生人的活动，采取防护措施。Jeffery 在吸收和借鉴前人研究的基础上，提出"情景犯罪预防"（以下简称"CPTED 理论"）。其主要观点如下：（1）城市

---

① "流动青少年权益保护与犯罪预防研究"课题组：《我国八城市流动青少年违法犯罪状况调查》，《青少年犯罪问题》2009 年第 1 期。

② 参见井世洁《城市青少年犯罪原因的实证研究——以上海市 S 区为例》，《青少年犯罪问题》2009 年第 5 期；黄兴瑞等：《少年初犯预测研究——对浙江省少年初犯可能性的实证研究》，《中国刑事法杂志》2004 年第 6 期；席小华、金花：《北京市未成年人犯罪实证研究》，《法学杂志》2005 年第 5 期。

③ 参见左鹏、李艳《当代城市"街角青年"探析——以天津市 Y 社区为例》，《西北人口》2008 年第 3 期；鞠青：《中国城市社区预防青少年违法犯罪工作模式研究报告》，法律出版社，2005；刘晓梅：《社区青少年犯罪被害研究》，《犯罪学论丛》（第 7 卷），中国检察出版社，2009，第 441—454 页。

犯罪行为作为一种特殊的行为方式，其产生机理和作用形态也与城市环境空间密切相关。（2）环境设计不能直接地阻止犯罪，也不能预防所有的犯罪问题，但可以消除诱发犯罪的因素，与其他措施配合才能取得最佳效果。环境设计可增加作案难度，减少犯罪机会，降低管理的难度、增强正式监控的效果，形成良好的自然监视和居住氛围，增加彼此之间的认同感。（3）通过环境设计增进居民对犯罪事件的介入是非常必要的。道路结构、道路的组成形态、住宅周围空间的构成特征、社会及经济性因素、社区管理等因素是预防犯罪的关键因素。Timothy Crowe 从规划设计的角度提出了以环境设计预防犯罪的三条基本准则：自然通道控制、自然监视以及领域感增强①。

目前西方犯罪地理学被分为两个研究领域：一是传统犯罪地理学，重点进行犯罪空间分布及模式研究；二是批判犯罪地理学，从意识形态方面讨论犯罪的区域化。自 20 世纪 70 年代起，犯罪地理学的研究重点在于居民区的空间防御课题。欧美国家针对各自的犯罪情况相继研发了相应的实用性策略、措施，并出台了建设性意见，将其应用到城市规划中去。如国际环境设计预防犯罪协会（ICA）、欧洲环境设计预防犯罪协会（E-DOCA）以及西澳政府犯罪预防局（Office of Crime Prevention）等研究机构或组织机构专门从事城市环境设计预防犯罪的研究和实施工作。自 20 世纪 90 年代起，在传统犯罪地理学继续对犯罪或犯罪行为在空间和时间上的分布予以关注的同时，学界开始热烈地讨论关于犯罪、社会安全和安全政治的区域化问题，并划出一个新的研究范围，即批判犯罪地理学。一方面，研究的焦点不再是犯罪者和犯罪行为本身，而是犯罪防御空间，各个城市、地区开始进行大量的犯罪统计调查，以便描述本地区犯罪空间、时间的特征，有效找出应对措施进行事前防范。另一方面，由于这种犯罪统计数据的描述，许多空间，比如一些公共场所和小区，被定义为"犯罪化空间块"，生活在此空间块的群体常被视为不安全因素，对这些群体的歧视使得真正造成犯罪的社会问题的解决被忽视或遗忘。批判犯罪地理学从西方马克思主义理论角度出发，特别是受到了福柯的"话语的权力"的影响，对资本主

---

① Timothy Crowe, *Crime Prevention Through Environmental Design*, Boston, Mass: Butterworth-Heinemann, 2000, p.36.

义社会制度下的社会控制和犯罪防控政策进行了重新思考和批判。

相对而言，我国犯罪地理学研究起步较晚，近年来有越来越多的学者介入城市空间环境与犯罪防控这一领域。具有代表性的学者主要有王发增、于静、毛媛媛等。从研究内容看，这一领域的研究成果主要集中在以下三方面：城市犯罪空间分布；通过研究犯罪与空间环境的关系，探寻城市犯罪规律；通过环境设计预防犯罪的相关对策研究。研究犯罪与城市环境关系这一课题的学科主要分布在地理学、城市规划、建筑学和犯罪学这四大学科领域。城市规划、地理学、建筑学这三个学科均从空间环境的角度来研究犯罪与环境关系问题，重点探讨城市中各种空间环境变量与犯罪行为之间的关系，并尝试通过环境设计来预防犯罪；犯罪学领域的相关研究表明，物质形态的空间环境对犯罪的影响也正在成为犯罪学领域关注的一个焦点，通过空间环境的改善和设计来阻止和预防犯罪将成为依靠警力、管理等手段之外的必要补充。

1. 城市犯罪空间分布研究

城市犯罪空间分布研究多采用地理学的研究方法，描述犯罪在空间中的分布状况。该研究侧重于系统地分析犯罪的空间分布模式和犯罪生态环境，尝试寻找与犯罪相关的环境因素、社会经济因素、人口因素以及生态因素。

梁治寇以甘肃省为例分析了城市刑事犯罪现象的分布特征与区间差异，用灰色系统关联度的方法讨论了刑事犯罪率与城市社会经济等诸因素间的关系，以解释犯罪现象的地理分布规律及区间差异原因。[1] 程连生等在分析城市刑事犯罪机理和犯罪环境类型的基础上，探讨了北京城市犯罪的特点和时空分布规律，并从维护社会治安的角度讨论了犯罪警示区的划分及社会综合治理措施。[2] 毛媛媛、戴慎志等以《上海公安年鉴》和《新民晚报》报道的犯罪数据为基础，研究了上海城市的犯罪案件空间分布特征及犯罪分布与环境的关系。[3]

---

[1] 梁治寇：《城市刑事犯罪地理初探——以甘肃省为例》，《人文地理》1993 年第 8 期。

[2] 程连生、马丽：《北京城市犯罪地理分析》，《人文地理》1997 年第 12 期。

[3] 毛媛媛、戴慎志：《城市犯罪空间分布与环境特征——以上海市为例》，《城市规划学刊》2006 年第 3 期。

目前国内这方面的研究虽然已进行初步的理论探索，但有分量的实证研究尚且不多。因受到犯罪数据来源限制等因素的影响，也让少有的实证研究成果的可信度大大降低。这些将不利于制定符合地域情况的犯罪防控措施。因此，我国城市的犯罪空间分布研究有待开展。在日后的研究中，不仅城市犯罪空间分布研究对于发现犯罪高发点、指导警力布控具有很强的指导意义，而且在微观层面如某城市犯罪高发区的犯罪分布研究也非常重要。

2. 犯罪与空间环境关系研究

这一领域通过研究犯罪与空间环境关系，探寻城市犯罪规律。如为什么有些地区是高发区域，而有些地区却很少发生犯罪；犯罪行为究竟与城市空间环境存在什么样的关系等问题。

王发曾提出城市犯罪的综合成因论。[1] 他认为，城市特殊的空间环境是形成城市犯罪主体、客观与载体的基本条件；物质景观的利用、构成与管理方式给城市的社会防卫造成了困难；城市的社会经济问题对城市犯罪的发生、发展施加了多种影响；人口问题的温床效应、经济问题的基础效应以及上层建筑、社会心理和文化等问题的催化效应等共同形成了滋生城市犯罪的气候与土壤。因此，影响城市犯罪的因素是多方面的，多种因素在城市地域上的空间组合，构成了城市犯罪的综合成因。在他看来，城市空间环境的基本属性是影响城市犯罪的重要空间因子。他根据空间盲区的形态、性质和对犯罪的影响，将城市犯罪的空间盲区划分为公共、非公共、边际、移动和虚拟空间等 5 种类型，[2] 并分别就各类城市空间盲区进行了论述。

于静通过对广州违法犯罪人员的抽样调查，探讨了城市空间环境特点变化与城市犯罪行为之间的关系。她认为，城市空间环境因素与城市犯罪问题有着天然的联系。一方面，犯罪受其空间环境因素制约。犯罪分子利用防御薄弱的城市空间环境来实现犯罪。换言之，城市空间环境对犯罪有着明显的制约作用，犯罪空间载体是否有利于犯罪的发生，是能否有效防控犯罪的重要条件。另一方面，城市的"时间死角""空间死角""心理死

---

[1] 王发曾：《城市犯罪成因的综合观》，《河南大学学报》（自然科学版）1997 年第 1 期。
[2] 王发曾：《城市犯罪空间盲区的综合治理研究》，《地理研究》2010 年第 1 期。

角""社会死角"等各种类型的空间盲区易诱发犯罪。[①] 还有学者致力于对不同空间类型中的犯罪成因开展研究。总体来看,当前研究所关注的空间类型正趋于多样化,其中以居住空间居多。沈梅梅通过对天津南开区鞍山西道和梅江高层居民住宅区的实证调查,提出高层居民住宅区的犯罪防御对策。[②] 袁晓芬通过对居民安全感的调查来研究居住区的安全性,并尝试提出设计导则[③]。

3. 环境设计防控犯罪对策研究

近年来,城市犯罪的空间防控问题已越来越引起各方面的强烈关注,地理学界、犯罪学界、社会学界和城市规划学界已有部分学者投身于此类研究,研究的触角已开始深入到诸如空间盲区治理之类的应用层面。

李明介绍了国外学者对犯罪与居住环境关系的研究成果,通过实例分析,对改造我国住宅的内部与外部环境,预防犯罪,提出了改进措施。其中就外部硬环境建设应满足:①便于监视;②建筑不留死角,使犯罪分子不便藏匿;③使犯罪分子不便于进入和逃离。[④]

王发曾指出,空间盲区的综合治理是城市犯罪空间防控中实践性最强、最直接、最有效的途径和措施,开展空间盲区综合治理的研究将为提升犯罪地理学的学科价值开辟新的道路。在他看来,空间盲区综合治理研究有以下几大核心任务:一是公共空间盲区的综合治理。各种公共设施和公共场所等城市公共空间,是城市犯罪的高发区域,其盲区治理应按封闭型公共空间(包括商业、文化、金融、服务、娱乐、交通设施等)、相对封闭型公共空间(包括校园、公园、体育场等)、非封闭型公共空间(包括街道、广场、集贸市场、绿地等)等进行分门别类各有侧重。二是非公共空间盲区的综合治理。私人院落和住宅、单元式公寓住宅楼、不对外开放的建筑设施和企事业单位,以及禁止一般人入内的"禁区"等非公共空间,常常

---

① 于静:《城市空间环境与城市犯罪》,《兰州大学学报》(社会科学版) 2008 年第 3 期。
② SHEN, Meimei, Kriminalpraevention in Wohnhochhausquartieren am Beispiel der chinesischen Grossstadt, Tianjin, Berlin, Logos VerlagBerlin, 2009.
③ 袁晓芬:《我国城市居住区的安全性研究——以大连市地区为例》,硕士学位论文,大连理工大学,2008,第 107—111 页。
④ 李明:《城市居住环境与犯罪》,《住宅科技》1992 年第 2 期。

成为罪犯觊觎的目标，同样是空间盲区治理的重点对象。其治理途径有三：治理外部环境，治理内部环境，提高外部、内部环境的警戒能力。三是边际空间盲区的综合治理。城市不同功能分区、社区、街坊、企事业单位之间以及市区与郊区之间的过渡地带等城市边际空间，是城市"问题区"甚至犯罪高发区（点）。边际空间盲区的综合治理，对城市内区际空间关系的调整和城市周边的理性扩展有重要意义，因而是城市犯罪空间防控的一项特殊任务。四是移动空间盲区的综合治理。移动空间包括公（私）车辆、客运列车、民航班机、客运轮船等城市公共或非公共交通工具空间，是城市人和物发生空间位移时的主要载体，随着社会流动性增强，针对乘客以及交通工具本身的犯罪已成为城市的一大公害，应当以加强其内部防控为重点。五是虚拟空间盲区的综合治理。电子音像、文图、凭证、邮电通信和电脑网络等虚拟空间是承载信息资源和信息运动的一种特殊的空间形态，已深入现代城市生活的各个领域。鉴于近年来虚拟空间犯罪越来越猖獗，应以技术手段为主加强犯罪防控。

周向红基于上海部分社区的实证研究，对城市空间环境与犯罪防控的关系进行了探讨。在她看来，"平安城市"建设不应局限于公安部门，而应向规划、交通、环境等相关领域拓展；并应积极寻求多部门、多领域的协同合作，整合利用各种资源，运用系统的、综合的方法解决城市化进程中的平安问题。现阶段，上海应借鉴国内外经验，重点关注以下环节：将平安理念融入空间环境设计；导入政策工具和规划手段，减少住宅阶层化现象，避免新贫民窟形成；采用恰当的环境设计，降低犯罪活动的可能性。[①]

综上所述，虽然近年来越来越多的学科和学者介入城市环境与犯罪关系这一课题的研究，但是通过环境设计预防犯罪在城市规划实践中没有得到足够的重视。在国外，城市规划已经被赋予了犯罪预防的责任。如英国《城市政策白皮书（2000）》（The Urban Policy White Paper〔2000〕）中明确，犯罪预防应当成为城市规划的一个重要目标。而在国内，要想让环境

---

① 周向红：《城市空间环境与犯罪防控的关系》，《上海城市规划》2009 年第 3 期。

设计预防犯罪的重要性被规划部门重视，也许还需要进一步的研究来证明环境设计在犯罪预防中的作用，这样才能让规划师们将重视环境设计预防犯罪的理念贯穿于设计过程。因此，我国学者加强犯罪地理学基础理论研究，进一步深化城市空间环境与犯罪防控课题研究，具有重要的现实意义。

当前我国网络犯罪研究的若干热点问题[*]

当前我国网络犯罪的发展变化呈现如下特点：犯罪的牟利性日益突出，黑客攻击、网络诈骗、网络赌博等犯罪活动催生了协同共生的黑色产业链条[①]；犯罪的精细化程度提高，催生了贩卖"木马"、洗钱、贩卖公民个人信息等专业化的犯罪团伙；犯罪空间跨度大，以电信网络诈骗为例，犯罪分子借助发达的现代通信、网上银行、手机银行等手段，将拨打诈骗电话窝点、网络诈骗平台窝点、地下钱庄窝点藏匿在不同国家、不同地区，实现跨地区、跨国境犯罪。《中华人民共和国刑法修正案（九）》的多个条文均涉及对网络犯罪的规定，如第 29 条对网络犯罪预备行为实行化和对网络帮助行为正犯化的规定[②]；最高法、最高检《关于执行〈中华人民共和国刑法〉确定罪名的补充规定（六）》和最高法关于《中华人民共和国刑法修正

---

* 本文是国家社科基金一般项目"现代大众传媒对犯罪新闻信息传播的实证研究"（13BSH039）和天津社会科学院课题"全球化视角下网络意识形态安全研究"（14YYJ - 11）的阶段性成果，本文原载于《犯罪与改造研究》2016 年第 2 期。

① 目前在中国从事互联网地下黑色产业的人员超过 40 万人，保守估计其产业规模每年高达千亿元。

② 参见喻海松《刑法的扩张——刑法修正案（九）及新近刑法立法解释司法适用解读》，人民法院出版社，2015。

案（九）》时间效力问题的解释自 2015 年 11 月 1 日起生效，上述刑事立法的修订加强了从源头和利益链条上打击网络犯罪的法律保障。2015 年 11 月 29 日至 12 月 3 日，中美举行首次打击网络犯罪及相关事项高级别联合对话，达成《打击网络犯罪及相关事项指导原则》。然而，互联网业态发展瞬息万变，实践中防控网络犯罪仍然面临"道高一尺魔高一丈"等诸多困境。

截至 2015 年 12 月 1 日，笔者通过 CNKI 搜索 2010—2015 年发表的以"网络犯罪"为篇名的文献年均有 150 余篇。2015 年 10 月 11 日全国首届网络犯罪司法实务论坛在辽宁大连召开；11 月 7—8 日在上海举办的中国犯罪学学会第二十四届学术年会主要分论坛之一的主题是"网络犯罪及其防控"，该论坛论文集收录 14 篇相关会议论文；11 月 21 日，中国人民大学刑事法律科学研究中心、中国犯罪学学会、腾讯研究院犯罪研究中心在北京共同举办"2015 互联网刑事法制高峰论坛"，该论文集收录 36 篇相关会议论文，国内 200 多名专家学者和政府部门负责人参会。综观上述学术论文和会议发言，当前我国网络犯罪研究主要集中在以下几个热点问题：

一 关于网络虚拟财产的刑法保护

网络虚拟财产就是各类网络软件平台上由特定的信息、符号或者数据构成，并通过使用者按程序设计的规则获得的，具备一定应用和经济价值的专属财产权利。比如网络邮箱、BBS 以及 QQ 等实时聊天的工具账号内相关的虚拟货币或账号等级，或者在网络游戏里角色拥有的装备、属性、金钱、宠物等。近年来，侵犯网络虚拟财产的事件不断发生，对网络虚拟财产进行法律保护乃至刑法保护的呼声也越来越高。

对于网络虚拟财产是否为刑法意义上的财产，当前在刑法理论学界主要有肯定论和否定论两种观点：肯定论者主张网络虚拟财产是刑法意义上的财产，可以对侵犯网络虚拟财产之犯罪行为以传统刑法中的财产罪予以规制；否定论认为网络游戏只是消遣品，网络虚拟财产只能依托于特定的网络游戏，当网游服务器关闭时，网络虚拟财产无法变现回收，因此其不构成刑法层面上的财产。两种观点的交锋点主要在于，网络虚拟财产的价值问题。① 《刑法修正案（九）》并未涉及侵犯网络虚拟财产的行为。笔者不赞同以司法解释作为对网络虚拟财产刑法保护的前提，主要有两方面原因：一方面，网络虚拟财产犯罪侵犯的是某一类法益，即财产权利，如果仅靠颁布司法解释，每出现一个涉及侵犯网络虚拟财产的犯罪行为就颁布一个司法解释，将造成司法资源浪费；另一方面，没有立法基础的司法解释是无本之木、无源之水，对于规制网络虚拟财产犯罪来说，是治标不治本。笔者认为，对网络虚拟财产的刑法保护而言，涉及网络虚拟财产犯罪不仅仅是集中在某一个行为和某一个罪名，而是涉及刑法中关于财产犯罪的许多罪名。因此，建议依据《立法法》第46条第2款之规定，通过立法解释将网络虚拟财产纳入《刑法》第92条第4项，即将网络虚拟财产纳入该条的"其他财产"范围内。

对盗窃网络虚拟财产的行为，有的观点认为，宜按非法获取计算机信息系统数据罪或破坏计算机信息系统罪定性。② 有的观点认为，应当按照以下四条规则进行处理：盗窃网络服务账号的，如果仅盗窃而并未使用或处分，则不按照犯罪处理；使用或处分的，构成诈骗罪。在盗窃网络服务账号同时取得虚拟物的，在实际处分时记入犯罪数额，并以盗窃罪定罪处罚，如果仅盗窃而未处分的，对虚拟物的部分最多构成犯罪未遂。单纯盗窃虚拟物的，仅凭盗窃行为，不需要后续处分行为即可构成盗窃罪既遂。③ 对利用游戏外挂大量制造、销售游戏金币的行为，一种观点认为构成诈骗罪；另一种观点认为构成侵犯著作权罪和盗窃罪的想象竞合，根据"从一重处断"的原则，应当定盗窃罪。④

二 关于网络（电信）诈骗

近年来，网络和电信类诈骗案件每年以20%—30%速度增长。2015年

---

① 郭泽强、刘静：《网络虚拟财产的刑法保护——以刑法谦抑观为视角》，《2015互联网刑事法制高峰论坛会议文集》，第8页。

② 费翔：《盗窃网络虚拟财产的行为定性探讨——基于刑法解释理由》，《重庆科技学院学报》（社会科学版）2015年第8期。

③ 田宏杰、肖鹏、周时雨：《网络虚拟财产的界定及刑法保护》，《人民检察》2015年第5期。

④ 袁博：《对利用外挂大量制造、销售游戏金币的罪名确定》，《2015互联网刑事法制高峰论坛会议文集》，第23页。

1—8月，全国公安机关查处网络和电信类诈骗案件31.7万件。[①] 网络诈骗案件主要分为网络购物诈骗、冒充熟人诈骗、开设"钓鱼"网站诈骗、以"刷信誉"等为名兼职诈骗、发布虚假中奖信息诈骗、网络交友诈骗等几种类型。近年来，网络购物诈骗、中奖诈骗等传统网络诈骗活动有所收敛，而冒充QQ好友诈骗、虚假钓鱼网页诈骗等技术型诈骗活动高发。此类诈骗活动与黑客技术相互配合，无须通过网络广告等方式吸引网民、无须与网民电话联系，迷惑性更强、成功率更高，导致此类诈骗活动迅速蔓延，诈骗数额不断攀升。根据中国反钓鱼网站联盟发布的钓鱼网站处理简报，截止到2015年10月份，联盟累计认定并处理的钓鱼网站高达256149个。[②] 网络钓鱼诈骗是诈骗者利用欺骗性的电子邮件和伪造的Web站点来进行诈骗，受骗者往往会泄露自己的财务数据，如信用卡号、账户用户名或口令等内容。[③] 网络钓鱼诈骗已经成为当前最严重的网络威胁之一。印波等学者曾深入广西宾阳县（警方发现多数QQ诈骗案件的登录IP和赃款流向之地，被公安部确定为全国七个地域性犯罪类型之一的县城）调研，发现当地许多年轻人靠QQ诈骗发家致富，诈骗者呈低学历化和低龄化趋势；当低学历的QQ诈骗者的收入大大高于大学生时，"读书无用论"在当地盛行；QQ诈骗活动的低犯罪成本（6000元左右启动金）和高期待收益（数百万元），以及低法律风险（破案率不足1%，判决数不到报案数的1%）是助推诈骗者实施犯罪的动力。

网络电信诈骗作为远程非接触性犯罪，诈骗团伙通过租用境外服务器将网络改号软件连接到服务器上，网络诈骗平台窝点、拨打诈骗电话窝点、地下钱庄窝点往往藏匿在不同国家和地区。据我国警方调查，80%以上网络电信诈骗电话来自境外。2014年1至5月中旬，天津警方"防范通讯信息诈骗语音反制诈骗平台"共采集到境外呼入天津的国际主叫话单数为1410万次，远超正常的月均约30万次，其中绝大部分为诈骗电话。为有效治理

---

① 《建立侦查资源共享平台提上日程》，http://news.xinhuanet.com/politics/2015 - 11/27/c_128473196.htm，最后访问时间：2017年7月1日。

② 参见中国反钓鱼网站联盟《2015年10月钓鱼网站处理简报》，http://www.apac.org.cn/gzdt/qwfb/，最后访问时间：2015年11月17日。

③ 郭春涛：《网络诈骗的概念、主要表现及犯罪构成研究》，《信息网络安全》2011年第4期。

跨国跨境网络电信诈骗，近年来我国警方派出工作组分赴印尼、柬埔寨，联手我国台湾、香港与当地警方开展专案侦查打击，并通过加强海峡两岸、香港、澳门和国际执法合作，建立常态化的情报交流、案件侦查、犯罪嫌疑人缉捕等工作机制，不断提高跨国跨境打击犯罪能力。2015 年 11 月 10 日，4 架中国民航包机分别在北京首都、上海浦东、杭州萧山和广州白云机场降落，254 名大陆网络电信诈骗犯罪嫌疑人被中国警方押解回国，4000 起跨国跨境电信诈骗案告破。①

侦破网络诈骗案件及其定罪量刑的关键在于，电子数据作为证据的认定。2014 年，高检院检察技术信息研究中心，正在努力推进互联网证据协助调取的机制，筹建了检察机关电子数据云平台，平台部署了电子数据采集分析、分布式取证、密码破解、互联网资源、数据共享等功能，② 2013 年修改后的《刑事诉讼法》将电子数据作为一类证据种类予以确认，但从司法实践来看，并未形成合理的电子证据取证、鉴定、质证体系，实践对电子数据的真实性和合法性的认识有不同的看法。如何认定第三方提供的能够证明犯罪事实的电子数据等，理论界和实务界也存在较大分歧。骆绪刚认为，我国《刑事诉讼法》没有明确电子数据可以作为搜查扣押的对象，实践中多以勘验、检查、鉴定等方式来收集电子数据。为避免侵犯公民的隐私权和财产权，有必要从电子数据搜查扣押的对象、范围、程序的启动、搜查的程序和方式、违法搜查扣押的救济等方面构建我国电子数据搜查扣押程序，规范电子数据搜查扣押行为，保障公民的合法权益。③ 针对网络犯罪案件中认定被追诉人身份的证据困境，有学者建议通过建立补强证据规则，同时引入刑事推定机制，增强电子数据的证明力和完善电子数据运用规则。④ 赵峰等提出，在网络诈骗案件中电子数据作为证据的认定成为重要

---

① 《4000 余起特大跨国跨境电信诈骗案告破》，http://news. xinhuanet. com/legal/2015 - 11/11/c_128418040. htm。

② 赵志刚：《积极发挥检察机关在打击网络犯罪中的独特作用》，http://dy. qq. com/article. htm? id = 20151205A01WSA00。

③ 骆绪刚：《电子数据搜查扣押程序的立法构建》，《政治与法律》2015 年第 6 期。

④ 王志刚：《论补强证据规则在网络犯罪证明体系中的构建——以被追诉人身份认定为中心》，《河北法学》2015 年第 11 期。

关切点，其不仅需要符合传统证据理论所要求的合法性、真实性、关联性要求，更要拓展应用非法证据排除规则体系，建议制定电子证据刑事调查的特殊规则，逐步完善电子数据鉴定的相关规则，同步完善电子证据的审查采信规则。[①]

此外，还有学者对网络诈骗被害人进行相关研究。[②] 为了从源头上遏制网络电信诈骗，有观点认为应当抓住电信部门掌控的电话诈骗渠道与银行部门能够控制的赃款渠道这两个关键环节，最大限度地挤压违法犯罪空间。为了控制诈骗电话，建议通过立法，加强对网络电话业务、国际语音来电接转业务的监控，严防非法的网络语音来电接入境内。全国人大代表陈伟才等指出，三大电信运营商对于网络改号诈骗难辞其咎。按照电话用户与运营商签订的服务协议，运营商应按电信条例的要求提供准确的来电号码，因改号来电受骗，运营商应负民事赔偿责任。[③] 另外，电信诈骗成功后，犯罪嫌疑人会在银行资金到账的第一时间，通过网络银行将数额巨大的赃款层层分解到十几个甚至几十个下级银行账户，并按照 ATM 提款上限再次分解到众多银行账号中，迅速组织人员提现。为最大限度地减少网络电信诈骗受害人的财产损失，建议尽快建立银行账户网上快速冻结绿色通道。[④] 杨燮蛟等提出应当从立法完善、执法改善、技术加强、社会各方协调等方面来构建网络诈骗的预防体系。[⑤]

三 关于网络恐怖主义犯罪

随着人类迈入信息网络时代，网络为恐怖分子提供了新平台，恐怖主义活动正由物理空间延伸到信息空间。与其他伊斯兰圣战组织相比，ISIS 更

---

① 赵峰、朱金昊：《网络诈骗案件中电子数据证据适用问题研究——以南京市公安局为实例》，《江苏警官学院学报》2014 年第 11 期。
② 江明君、张欣之、胡峻梅：《电话网络诈骗案件中受害人研究》，《中国司法鉴定》2014 年第 4 期。
③ 《近年发生的电信诈骗案件中网络改号占电话作案 90% 以上》，http://kb. southcn. com/content/2015 - 10/16/content_134888995. htm，最后访问时间：2017 年 7 月 1 日。
④ 《电信诈骗为何猖獗》，《法制日报》2015 年 11 月 16 日，第 8 版。
⑤ 杨燮蛟、魏彬、赵雪：《网络诈骗现状与预防体系的建构》，《行政与法》2011 年第 8 期。

擅于利用社交网络进行宣传，不仅从全球招募到数以千计的圣战者加入，而且通过在 Twitter 上开通大量账号，在在线音频分享平台 SoundCloud 上公布音频报告，并通过 Instagram 和 WhatsApp 等社交应用来发布暴恐音视频，宣扬"新时代圣战"。2014 年 6 月，第 68 届联大进行《联合国全球反恐战略》第四次评审并通过决议，根据中国提出的修改意见，这份决议首次写入打击网络恐怖主义的内容。决议要求各国关注恐怖分子利用互联网等信息技术从事煽动、招募、资助或者策划恐怖活动的行为，各国应携手打击网络恐怖主义，绝不能让互联网成为恐怖主义滋生蔓延的土壤。①

自 2014 年以来，"东突"等分裂势力在境外网站发布的暴恐音视频数量较往年大幅增加，并不断通过各种渠道传入中国境内。这些音视频大肆宣传"圣战"等暴力恐怖和极端宗教思想，煽动性极强。2014 年 6 月 24 日，我国国家互联网信息办公室召开新闻发布会，发布《恐怖主义的网上推手——"东伊运"恐怖音视频》电视专题片。从破获的昆明"3·01"、乌鲁木齐"4·30"、"5·22"等多起暴恐犯罪案件来看，暴恐分子都曾收听、观看过暴恐音视频，最终制造暴恐案件。互联网已成为暴恐组织开展活动的主要工具和犯罪空间，网上暴力恐怖音视频已成为当前暴恐案件多发的重要诱因。2014 年 3 月 31 日，新疆高级人民法院、人民检察院、公安厅、文化厅和工商行政管理局联合发布《关于严禁传播暴力恐怖音视频的通告》，其第 3 条明确规定，"严禁利用互联网网站、微博、语音聊天室、网盘以及 QQ、微信等浏览、下载、存储、复制、转发、发布、上传暴力恐怖音视频以及相关网址链接"。2015 年 11 月 1 日开始施行的《刑法修正案（九）》吸收了专家学者的立法建议，通过完善刑事立法，扩张刑法边界，将宣扬恐怖主义思想、煽动暴力恐怖活动入罪。这不仅是解决我国反恐司法困境的需要，而且也顺应了国际反恐立法潮流，有利于以法律的威慑力防控网络恐怖主义。

与传统的恐怖主义不同，网络恐怖主义行动具有更为明显的跨国性和国际性。因此，单一国家的立法并不能有效应对网络恐怖主义犯罪。2001

---

① 李刚：《"网络恐怖主义"发展现状深度剖析》，《中国信息安全》2014 年第 10 期。

年 11 月 23 日欧洲委员会国家及美国、加拿大、日本、南非正式签署的《网络犯罪公约》是打击网络恐怖主义犯罪的首次合作，它对于增强国际合作的力量，打击网络恐怖主义犯罪起到了重要的作用。欧洲理事会《关于防止恐怖主义公约》是目前协调关于恐怖犯罪的实体刑法以及协调恐怖主义受害者、司法管辖权以及国际合作等问题最专业的一部国际公约。《关于制止非法劫持航空器的公约》、《关于制止危害民用航空安全的非法行为的公约》以及《制止在国际民用航空服务的机场上的非法暴力行为的议定书》、《关于防止和惩处侵害应受国际保护人员的公约》、《反对劫持人质国际公约》、《制止恐怖主义爆炸事件的国际公约》等联合国打击特殊恐怖主义行动的公约和议定书已经明确了对于实害型恐怖犯罪的普遍管辖权。面对网络恐怖活动犯罪的管辖权限困惑，为实现对恐怖犯罪行为转移到网络空间之后的有效管辖，有学者建议网络恐怖活动犯罪行为也应当被一体纳入普遍管辖权的适用范围之内。① 笔者认为，应对网络恐怖活动犯罪实行普遍管辖权为核心，一方面应当起草网络反恐公约，提高国际合作的水平，另一方面各国需要通力合作，协调各自的实体法和程序法。

当前，ISIS "建国式" 恐怖主义吸引了全球 80 多个国家和地区数以万计的宗教极端恐怖分子加入其中。迫于全球反恐形势，恐怖活动和恐怖组织的碎片化趋势使微恐怖主义成为国际社会关注的焦点。② 从法益角度来看，网络恐怖主义犯罪一旦得逞，亡羊补牢为时晚矣。为有效防控网络恐怖主义犯罪，必须 "打早打小，露头就打"，发挥大数据在反恐情报中的作用。李本先等利用定性分析方法对大数据在反恐情报中的应用进行了研究。该研究从数据源、疫情发布、情报综合分析能力三个方面论证了大数据在反恐情报方面的作用；提出应在对恐怖分子的作案行动进行追踪、预测与监测恐怖组织活动、可视化分析等方面应用大数据。③ 腾讯公司安全管理部

---

① 于志刚、郭旨龙：《网络恐怖活动犯罪与中国法律应对——基于 100 个随机案例的分析和思考》，《河南大学学报》（社会科学版）2015 年第 1 期。

② 皮勇：《论互联网时代的微恐怖主义》，载张凌等主编《犯罪防控与法治中国建设——中国犯罪学学会年会论文集（2015 年）》，中国检察出版社，2015，第 536 页。

③ 李本先、张薇、梅建明、凌云翔：《大数据在反恐情报工作中的应用研究》，《情报杂志》2014 年第 12 期。

总经理朱劲松在"2015 互联网刑事法制高峰论坛"的发言也涉及大数据与反恐情报问题。

四 关于互联网金融犯罪

2013 年被称为中国互联网金融元年，我国的线上支付、网络信贷等金融服务进入发展井喷期。2015 年 7 月国务院发布《关于积极推进"互联网 +"行动的指导意见》。互联网金融作为"互联网 +"的重要组成部分，正式升级为国家重点战略。《意见》提出全面促进互联网金融健康发展，支持金融机构和互联网企业依法合规开展网络借贷、网络证券、网络保险、互联网基金销售等四大业务要求。近年来借助互联网金融支付工具或者以发展互联网金融为幌子的非法集资案件高发，特别是 2015 年发生的因恶意做空导致股灾、大量 P2P 网贷平台"垮台"事件①，使互联网金融处于尴尬的灰色地带。目前，对互联网金融的发展，主要有以下三个观点：1. 肯定说。互联网金融是传统金融体系的有益补充，有助于实现普惠金融，应该鼓励创新。② 2. 否定说。互联网金融发展存在巨大的金融诈骗风险，可能严重扰乱正常的金融管理秩序，其中某些行为涉嫌违法犯罪。③ 3. 折中说。互联网金融既是重大的金融创新，也面临巨大的风险。④ 皮勇指出，肯定说和否定说过于偏颇，而折中说也没有提出甄别互联网金融创新和相关违法犯罪的标准和对策。⑤ 在部门法中，民商法、行政法和刑法是保障互联网金融的"三驾马车"。民商法着眼于保护投资者利益，行政法着眼于行政监管，而刑法是保障互联网金融安全的最后一道屏障。互联网金融属于金融业务的范畴，

---

① 截至 2015 年 10 月底，P2P 网贷行业累计平台数量已达到 3598 家，其中正常运营平台为 2520 家，累计问题平台达到 1078 家，问题平台约占 3 成。引自《年关效应压垮 P2P 资金链》，《中山日报》2015 年 12 月 7 日，第 A7 版。
② 参见谢平等《互联网金融模式研究》，《新金融评论》2012 年第 1 期。
③ 参见刘宪权、金华捷《P2P 网络集资行为刑法规制评析》，《华东政法大学学报》2014 年第 5 期。
④ 董伟：《互联网金融面临四大风险》，《中国青年报》2014 年 3 月 17 日，第 10 版。
⑤ 皮勇、张启飞：《论我国互联网金融发展的刑法保障》，《2015 互联网刑事法制高峰论坛会议文集》，第 59 页。

对金融业务的监管主要由人民银行、银监会、证监会、保监会等行政部门进行监管。对于金融业务中一些社会危害性较小的金融违法行为，上述监管部门依据相关行政法规予以行政处罚；对于金融业务中那些社会危害性较大的犯罪行为，则由司法机关依据刑法的相关规定，追究相关责任人员的刑事责任。[①] 互联网金融应当遵循"民商事法律、行政法规—刑法"的阶梯式监管体系。一方面，应当积极探索利用民商事法律、行政法律来规范和引导互联网金融发展，通过完善相关法律监管制度，由监管部门以及相关行业自律协会对互联网金融活动进行监管；另一方面，对于互联网金融活动中涉嫌犯罪的行为，应当从社会危害性和刑事违法性两个方面，以及出罪标准和定罪标准两个层次上设定互联网金融发展的刑法保障。为了防范化解互联网金融风险，2015 年 7 月人民银行等十部委发布《关于促进互联网金融健康发展的指导意见》。该意见是第一个指导互联网金融健康发展的纲领性文件，为互联网金融发展指明了方向。然而，该意见属于部门规章，法律层级低，法律效力有限，互联网金融相关立法明显滞后。当前，进一步完善民商法、行政法和刑法，为互联网金融发展保驾护航至关重要。刑法作为最后的保障法，只有穷尽了民事法律和行政法律之后才有必要动用。当前，我国互联网金融的刑事法律风险根源于监管内容的缺位，我国没有形成完整的互联网金融监管体系。对互联网金融活动进行不适当的刑法规制，必然会限制乃至扼杀其发展，同时也会扼杀金融行业的创新。[②]

依据我国刑法的有关规定，在互联网金融领域可能出现的犯罪包括洗钱罪、银行卡类犯罪、非法经营罪、集资类犯罪、证券类犯罪、贷款类犯罪、侵犯计算机信息系统类犯罪、诈骗类犯罪、不正当竞争类犯罪等。[③] P2P 网络借贷平台与非法集资的相关研究是当前研究的热点。近年来，P2P 网络借贷平台涉嫌非法集资犯罪的发案数、涉案金额、参与集资人数激增。P2P 网络借贷平台的刑事法律风险主要表现为："资金池"引发的非法集资

① 刘宪权：《论互联网金融的行政监管与刑法规制》，《法学》2014 年第 6 期。
② 刘宪权：《论互联网金融刑法规制的"两面性"》，《法学家》2014 年第 5 期。
③ 王铼、姜先良：《互联网金融犯罪和刑法干预机理分析》，《2015 互联网刑事法制高峰论坛会议文集》，第 66 页。

风险、大量资金流动引发的洗钱犯罪风险、信用缺失引发的诈骗风险。有学者提出，P2P 网络借贷与非法吸收公众存款有四条界分标准：一看 P2P 网络借贷平台有无虚构借款项目，隐匿借款人信息；二看 P2P 网络借贷平台是否为借款本金和收益做出承诺，是否明确提示风险；三看 P2P 网络借贷平台是否经手资金，形成资金池；四看 P2P 网络借贷平台有无使用投资人资金参与金融活动。[①] 只有明确区分金融创新与金融犯罪，准确界定罪与非罪，才有利于防控非法集资，进而有利于优化互联网金融创新发展环境。有学者建议，应适度包容 P2P 网络借贷平台中的合理经营模式，禁止和打击以模式创新为幌子的非法集资经营模式。[②] 另外，当前我国对网络第三方支付平台的定位模糊，《反洗钱法》（2006 年颁布）对网络第三方支付平台的反洗钱义务没有明确规定，加入的反洗钱及反恐融资的国际公约没有对利用第三方支付跨境洗钱行为进行具体的规定。鉴于此，完善我国反洗钱立法，加强跨境反洗钱国际合作，确定对上游犯罪的管辖权，才能避免网络第三方支付平台成为洗钱犯罪的避风港。此外，由于 P2P 平台门槛低，并没有接入央行的征信系统，容易出现借款人逾期还款、通过虚构项目诈骗出资方款项等法律风险。因此进一步完善我国征信体系等金融生态，将有利于防范 P2P 案件中的恶意逃债"跑路"事件。

---

① 田宏杰、王然：《异化与发展：互联网金融创新与非法集资界分》，《2015 互联网刑事法制高峰论坛会议文集》，第 54—55 页。
② 李卫红、潘华龙：《P2P 网络借贷平台与非法集资的相关研究》，《2015 互联网刑事法制高峰论坛会议文集》，第 81 页。

"第一届中日犯罪学学术研讨会"学术观点综述

    2007 年 10 月 27 日至 28 日，由中国犯罪学研究会和日中犯罪学学术交流会共同主办的主题为"精神障碍者危害行为与犯罪预防"的国际学术研讨会在中国青年政治学院学术报告厅举行。参加研讨会的专家学者围绕以下四个议题进行了深入探讨，为推动我国精神卫生立法献计献策，同时也加强了中日两国犯罪学学术交流，促进了中日两国犯罪学研究的发展与合作。

一　精神障碍与保安处分

    日本早稻田大学石川正兴教授重点介绍了日本 1995 年《精神保健福祉法》（即"关于精神保健及精神障碍者福祉的法律"）的"措置入院"制度和 2005 年 7 月实施的《医疗观察法》（即"有关针对在心神丧失等状态发生重大他害行为者的医疗及观察的法律"）的强制入院和通院处分制度。依据《精神保健福祉法》，精神障碍者或者怀疑患有精神障碍的嫌疑人在被处以不起诉处分时、在被无罪宣判时、在被处以缓刑时或在被处以罚金等财产刑时，检察官必须将此情况通报都道府县的知事。都道府县的知事收到通知后，如果认为有调查的必要，需要让两人以上的精神保健指定医生对通报对象进行诊断。如果所指定的精神保健医生意见一致，认为通报对象是精神障碍者，且如果不为了医疗及保护而入院，其有自伤或他害的危险，都道府县的知事可以强制让通报对象到指定的精神科医院入院。石川正兴教授认为，《精神保健福祉法》的"措置入院"制度原则上不是"保安处分"，但是其在实践中承担了"保护社会上人们的安全"的保安功能。2005年7月15日，是日本在"发生触法行为的精神障碍者对策"方面划时代的一天。此后，对发生触法行为的精神障碍者的处理，从《精神保健福祉法》的程序中分离出来，而优先适用《医疗观察法》的强制入院和通院处分的制度。在处分决定的主体、处分的要件和处分的内容等方面，强制入院和通院处分与"措置入院"有所不同。首先，强制入院和通院处分的决定是法院做出的，一般由法官和精神保健审判员（精神科医生）合议决定是否对发生触法行为的精神障碍者做出强制入院和通院处分决定，而"措置入院"是由都道府县的知事这一行政机关做出的。其次，在处分的要件上，《医疗观察法》只适用于实施了相当于杀人、放火、强盗、强奸、强制猥亵、伤害等重大他害行为的精神障碍者。最后，在处分的内容上，入院处分没有时间限制，法院每6个月做1次继续收容的决定，收容对象在指定的医疗机构接受持续合适的治疗。在没有必要收容的情况下，由法院判断并做出"出院"的决定，转移至"通院处分"。"通院处分"包括缓刑型和假释型。在"通院处分"期间，缓刑型和假释型原则上都是3年。在没有通院必要的情况下，由法院做出"处遇终了"的决定。石川正兴教授强调，《医疗观察法》上的处分不以"社会防卫"和"保安"为目的，而是以"精神障碍者本人的医疗和福祉"为目的，但是也不能说《医疗观察法》就完全没有社会防卫的色彩。

北京大学孙东东教授就中国对精神障碍者实施保安处分的有关立法情况作了介绍。中国对精神障碍者实施保安处分的国家法律规定为《中华人民共和国刑法》第18条和《中华人民共和国人民警察法》第14条。在地方立法层面，最有代表性的是《上海市精神卫生条例》和《北京市精神卫生条例》。依据法律法规规定，在中国对精神障碍者实施强制医疗的主体只能是公安机关，其他任何单位和个人都不得对精神障碍者实施强制医疗。

公安机关对精神障碍者实施保安处分有两个侧重点：一是"控"，即对精神障碍者行为的控制，防止其发生危害行为；二是"治"，即对精神障碍者的病症进行治疗、康复。在实践中，安康医院作为公安部门设立的专门医院，其主要职责是收治肇事肇祸但是不负刑事责任的精神障碍者，特别是须接受强制医疗的精神障碍者。目前，《中华人民共和国精神卫生法》以及与之相配套的法律文件起草工作已接近尾声，该法有望在 2008 年颁布实施。

二　精神障碍与责任能力

精神障碍因素是刑事责任能力的判定过程中极为重要的因素之一。按照《中华人民共和国刑法》第 18 条的规定，精神病人在不能辨认或者不能控制自己行为的时候造成危害结果，经法定程序鉴定确认的，不负刑事责任。目前，"精神病"的范畴究竟是精神医学中广义的精神病还是狭义的精神病，学界尚有争议。1989 年 7 月 11 日最高人民法院、最高人民检察院、公安部、司法部、卫生部颁布的《关于精神疾病司法鉴定暂行规定》（以下简称《精神疾病鉴定规定》）所使用的措辞均为"精神疾病"，而非"精神病"。鉴于现代精神医学上通用的疾病总名称是"精神疾病"或者"精神障碍"，精神病是精神疾病中最严重的一类，而我国刑法在广义上使用的"精神病"一词，同医学上狭义使用的"精神病"一词在含义上并不完全相同，导致理解上易生歧义。中国青年政治学院林维教授建议，应当力求法律用语和医学用语的统一，将"精神病人"修改为"患有精神疾病的人"或者"精神障碍人"。他还针对《精神疾病鉴定规定》第 9 条与我国刑事诉讼法第 119 条之间的冲突之处，提出应当改革《精神疾病鉴定规定》所规定的鉴定体制，鉴定结论中不应包含对刑事责任能力的判定。对精神障碍者责任能力的判定，应当分为两个步骤：首先，要在医学上判断行为人是否患有精神疾病，其次，由司法工作人员在此基础上进一步判断行为人是否具有辨认或者控制自己行为的能力。对精神障碍者刑事责任能力的判定，对精神障碍者的医学鉴定是基础，而司法工作人员的法学判断是最终确定有无责任能力的关键。

日本东京大学佐伯仁志教授指出，日本刑法第39条与中国刑法第18条的有关规定在立法精神上是一致的。① 在日本，对精神障碍者责任能力的判断，多数由精神医学的专业人员进行精神鉴定。同样，也存在一个专业人员的判断与法官判断的关系问题。昭和58年（1983年）9月13日判例时报1100号有一判例主张："被告人的精神状态是否构成刑法第39条所规定的心神丧失或心神耗弱是由法院作出的法律判断，但是这种判断以生物学、心理学的要素为前提。"佐伯仁志教授认为，生物学、心理学的要素构成对精神障碍者责任能力判断的基础，在此基础上法院从刑法的视点做出规范性的判断。但是在法院做出规范性的判断之前，对行为人是否存在精神障碍的认定，是纯粹的事实判断。就精神医学的事实判断而言，法官的判断受专家判断的约束。

北京大学陈兴良教授以曾经引起社会关注的邱兴华案为例，就对精神障碍者减轻和免除刑事责任的社会认同问题，以及进一步完善我国精神障碍的司法鉴定程序问题提出立法建议。他认为：精神障碍者的严重肇事行为引起社会舆论的公愤，对其减轻和免除刑事责任，社会认同度不高；而能否启动对严重肇事者的精神医学鉴定程序，是对其责任能力判断的基础。鉴于我国目前相关立法中没有赋予犯罪嫌疑人及其辩护人启动精神医学鉴定程序的权利，应当借鉴日本刑事诉讼法的有关规定，完善我国的刑事诉讼制度，以顺应国际社会保护精神障碍者人权的趋势。

三 精神障碍者的处遇制度

日本北九州医疗监狱的监狱长佐藤诚介绍了日本对触法精神障碍者的处遇制度。2006年，日本《关于刑事收容设施和被收容者等的处遇的法律》（简称《刑事收容设施法》）取代了1908年制定的旧监狱法。依据该法，关于刑事设施的整编正在进行，2007年新设了2处根据障碍类型、症状轻重不同而实施不同处遇机制的精神科诊疗设施，用于集中收治未达到医疗监狱收容程度的精神障碍者。目前，日本共有4处医疗监狱共收容381名精神障碍服刑

---

① 日本刑法第39条规定，对心神丧失者的行为不予处罚，对心神耗弱者的行为减轻处罚。

人员。国家每年大约负担每名精神障碍服刑人员 500 万日元（相当于 30 万人民币）的治疗矫正费用。北九州医疗监狱是日本最具历史的医疗监狱。截至 2007 年 7 月 31 日，北九州医疗监狱的收容人员中有 110 名精神障碍服刑人员。该医疗监狱的公安职员和医疗职员打破专业界限，形成浑然一体的团队。他们秉承《刑事收容设施法》提出的"力求依靠其自觉性唤起其改善重生的积极性并培养适应社会生活的能力"这一刑罚矫正理念，将药物发放和作业疗法的刑罚工作与改善工作、日常生活指导、集体精神治疗、个别面试指导、个别专业教育、余暇时间等进行有效的搭配、组合，极为耐心地教育服刑人员，并使之逐步恢复健康。同时，来自民间的宗教专家和一些有识之士的援助也发挥了巨大的力量。2005 年和 2006 年该医疗监狱收容精神障碍服刑人员分别为 58 名和 60 名，同年度的出狱者分别为 55 名和 59 名。

近年来，中国在押的精神病罪犯呈逐年上升的趋势，其所制造的袭警、冲监、自残、他害等安全事件，严重威胁着监狱的监管安全。《中华人民共和国监狱法》第 17 条和《中华人民共和国刑事诉讼法》第 214 条的规定为精神病罪犯的保外就医提供了法律依据。在实践中，有些精神病罪犯虽然符合保外就医的条件，但其家属不愿接受；或者保外就医后其因仍具有人身危险性而被再次送回监狱。有的地方在监狱内部设立专门收押精神病罪犯的监区，将精神病罪犯从其他罪犯中独立出来，并配备专业精神病医生及护理人员，对病犯进行集中治疗与管理；大多数地方由安康医院收容肇事肇祸的精神障碍患者；也有的地方在精神病专科医院开设精神病罪犯病区，收治精神病罪犯。浙江警官职业学院陈鹏忠副教授提出，应当由政府设立专门的精神病罪犯医院，统一收治无服刑能力的精神病罪犯。也有学者对陈鹏忠建议的可行性提出质疑，认为应当借鉴日本北九州等地医疗监狱的经验，加强我国政府对安康医院的财政投入，在硬件和软件上保障精神病罪犯的康复和改造。

四 精神障碍者危害行为的预防对策

北京大学赵国玲教授指出，精神障碍者实施的危害行为特别是危及他人人身安全的危害行为通常具有不可预测性、后果的严重性等特点，一旦发生便会造成无法弥补的恶果。因此，精神障碍者危害行为的治理要重在预防。精神障碍者危害行为的预防包括事前预防和事后预防两部分。事前预防是对尚未实施危害行为的精神障碍者的管制、医疗等措施；事后预防则主要是对实施了危害行为的精神障碍者的法律规制措施，既包括行政规制措施，也包括刑事规制措施，以预防其再次实施危害行为。在我国，精神障碍者危害行为的行政规制与预防措施主要指强制医疗制度。目前，学界对强制医疗制度的性质及其决定权、执行权的归属尚有争议。赵国玲教授认为，公安机关可以享有强制医疗的决定权，但是还需法律的明文授权，并且需要法律对强制医疗的适用条件和程序做出严格的规定和限制。她还提出，要更好地发挥社会力量对精神障碍者危害行为的预防效果，目前我国所面临的主要问题就是如何充分挖掘社区资源，实现医院资源和社区资源的有效整合。在她看来，我国精神障碍者危害行为社会预防措施的完善，应当把握好向社区精神卫生服务模式转变这一趋势，在条件允许的情况下，可以借鉴法国分区化服务的经验，建立某一地区内社区资源和医院之间互相配合、互相协作的沟通互动机制，为精神障碍者提供更好的服务。

　　日本横滨保护观察所社会复归调整官（重返社会辅导官）鹤见隆彦重点介绍了在《医疗观察法》实施后，社会复归调整官在预防精神障碍者实施危害行为中发挥的作用。社会复归调整官在精神障碍者肇事肇祸后的入院鉴定中开始进行生活环境调查，从治疗对象住院时开始介入治疗，直到出院后的3—5年内，还要继续与治疗对象保持联系，以进行精神卫生观察。具体说来，社会复归调整官要定期与治疗对象见面、访问调查，在护理会议上发表有关变更处遇措施的意见，对治疗对象本人及其家属进行指导，与法院和医疗机构合作等。在治疗对象的病情恶化时，社会复归调整官还要与指定的医疗机构协作，协商家庭访问等应对措施，制定危机应对方案。为了促进精神障碍者通过接受治疗改善症状，并能够顺利地融入正常的社会生活中，防止危害行为的再次发生，日本精神障碍者危害行为预防体系有三大支柱：一是社会复归调整官的工作；二是指定治疗机构的定期医疗；三是居住地所在的市町村的精神卫生福利的援助。社会复归调查官作为治疗对象所在地方的医疗和援助协调人员以及护理援助人员，发挥着重要的作用。

"第五届犯罪学高层论坛·要案会诊"会议综述[*]

2012年6月9—10日，由中国政法大学青少年犯罪与少年司法研究中心和北京工业大学人文学院法律系共同主办的"第五届犯罪学高层论坛·要案会诊"在北京工业大学逸夫图书馆报告厅举行。来自全国各地的五十余名专家学者围绕近年来发生的南平郑民生"屠童案"、云南马加爵杀人案、上海杨佳袭警案、陕西药家鑫杀人案、洛阳李浩"性奴"案等具有代表性的犯罪案件进行研讨，取得了丰硕的成果。

一 要案会诊

（一）药家鑫杀人案

中国人民公安大学李玫瑾教授在中央电视台《新闻1+1》栏目担任"药家鑫：从撞人到杀人"专题节目的点评嘉宾，其对药家鑫案所做的犯罪心理学解释被网友称之为"钢琴杀人说"。在论坛第一单元，李玫瑾教授和南京大学狄小华教授从犯罪心理学视角对药家鑫案分别进行了解读。

＊　本文原载于《预防青少年犯罪研究》2012年第12期。

李玫瑾认为,"药家鑫的心理问题不是一天形成的,他练琴是不快乐的,是机械的,有一种痛苦和无奈一直伴随着他。""由于平时情绪不好时会用手指砸钢琴键盘来发泄,药家鑫连扎受害人八刀,是他的一个习惯性机械动作。这个动作是他面对撞车事故的反应性行为,这一点跟弹琴有关,他把平时所熟悉的动作非常利索地再现出来。"对于药家鑫的犯罪根源,李玫瑾将其解释为当代社会背景下家庭教育的缺陷:缺少父母的心理抚养,在如何为人处世上没有得到"父母的唠叨",家庭成员之间缺少情感和观念的交流。

狄小华对李玫瑾的观点予以回应。在他看来,药家鑫对撞车事故的应急反应是非理智的,是在意识模糊和思维狭窄的状态下所作出的习惯反应;李玫瑾教授的专业解释在当时民愤激昂的情况下不能得到社会公众的认同,也是可以理解的。狄小华认为,鉴于掌握案件信息的不足,学者不可能对药家鑫的犯罪心理做出全面描述。

在自由发言阶段,中国政法大学皮艺军教授指出,在药家鑫挥动的尖刀上我们看到了一种"仇恨"的情绪;民众对药家鑫死刑的期待也是一种仇恨。"怕药家鑫不死"的网民如此同仇敌忾,对李玫瑾学术观点的探究表现出极大的不容忍,不能允许任何人耽搁药家鑫的死期,这种试图用民愤杀死药家鑫的舆情值得反思!天津社会科学院法学研究所刘晓梅研究员认为,药家鑫案属于负面情绪引发的应激性犯罪。在庭审现场,法官提问药家鑫:"从小到大的经历,自己怎么感觉?"药家鑫回答,"我看不到希望,天天压力特别大,我经常想自杀。""大二学习压力大,做钢琴家教也感觉特别累。"美国犯罪学家艾格纽提出的"一般压力理论"强调,压力使人产生愤怒等负面情绪,导致暴力犯罪等特定的犯罪行为。我国犯罪学实证调查研究表明,青少年大部分压力是由学习负担及父母在学业成绩方面的过高期望所造成的;与非越轨青少年相比,越轨青少年往往具有更高的负面情绪,如孤独感、易怒、抑郁等;压力与青少年的心理健康障碍成正比关系,压力大更容易导致负面情绪和越轨行为。在她看来,关注当前我国社会转型期犯罪的压力诱因,对于犯罪防控具有重要的理论和现实意义。

在单元点评环节,中国犯罪学研究会会长王牧教授指出,药家鑫事件反映了一种社会心理。当下,焦虑、怨恨、冷漠、恐惧、不安、不确定性等情绪弥漫于中国社会。从犯罪心理学视角分析药家鑫事件不能仅仅局限在个人层面，还应当重点关注这种人性的残忍和暴虐对社会心理层面的影响。

（二）马加爵杀人案

在论坛第二单元中国社会科学院法学所冯锐研究员和苏州大学法学院李晓明教授对马加爵案进行了重点发言。冯锐认为，马加爵杀人案就是一起严重的刑事犯罪。该案的审判结果仅仅是对犯罪人的惩处，被害人的家庭难以得到应有的赔偿。这种情况给刑事司法提出了一个亟待解决的问题：经济条件极为困难的犯罪人，如马加爵，确实没有能力支付对被害人的民事赔偿，刑事附带民事的判决往往只是刑事判决的执行，附带民事的判决只是一纸空文，犯罪被害人的权利得不到保障。在这种情况下，刑事附带民事的判决的意义何在？在了解到犯罪人的实际经济情况后，是否有必要做出这种刑事附带民事的判决？这值得思考。在她看来，我国应当建立刑事被害人国家补偿制度，以使被害人权利受到保护。

李晓明用"犯罪动力论"对马加爵进行犯罪生成与犯罪本源的探讨。他所谓的犯罪动力是指，行为人的本能冲动与其个性结构中的思想心理缺陷相通，在社会环境不良诱因的刺激作用下，"外化"为一种反社会行为的合力或推动力。其具体划分为三个层面：一是犯罪原动力，即驱使犯罪发生的原始作用力。在马加爵的案件中，马加爵所表现出的本我冲动只管自己的感受和需求，不顾对别人的伤害和毁灭，一味地去发泄和释放自己的本能情绪，结果毁灭了自己的前途和生命。二是犯罪内动力，即行为人个性结构中的心理、思想缺陷引起的内在作用力。一方面，犯罪行为是行为人个性结构中的心理缺陷的发动；另一方面，犯罪受行为人个性结构中的思想缺陷的发动。马加爵案表明，由于马加爵社会化过程受阻，人生观、价值观扭曲，在外来信息的不断刺激下，自己的报复心理欲望恶性膨胀，最终导致杀人行为的实施。三是犯罪外动力，即客观环境中诱发犯罪发生的作用力。在马加爵案件中，典型的外动力就是"邵瑞杰和杨开红仍然打击我，还用龚博过生日都不请我来举例说我为人差"的猛烈刺激，才最终导致马加爵下决心毁掉他们三个人。李晓明认为，在故意犯罪中，由于犯罪原动力、内动力和外动力的相互联系、相互贯通和相互作用，产生、推动和加速了犯罪行为的实施；犯罪行为的实施又反过来强化了行为人的极端犯罪思想和犯罪心理，弱化了其对本能冲动的控制能力。这三种动力实质上就是犯罪行为的动力源。

（三）洛阳李浩"性奴"案

在论坛第三单元上海交通大学法学院金泽刚教授、北京工业大学人文学院法律系张荆教授、北京师范大学刑事法律科学研究院赵军副教授和皮艺军教授分别对"性奴"案进行了重点发言。

四位发言人的发言都论及性工作者（"卖淫女"）的被害问题值得关注。金泽刚指出，洛阳案被囚禁的几名女子都是歌厅小姐，如何保障这些社会边缘人群的安全，堵住社会管理的黑洞，是一个值得研究的问题。张荆认为，由于卖淫女性"职业"的违法性，她们即使成为犯罪行为的被害者，也不愿意向警察报案，因此，以她们为加害对象的犯罪行为更容易得逞。加之卖淫女性的工作时间多在夜晚，这也是社会防控能力最弱的时间段，这也使她们成为社会易被害人群。

如何才能降低性工作者（"卖淫女"）的被害概率？金泽刚指出，据报道，洛阳方面在曝光"性奴案"后，立即开展"百日会战"整治行动，加大对全市小美容美发厅、小歌舞厅、小浴池、小旅馆、小网吧等"五小场所"的清理整顿力度，开展"扫黄打非"专项行动。而"性奴案"的主角既不是流动人口，也没有在出租屋内，这样治理的效果如何值得怀疑。赵军认为，这是一个基于"常识"和"逻辑"的笑话！在他看来，用加大打击性工作者力度，加大性工作者被害风险的方式，不可能有效防止性工作者的被害。张荆指出，目前，希冀通过彻底铲除卖淫嫖娼，或使卖淫合法化，以从根本上防止卖淫女性被害不具有现实可能性。他建议，由市县妇联或非政府组织（Non-Governmental Organizations，英文缩写 NGO）设立"妇女咨询机构"，实施对卖淫女性的各种咨询、就医、心理、就业能力的必要指导，情景防卫的教育，以及暂时性的保护等。

关于四名获救"性奴"协助李浩折磨另外两名"性奴"致死，是否应当被定罪,与会学者意见不一。金泽刚指出,这涉及刑法中的期待可能性理论。在他看来,四名获救"性奴"当时面临的处境是极端的非常规情况,即使她们实施了协助杀人等触犯刑律的行为,刑事制裁对她们的非难也应该降到最低程度。皮艺军认为,本案中的四位女性是在李浩的人为强迫之下做出协助杀人行为的,她们当时做出决定的处境处在"不从即死"的唯一性抉择之中。在他看来,如果这四名女性能够被免罪,将能够体现法律的宽容、谦抑与人道,减少刑法中迫不得已的恶。也有学者持有不同观点,刘晓梅和汤啸天在点评中都提出应当关注此案中四名获救"性奴"的恶逆变,即由被害人到犯罪人的转变。

此外,中央政法委牟君发、司法部预防犯罪研究所鲁兰研究员等学者还就邓玉娇案、张君案、杨佳案等要案进行了单元发言。

二 犯罪类型研究:以报复社会型犯罪为例

当下,刑事法学界对于典型案例研究的重要性基本已达成共识,本次研讨会也涌现了丰富的案例研究成果。此外,搜集整理同一种类型的相关案例,就此开展类型化的犯罪典型案例研究,也是本次研讨会的另一亮点。篇幅所限,本文仅简要介绍北京师范大学刑事法律科学研究院张远煌教授、武汉大学刑事法研究中心莫洪宪教授和张荆教授对报复社会型犯罪的相关研究成果。

莫洪宪指出,自21世纪初我国曾发生多起个体为报复社会伤害无辜群众的恶性案件,如2001年的靳如超爆炸案(导致108人死亡)、2002年的陈正平投毒案(导致42人死亡,300多人中毒)、2008年的杨佳暴力袭警案(导致6名民警死亡,4名民警受伤)、2009年的成都张云良公交车纵火案(导致27人死亡,74人受伤)、2010年的郑民生屠童案(导致13名小学生死亡)等。目前,越来越多的学者开始将其作为一个特定的犯罪类型加以研究,但学者们指称该类犯罪所使用的概念并不统一。莫洪宪建议使用个体报复社会型犯罪的概念来统一指称该类犯罪。在她看来,个体报复社会型犯罪是指,遭受挫折的弱势个体以报复社会为目的,针对不特定对象实施的凶杀、爆炸等造成严重危害后果的犯罪行为。个体报复社会型犯罪的发生既有行为人的个人原因（弱势地位和个人素质导致频繁受挫；反社会人格将挫折引发的愤怒转向社会），也有着复杂的社会原因（收入分配差距过大，社会保障体系不完善；公平竞争环境尚未形成，社会阶层良性流动受阻；社会矛盾化解不彻底，利益诉求表达不畅；社会价值观扭曲，公民道德责任感薄弱）。

张远煌根据近十年来媒体报道的 28 起具有报复社会倾向的重大恶性犯罪案件，对这类案件区别于传统犯罪形式的行为人特征、行为样态特征与行为动机特征进行了分析。从行为人特征看，作案人主要是来自社会底层的成年男性。从行为样态特征看，侵害对象和作案地点的选择既具有不特定性又具有明显的倾向性。行为人主要针对与之并无直接利害关系甚至素昧平生的不特定性对象实施侵害；在攻击对象的选择上又具有较明显的倾向性，即往往选择社会关注度高、实施侵害后容易引起社会震动的人员作为攻击对象，如其中有 11 起案件是针对小学和幼儿园的儿童实施侵害。从行为动机看，行为人不再遵循"冤有头，债有主"的复仇模式，而是具有较明显的报复社会倾向。张远煌认为，报复社会型犯罪的因果链条可作如下表述：保障民生的制度性缺陷引发较广泛的社会排斥——因社会排斥而处于生存和发展劣势的社会群体滋生对社会有失公正的不满——不满情绪得不到机制性的舒缓而不断积累，致使部分成员进一步产生对社会的愤怒或仇恨心理——问题情境的出现最终助推报复社会动机外化为报复性行为。

张荆指出，近年来以无辜群体为对象的凶杀案件折射出社会冲突的加剧，应当引起实务界和理论界高度重视。在竞争激烈、利益冲突凸显的转型社会中，各级政府需要建立起社会矛盾缓解和情绪宣泄机制，在基层建立起公正、有效、公益性的利益表达机制，使民间积聚的情绪通过一些缓和的、可替代方式予以释放；学校和社会教育应当加强"珍惜生命"、"关爱他人"和"博爱"教育，弱化"挫折"向"复仇"转化的心理定势。

三 民意、新闻媒体与犯罪问题

犯罪历来被当作一个严重问题，令社会公众忧心忡忡，新闻媒体的报道则更加重了这种忧虑。民意、新闻媒体与犯罪问题,是本届研讨会学者所关注的另一个热点。

北京社会科学院法学所张苏博士以药家鑫案为例探讨了网络舆论对死刑判决的影响。在他看来,网络舆论对刑事审判的影响既有"负效应",也有"正效应"。"负效应"主要表现在三个方面,网络舆论影响司法独立;网络舆论影响司法公正;网络舆论影响司法权威。"正效应"主要表现在三个方面,网络舆论促进司法公平;网络舆论促进司法公正;网络舆论促进司法公开。他指出,民意的监督自由与司法的审判自由之间应当实现良性互动。而在药家鑫案中,诸多细节值得反思。比如,北京某知名学者在网上对药家鑫案的评论,虽然令不少网民大呼痛快,但是其是否引发了公众的非理性民意?又如,药家鑫案开庭审理过程中,陕西省西安市中级人民法院公开向旁听公民发放量刑意见调查问卷,到底是为了促进司法公正,还是司法部门面对强大的舆论压力而采取的无奈之举?

牟君发则以邓玉娇案为例,分析了该案由一起普通刑事案件演变成为"网络政治事件"的过程,并对其经验教训进行了反思。该案的特殊敏感性为网络媒体的传播炒作提供了由头;公安机关公布邓玉娇涉嫌故意杀人被网民质疑,舆论炒作升温;一些维权人士借机非法插手案件,对舆论炒作推波助澜;境外敌对势力的插手使案件向政治事件的方向演化。在他看来,在互联网时代,政法部门要通过提高执法办案的舆论引导能力,实现法律效果、政治效果和社会效果的统一。

山东警察学院董士昙教授通过分析2010年上半年我国各地爆发的系列校园血案,论证了犯罪的传染机制问题。在他看来,媒体对恶性案件的报道与传播是犯罪模仿与传染的重要途径。为有效防止此类犯罪像病毒一样迅速传染,媒体应当在报道极端暴力事件时衡量利弊得失,坚持正义立场,秉持伦理、适度和节制原则;同时国家应当建立防控重大恶性案件传染机制,积极引导媒体的传播,规制媒体的不当行为,旗帜鲜明地谴责、打击散布宣传暴力、报复主义的极端言论,为社会道德树立明确的坐标,铲除犯罪传染的途径。

2014 年中国犯罪学学会年会论坛综述

2014 年 11 月 14 日至 16 日，由中国犯罪学学会主办的第 23 届学术研讨会在重庆市召开。本次年会由中国犯罪学学会主办，西南政法大学承办，中国检察出版社出版了《中国犯罪学学会年会论文集（2014 年）》。年会主题为"国家治理现代化与犯罪防控"，并确定了四个分议题，分别是"犯罪防控基本理论""腐败犯罪治理""网络安全与犯罪防控"和"暴恐犯罪防控"。来自全国各地的 150 余名专家学者莅临年会论坛，现将论坛主要观点综述如下：

一　关于犯罪防控基本理论

许多学者对多元化犯罪治理问题进行探讨。冯卫国指出，十八届三中全会通过的《中共中央关于全面深化改革若干重大问题的决定》提出，全面深化改革的总目标之一是要推进国家治理体系和治理能力现代化；犯罪治理是国家治理体系的重要内容之一，而提高犯罪治理能力现代化，应是推进国家治理能力现代化的应有之义。师索指出，犯罪治理是有别于自治式与权威式的多元合作化的犯罪控制模式；多方合力将基本构成未来犯罪

046

控制的治理格局；犯罪治理的价值评判需从犯罪治理运行的三个维度，即多方合作形式是否合理、犯罪控制能力是否提升与内部制约机制是否优化来判定。黄石认为，在犯罪控制场域，要形成政府、市场与社会的多元主体协力合作局面，培育以普遍信任、互惠规范为核心要素的现代社会资本至关重要。张凌等也认为，推进犯罪治理的社会化和市场化，建立多元治理体系是实现犯罪治理体系和治理能力现代化的可靠途径。针对"深圳联防队员杨某入室强奸"和"浙江南浔协勤强奸醉酒女子"等恶性案件，他指出，建立多元治理模式存在诸如"社会力量和市场主体参与公共管理是否合法""政府职能市场化的可行空间有多大""如何完善多元治理的制度安排和程序设计"等问题，还需要理论界与实务界不断思考、共同探索。贾洛川从国家治理体系和国家犯罪治理体系现代化的视角出发，提出推进监狱治理现代化的路径选择：树立以人为本的法治思维方式；完善罪犯分类监管体系，科学设计监狱治理体系；提升教育改造的现代化水准；加强监狱信息化建设；增强监狱工作的协同力；提高监狱干警的现代化治理能力。

对犯罪热点这一近年来犯罪学研究的前沿热点课题，郑海、杨涵撰写了《犯罪热点研究进展综述》会议论文，单勇以"城市中心区的犯罪热点制图与防卫空间设计"为题做论坛发言。我国传统的犯罪热点研究以"类型化热点"为主，如对"城乡接合部""城市商圈"犯罪及其防控的研究，以及对财产犯罪热点、暴力犯罪热点的研究。在国际犯罪热点微缩化研究趋势的影响下，① 我国学者的研究重心转向城市微观空间中犯罪热点的地理分布与环境特征，重视分析空间环境对犯罪热点形成的影响机制问题，并在此基础上提出犯罪防控对策。单勇博士以浙江省杭州市上城区 2009—2012 年侦破的 730 起盗窃犯罪和丽水市莲都区 2007—2012 年侦破的 1123 起盗窃犯罪为样本，借助点图、核密度图、路段色温图、网格色温图测算犯罪聚集程度，以及犯罪的聚集分布。犯罪热点微缩化研究的优势在于，犯罪学研

---

① 近 20 年来，GIS 技术的发展提升了犯罪制图的科学化水平。以大卫·威斯伯德为代表的犯罪地理学研究开始潜入城市的路段、街角、院落、建筑等微观层面。参见刘建宏主编《国际犯罪学大师论犯罪控制科学》2，人民出版社，2012，第 9 页。

究成果能够更为有效地指导警务活动的开展。但是，我国警方犯罪信息的不公开（涉密）是当下制约该领域研究深入推进的症结所在。

二 关于腐败犯罪治理

当前，我国腐败犯罪治理的重心在于，规范和约束权力、防止权力滥用和以权谋私。学者从不同视角研究腐败犯罪治理问题。时延安等以情境预防理论为视角分析我国"八项规定""六项禁令"的实施。在他看来，"八项规定""六项禁令"在实践中起到了对腐败犯罪三个主要维度的覆盖，分别从犯罪成本和风险、潜在犯罪目标以及相关监管手段方面进行了有效规制，形成了情境预防的三维空间；借鉴情境预防理论，从以下三个方面入手全面建立腐败犯罪的有效预防机制：减少腐败犯罪的机会、提高腐败犯罪的成本和降低腐败犯罪的收益。汪明亮以犯罪化学反应方程式理论解读腐败犯罪生成的三方面因素——"带菌个体"（每个党员干部都可能具有腐败犯罪心理）、"致罪因素"（信仰缺失、传统文化的负面影响和权力缺乏制约）及"催化剂"（打击不力），控制其中任何一个因素，都可以预防犯罪的发生。卫磊运用社会资本视角分析腐败犯罪问题：腐败犯罪的存在将社会资本的属性由公共物品转化为私人物品；腐败犯罪的存在加剧社会资本的功能由积极转向消极；腐败犯罪的存在将社会资本的再创造转向封闭。他提出优化社会资本与治理腐败犯罪的制度安排：建立公职人员财产申报与公示制度；建立公职人员私人活动备案制度；进行公职人员伦理道德制度化安排。

对网络反腐这种新型反腐模式，许多学者对其双刃剑效应进行阐释。刘晓梅指出，近年来我国网络反腐的模式是：网络曝光—网络传播—网络公共舆论的兴起—媒体报道—形成舆情热点事件—党政部门启动调查—惩处贪官，在这其中，网络公共舆论的形成是关键。网民一旦就某个网络反腐事件进行热议并吸引大批的网民参与，就有可能形成强大的网络公共舆论。这样，相同的声音经过网络的放大就形成一个"场域"，产生了比传统话语强大得多的威力，从而有可能作为一个公共议题纳入决策者的视野。网络舆论监督与网络暴力之间应找到一个平衡点,让网络有效发挥舆论监督的作用而不至于产生网络暴力。周娅等探讨了网络反腐中泛滥使用的"人肉搜索"行为是否应当纳入刑法规制等问题。

此外,与会者对腐败犯罪"特赦治理"论,以及贪贿犯罪定罪起点数额和量刑规范化等问题发表不同看法,提出了刑事立法完善的相关建议。戴玉忠指出,腐败犯罪治理应将贿赂犯罪治理作为重点。张京宏建议,在刑罚设置上,对受贿罪规定独立的量刑标准,设定科学合理的刑罚幅度,细化量刑情节;在受贿罪的刑罚中设置罚金刑,增加资格刑的适用;短期内严格限制死刑的适用,最终取消死刑。刘仁文提出,应当纠正"重受贿、轻行贿"的错误倾向,借鉴《联合国反腐败公约》对我国刑法中的行贿犯罪构成要件进行修改,规定实施"提议给予、许诺给予、实际给予"之中的任何一种行为,均可构成行贿犯罪的既遂,并亟须完善行贿犯罪的刑罚配置。

三 关于网络犯罪防控

目前,我国网络犯罪呈多发态势,犯罪类型主要集中在网络诈骗、网络色情、网络传销、网络赌博、网络谣言、网络贩毒、网络黑客攻击、网络非法集资、网络买卖枪支、网络恐怖活动、网络制假售假、网络寻衅滋事等。网络虚拟空间的特性,决定网络犯罪的隐蔽性和较高犯罪黑数(约占九成)。网络违法犯罪常常呈现"先爆发、后治理"的局面,单民、陈磊等指出网络犯罪治理面临的问题与挑战:一是预防难,发现迟于发生;二是取证难,电子证据难以固定;三是侦查难,高科技性和无边界性带来侦查难题;四是管辖难,无边界性带来管辖难题。

面对网络犯罪的高发和法律的滞后,与会者对于如何防控网络犯罪展开讨论。单民认为,网络犯罪是一种技术犯罪,其刑事政策应当是"以技术对抗技术"。因此他建议,首先,可以考虑在公安部门建立一个专门治理网络犯罪的网络技术和培训中心;其次,要重点通过网络新技术的开发监测,预防和打击网络犯罪;再次,要不断更新技术手段进行网络侦查和取证，开展网络技术的国际合作；最后，要不断完善网络犯罪的国内立法和国际立法，加强打击网络犯罪的国际合作。于冲则指出，技术手段无法成为遏制网络犯罪的关键路径，网络犯罪的治理模式应当坚持技术与刑法的相互协调。许桂敏提出，以强化综合治理为核心，建立健全网络安全协调机制，完善网络立法的强制功能，全社会齐抓共管，公安、通信、银行等各方联防严控、监管，才能构筑起网络安全的"防火墙"。史振郭建议尽快制定《信息网络犯罪惩治法》，明确规定犯罪主体、刑事管辖、犯罪证据、刑罚适用、犯罪者所应当承担的民事责任、行政处罚与刑事责任的关系，共同打击信息网络犯罪的国际交流与合作等问题。

四 关于暴恐犯罪防控

自 20 世纪 90 年代以来，我国面临的恐怖主义威胁持续上升，恐怖主义犯罪日益猖獗给国家安全、社会稳定和人民群众生命财产造成严重的危害与威胁。韩轶等通过对 1989—2012 年我国发生的 126 起恐怖袭击活动的分析，指出其所呈现的规律性特征：恐怖袭击数量呈现出急剧的波动性特征；恐怖袭击活动多发于少数民族区域（其中新疆地区以 35 起居首位）和中心城市区域（北京、广东、上海是多发区域），具体袭击对象广泛而又分散，以私人对象为代表的"软目标"恐怖袭击活动不断增长；恐怖袭击活动绝大多数受政治目的驱动（约占 93%）；约 92% 的恐怖袭击活动中，恐怖分子具有扩大影响、制造社会恐慌的预期目标，体现了其严重的社会危害性；恐怖袭击模式以单次恐怖袭击为主约占 92%；恐怖袭击活动成功率较高（约占 79%）。从近期落网的涉暴恐犯罪嫌疑人看，基本以 80 后、90 后为主体，他们大多通过互联网和多媒体卡等方式观看暴恐音视频，传播宗教极端思想，学习"制爆方法"和"体能训练方式"，宣扬"圣战"思想等。郭立新等指出，民族恐怖主义是目前我国恐怖犯罪的主要类型，网络恐怖主义是当前和今后恐怖主义的主要形式。韩轶等分析了恐怖主义分子利用网络信息系统的三种主要途径：其一，利用网络信息系统，传播恐怖信息，传授恐怖技能，煽动恐怖袭击，将网络作为宣传平台和动员平台；其二，利用网络获取信息和技术，帮助实施恐怖袭击活动，网络成为恐怖主义犯罪的资源平台；其三，通过网络信息系统，直接发动网络攻击，网络成为恐怖袭击活动的空间平台。韩旭等学者建议，利用大数据，助力反暴恐。

反恐刑事政策是本分议题讨论的一个焦点问题。江献军认为，在全球恐怖主义活动猖獗的背景下，敌人刑法之中的合理因素，[①] 为我国乃至全世界的反恐斗争提供了理论支撑，对制定反恐的刑事政策具有积极的指导意义。罗钢也认为，有必要引入敌人刑法的理论框架解读和证立我国当下的反恐严打刑事政策。王良顺、莫洪宪等主张对恐怖犯罪实行宽严相济的刑事政策，其一，对于恐怖犯罪组织的首要分子和骨干分子，应当依法从重判处刑罚；其二，对于不知真相而参与少量轻微的恐怖活动的恐怖犯罪组织成员，或者协助恐怖犯罪分子实施犯罪活动的非恐怖犯罪组织成员，或者资助恐怖犯罪活动情节一般的，应当依法从轻处罚或者免除处罚；其三，注重刑事政策与积极的社会政策的结合。

进一步完善反恐刑事法律是本分议题热议的另一个话题。王良顺指出，虽然目前我国立法已经基本形成了打击恐怖主义犯罪的法律体系，但是反恐立法还存在碎片化、罪名设置与刑罚配置不科学以及基础概念界定不明等问题，有必要制定体系完备统一的反恐法。韩轶建议重构我国恐怖主义犯罪罪名体系，刑法修正一方面应设立独立的恐怖活动犯罪章节，将基于恐怖活动目的进行的杀人、毁坏财物、强奸等行为设定为特殊罪名，从严处罚；另一方面尽快对网络恐怖攻击进行专门的刑事制裁。皮勇指出，目前我国打击煽动恐怖活动犯罪，通常适用的是煽动分裂国家罪，组织、领导参加恐怖活动组织罪和煽动民族仇恨、民族歧视罪；鉴于适用以上罪名存在不足之处，建议在我国刑法中增设第 120 条两规定："煽动恐怖活动的，处 5 年以下有期徒刑、拘役、管制或者剥夺政治权利；情节严重的，处

---

① 德国著名法学家雅科布斯（Jakobs）在"千年之交的刑法"研讨会上提出了"敌人刑法"概念，主张对于那些持续性地、原则性地威胁或破坏社会秩序者和根本性的偏离者，应将其视为敌人。2001 年纽约"9·11"事件，2005 年 7 月 7 日伦敦大爆炸等一系列恐怖事件，使全世界受到了恐怖主义威胁，"敌人刑法"因应了人们对恐怖分子的憎恨。

5年以上有期徒刑，并处剥夺政治权利。"

此外，鲁兰分析了当前监管矫正涉恐暴力罪犯面临的挑战，指出如何除去恐怖犯罪组织成员的极端化宗教观念，成为我国监狱不可回避的新课题。在她看来，应从以下四个方面创新涉恐暴力罪犯监管矫正的新局面：一是充分理解民族习俗和宗教文化；二是创建新型监狱，打造新型队伍；三是逐步培养一支拥有双语能力的矫正队伍；四是改建一所专门收押涉恐罪犯的监狱，加大对监狱矫正涉恐暴力罪犯的专项经费投入。董士昙等学者还对当前暴恐犯罪新闻传播失范现象进行分析，提出应建立和完善恐怖事件新闻发布制度，建立严格的新闻审查制度，以实现"新闻自由"与防止"恐怖效应"二者之间的平衡。

女性精神障碍者因性欲引起的违法犯罪研究述评

    回顾人类的文明史，可以看到，人类在很久以前就已经意识到性与精神障碍之间存在某种联系。希波克拉底认为，癔症（hysteria，原词有子宫的含义）是妇女特有的疾病，发病原因与子宫有关，治疗此病的最好方法是结婚。我国晋代医学家葛洪（283—363）在《肘后备急方》中描述了一种与性有关的精神障碍："女人与邪物交通，独言独笑，悲思恍惚。"清代医学家陈士铎在《石室秘录》中描述过一种他称为"花癫"的女性性机能亢进的精神障碍表现："妇人病花癫，妇人忽然癫痫，见男人抱住不放。此乃思慕男子不可得，忽然得病，如暴风骤雨，罔识羞耻，见男子，则为情人也。"从19世纪末开始，弗洛伊德等学者不仅从生理学的角度，而且从心理学、社会学、文化学的角度研究性因素在精神障碍中的作用。

    在犯罪学中，性犯罪一直是研究重点问题之一，有学者分别从生物学、社会学、精神医学、心理学等角度对精神障碍者性犯罪进行了研究。从已有的文献资料来看，在我国，性变态者或精神发育迟滞者实施的性犯罪案件占有比较高的比例。在涉及性犯罪的精神医学报告中，女性精神障碍者主要是作为性犯罪被害人而被予以关注的。笔者在研究中发现，与精神正常者和男性精神障碍者相比较，女性精神障碍者进行的违法犯罪行为，一般都是为了满足自身的性欲。事实上，行为人也未必能意识到自己的行为与自己的性欲之间的联系。这是女性精神障碍者特有的一种情况。

一　类型分析

女性精神障碍者出于性欲而实施的违法犯罪，有的侵犯了他人的性权利、性尊严或妨害与性有关的社会秩序和社会风化，违反了我国的刑事法律或者治安法律、法规，构成了性犯罪；有的女性精神障碍者其行为的动机是满足性欲，但行为方式、行为对象和侵犯的客体都与性无关。其典型类型主要有：

（一）女性部分体恋症

女性部分体恋症（partialism）是一种性变态，其主要特征是把性欲指向性对象身体的某一具体部位或器官，如生殖器、乳房等，而不是性对象本身。女性部分体恋症多以男性生殖器为偏爱对象。清末李庆辰《醉茶志怪》记有一女，将负心者生殖器割下，"如得拱璧，藏诸荷囊，常佩于身。暇时取出玩视，持其柄而摇之"。[①]

（二）女性色情狂

性欲极度亢进患者被称为色情狂，其有异常旺盛的性欲，在很少或者没有感情投入的情况下无节制地要求性交。据有关资料，女性色情狂（nymphomania）多于男性色情狂（satyriasis）。

[个案1] 某女，66岁，丧偶，患偏执型精神分裂症。1972年2月起病，表现为自言自语，称自己与某男人相好，与其发生性交（无此事）。1974年开始见了老少男人就追逐，要求性交，说自己与儿子和女婿发生性交，当众说自己的阴道又痒又出水。在住院治疗期间，用下

---

① 李庆辰：《醉茶志怪》（卷二），转引自中国社会科学网，最后访问时间：2013年4月7日。

流语言唱歌，见到男人就抱住不放，不感羞耻。

[个案2] 李某，女，20岁，未婚，患精神分裂症。2000年4月起病，表现为自言自语，独自发笑，冲动毁物，疑人诽谤，有时裸奔。2001年，给同学张某（男性）写情书，表达爱慕之心，被拒绝后自杀未遂。2003年8月晚，在某公园主动与陌生男性王某接近，后双方多次发生性关系。她自述经常听到有男性讲如何爱她，想与她结婚，还说一夜与五六个男人同睡（无此事）。①

[个案3] 任某，女，32岁，因卖淫被劳教。笔者在天津女子劳教所调研时曾与其进行访谈。她说："我在家里待不住，就是想往外跑。到劳教所后，每天夜里一躺在床上，就看见很多男人在我身子上，这时阴道就一阵阵发痒，小肚子疼，心里烦躁，不知如何是好。"

（三）女性偷窃症

偷窃症属于冲动性控制障碍，是一种因性欲引起的强迫性偷窃。霭理士把这样的偷窃症称为"窃恋"。他认为，"窃恋的心理过程实际上是积欲与解欲的性的过程，不过经过一度象征性的变换之后，就转化成一种偏执性的冲动。而此种冲动，在活跃之际，也必有一番抵拒挣扎，活跃的结果，则为一件很无价值的东西的窃取，往往是一块绸缎的零头或其他类似的物料，除了借以取得可能的性兴奋而外，可以说全无用处"。② 性心理学研究发现，有人在偷窃的同时出现性兴奋。女性偷窃症较为多见，其在月经期或月经前容易出现偷窃冲动。

[个案4] F，女，29岁，家境中等。16岁时开始初潮，虽说是规则地顺利来潮，但在来潮的二三天前，总是焦躁不安，而每次行窃都发生在这一期间。由于多次盗窃，在27岁时受到惩役刑，但出狱后恶习不改，又盗窃十几次之多，几乎都是在月经来前二三天至来月经期

① 此个案是笔者在天津安定医院调研时摘抄的病例记录。
② 〔英〕哈夫洛克·霭理士：《性心理学》，贾宁译，译林出版社，2015，第183页。

间作案。一旦忧郁焦躁，便冲动性地离家外出，即使手头有钱，也要盗窃。行窃之后，那种焦躁不安的情绪便平静了。盗窃得来的钱物使她感到恐惧，但马上又被行窃的冲动所驱使。29 岁时因侵入他人住宅盗窃，被判刑 1 年 6 个月。

（四）癔症

癔症，又被称为表演型人格障碍或寻求注意型人格障碍，其主要特点是感情用事或以夸张言行吸引注意。这类精神障碍者在发病时，表情、动作夸张，富有戏剧性，在他人看来似乎是在表演，是做给别人看的，并常伴有片段的幻觉、妄想，意识蒙眬，行为幼稚紊乱，可能有危害后果。癔症还有一个特点，它可能在一组人群中集体发作，这种情况被称为流行性癔症或集团癔症，多见于青少年女性。通常情况是，在一个生活于同一环境、具有共同心理状态的人群中，首先有一人癔症发作，目睹此情景的周围人由于对疾病不理解或受迷信的影响，产生紧张恐惧心理，在暗示和自我暗示下，可能相继（一般先从关系密切者开始）发生表现相同的癔症发作。

[个案 5]董某，女，28 岁，已婚。自幼任性，好幻想。在部队文工团工作期间，因同时入伍的战友中有三人加入共青团，自己却榜上无名，心中不快，当即口吐白沫，牙关紧闭，倒地昏厥。婚后不久，发现丈夫早泄，心中甚感痛苦。每遇不快之事，发生昏厥时就有脱光衣裤现象。后转业到地方，出任小学校长之职务。繁忙的工作，紧张的情绪，常使她夜不安寝。某晚，在郊区开会，在回归途中，突然晕倒，苏醒后，见到自己一丝不挂，认定自己被强奸。后入院求治，临床诊断为癔症。

（五）嫉妒妄想症

嫉妒妄想症患者无事实根据地认为自己的配偶另有所爱，虽经配偶和其他人的反复解释，仍然捕风捉影，怀疑配偶对自己不忠。他们认为，配偶看一眼异性，必是想入非非；配偶与异性谈话，必是在调情；配偶外出，必是去幽会；配偶晚归，必是与人通奸。

[个案6] 沈某，女，37岁。因存在嫉妒妄想而确信丈夫与人通奸，并与她的姐妹都有性关系，为此常与丈夫争吵，屡遭丈夫殴打。某日因家务琐事又被丈夫毒打，夜里被拒之门外。她极为气愤，到邻居家窃得小刀一把，冲进家中持刀刺向丈夫左胸，其夫当即死亡。经精神鉴定，患有精神分裂症，无刑事责任能力。

[个案7] 某女，年近50岁，患更年期精神病。患者无端怀疑丈夫与她同厂的一女同事有奸情，为此经常与丈夫吵架，还跑到厂内当众指控该女同事勾引其丈夫，破坏其家庭。该女同事愤而提出控告。当地公安机关将患者以诽谤罪拘留，后转逮捕。在法院审理期间，法官将患者送当地精神病院进行鉴定。鉴定结论为"更年期类偏狂，无辨认与自控能力，评定为无责任能力"。最后撤销原判，将患者无罪释放，送医院治疗。其丈夫向被害人赔礼道歉，向群众说明真相以恢复对方名誉。

（六）女性恋童症

恋童症（pedophilia）是一种性指向障碍，患者在正常生活条件下对儿童持续表现性爱倾向。在各方面条件相同的情况下，如果让恋童症者在儿童与成人之间选择性对象，他们显然会选择前者。统计资料显示，恋童症者多为男性。同时，在恋童症者犯罪问题研究中，历来关注的重点也是男性恋童症者。实际上，女性恋童症者并非罕见，只是其表现可能被视为对儿童的爱抚，而不被人们注意。在美国，大多数儿童保护工作者认为，对儿童进行性侵害的女性的人数要比统计数字所显示的"多得多"。

[个案8] 某女，23岁，未婚。她不恋爱不结婚，总找三个以上十几岁的童男在偏僻的场所连续与他们性交。这些童男同她进行两次性交后，都觉得支持不住，不愿意再干。这时她就以向公安局告发将其

进行哄吓，强迫他们与自己第三次、第四次性交。当最后这些童男被她折磨得实在不行时，她就采取各种方式玩弄，直到心满意足才罢手。

（七）乱伦

乱伦是指近亲属之间发生性关系。弗洛伊德曾对乱伦与精神障碍的关系做出论证。他认为，乱伦的欲望，乃是神经病态的症结所在。一些存在智能障碍的女性精神病人，由于不能接受法律、伦理的约束，没有亲属观念，在性欲亢进时，发生乱伦行为。

[个案9] 胡某，女，36岁，已婚，家居农村。胡与其奸夫（36岁，农民）密谋杀死胡之丈夫（47岁，农民）。某日，胡与丈夫、儿子（17岁）、奸夫及奸夫之妻一起搞迷信活动，装神弄鬼，气氛紧张。胡自称是仙，在其奸夫的帮助下用斧头将胡的丈夫砍死。第二天晚上，胡裸体围着儿子转，并与儿子发生了性关系。事后，对胡等进行了精神检查，胡与奸夫之妻被诊断为癔症，胡的丈夫与儿子被诊断为精神发育迟滞（轻度），奸夫精神正常。

（八）女性同性恋

根据 CCMD - 2 - R,[①] 同性恋是指，在正常生活条件下对同性持续表现出性爱倾向，包括思想、感情和性爱行为，而对异性缺乏或减弱性爱倾向。有些学者对同性恋的界定持更为严格的态度。金西认为，同性恋的更根本的标志是同性双方发生具体的实际性行为。在他看来，一个人若无此种行为，则无论是在司法实践中还是在社会学、心理学、伦理学的意义上，都不能被称为同性恋者。有一点值得注意的是，女性同性恋者在她们的性伴侣要终止与她们的性关系时，都有可能产生激烈的反应，甚至导致凶杀。

---

① 1994年5月，第一届中华医学会精神科学会通过《中国精神疾病分类方案与诊断标准》第二版的修订本（CCMD - 2 - R）。

女性同性恋所建立的同性性关系，往往更具有感情色彩，因而她们对性伴侣"背叛"的反应可能更为激烈。

[个案10] 贺某，女，21岁，初中文化，农民。其父性情粗暴专横，经常虐待妻子。贺从小萌生一种"我要像男人一样生活"的愿望，并穿男性衣着，模仿男性举止，喜欢关怀体贴同龄女性弱者。虽然自知是女性，但心理上逐渐自我感觉为男性。自第二性征发育后，先后与六名同龄女性有同性恋交往。1987年上初中时，与同班女生刘甲相好。两人同宿一室，同睡一床，同盖一被，后发展到拥抱、接吻、互相抚摸乳房、阴部，直至互相摩擦阴部。1990年初，刘甲与人订婚，为回避贺而外出做工。贺又与刘甲的妹妹刘乙重演与刘甲的关系，并阻止刘乙与男性接触。刘甲知道后，坚决阻挠，并托人给刘乙介绍对象。对此，贺十分恼怒，怀恨在心。1993年9月10日晚，贺将刘甲骗到野外，威胁说："你再干扰我与刘乙的感情，我就杀了你。"刘甲不示弱。贺用尖刀将刘甲杀死。

二　矫治对策

对女性精神障碍者因性欲引起的违法犯罪的控制，最根本的工作是对其精神障碍的预防和治疗。我国1997年《刑法》第18条规定，"精神病人在不能辨认或者不能控制自己行为的时候造成危害结果，经法定程序鉴定确认的，不负刑事责任，但是应当责令她的家属或者监护人严加看管和医疗；在必要的时候，由政府强制医疗"。这一规定虽然标志着对无刑事责任能力精神障碍犯罪人的强制医疗制度在我国的正式建立，但具有很大的局限性。它把家属或者监护人的看管和医疗作为主要措施，政府只是在"必要的时候"实施强制医疗。而什么是"必要的时候"，法律并无明确规定。对有刑事责任能力的精神障碍违法犯罪人（包括具有部分刑事责任能力的精神障碍违法犯罪人和具有完全刑事责任能力的精神障碍违法犯罪人），其是否具有服刑能力，其服刑能力如何，直接影响到刑罚效果。对此，我国法律目前也没有明确、具体的规定。针对本文的研究对象，笔者认为，将无服刑能力的女性精神障碍违法犯罪人送监狱服刑，既不符合人道主义精神，也不能使刑罚产生应有的作用，而且还会给监狱的管理带来难以克服的困难。因此，对无服刑能力的女性精神障碍违法犯罪人应当先进行强制医疗，待恢复服刑能力后再送监执行刑罚。对那些仍然具有服刑能力的女性精神障碍违法犯罪人，虽然应当收监执行刑罚，但是也不能将她们等同于普通犯罪人，对她们的精神障碍应当给予矫正和医疗。笔者借鉴国外相关研究成果，针对女性精神障碍者因性欲引起的违法犯罪的控制，提出如下矫治对策：

（一）矫正机构中的集体治疗

女性精神障碍者因性欲引起的违法犯罪是由其人格调适出现问题所导致的，她们大多不能有效地处理生活问题而产生敌意和愤怒情绪。集体治疗强调通过改善女性精神障碍者的人际交往技能和社会技能，以达到一定的治疗效果。下面介绍美国 20 世纪 80 年代开展的 3 项比较成功的集体治疗计划：

1. 格罗思等人开展的利文沃斯堡计划

格罗思（A. N. Groth）、加里（T. Gary）等人曾在美国堪萨斯州利文沃斯堡（Fort Leavenworth）的美军惩戒所（the United States Disciplinary Barracks）对 10 名侵害儿童的性犯罪人进行了为期 1 年的集体治疗。在治疗期间，他们将这组侵害儿童的性犯罪人每星期聚集 1 次，每次 1 小时。其治疗的总目标是，通过培养性犯罪人的自我价值，发展性犯罪人的人际交往技能、社会技能和控制冲动的技能，重新整合性犯罪人的人格。具体的治疗目标包括：记录在集体环境中讨论的问题和相应的反应；在参与集体治疗计划的 3 个月之后写一份自传材料；发展更好的人际交往技能；讨论假如性犯罪人自己就是儿童性虐待行为的被害人时的情况；检查性犯罪人在产生性接触欲望时，是否会有接近儿童的冲动。其治疗要点是，让性犯罪人认识到自己对其性犯罪行为应当承担的责任，理解其犯罪行为的不适当性，关心被害人的反应，感受其犯罪行为造成的痛苦。

2. 安东尼等人开展的佛罗里达州立医院计划

安东尼（Lawrence V. Annis）等人 1984 年在佛罗里达州立医院（Florida State Hospital）实行了一项治疗有精神障碍的性犯罪人的计划。这项治疗计划的对象是 25 名 25—46 岁的性犯罪人。参与治疗活动的人包括性犯罪人、治疗专家和"被害人工作者"（victim workers，他们自己曾经是性侵害行为的被害人）。每次治疗活动持续 90 分钟。性犯罪人被分为 5—8 个小组，每个"被害人工作者"与 1—2 名治疗专家一起，和每组性犯罪人会见 1—5 次。治疗活动包括交流信息、与性犯罪人一起详细回顾对被害人的性侵害行为。小组治疗活动往往演变成为性犯罪人与被害人工作者之间暴露性侵害行为的激烈的人际互动。在结束治疗计划之后，有的性犯罪人报告说，他们从"被害人工作者"那里受到了关于做人品质（human quality）方面的教育；有的性犯罪人报告说，治疗计划使得他们能够更好地与异性一起分享感情，改善了他们的交往技能，使他们更加准确地知道了社会对他们的看法。

3. 克拉克等人开展的密苏里计划

1986 年，克拉克（Marie Clark）在密苏里性犯罪人计划（the Missouri Sexual Offender Program）中，以集体治疗的方式使用了行为矫正方法。这项治疗计划的基本原理是，性犯罪是一种习得的行为，因此，也可以通过对个人行为的有意识的学习加以改变。这项治疗计划假定，当性犯罪人对其行为采取了负责任的态度，他们恰当的社会技能得到强化时，他们就会产生符合社会要求的行为。这项计划广泛使用多种测验工具。如：拉瑟斯自信量表（Ruthus Assertiveness Scale）、愤怒自我报告量表（the Anger Self-report Scale）、德罗盖迪斯性功能清单（Derogatis Sexual Functioning Inventory）、索恩性清单（the Thorne Sex Inventory）等。为增强犯罪人对习得的行为的认识，他们还对犯罪人进行持续 9—12 个月，每星期 4 个小时的集体治疗活动。对这项治疗计划的评价发现，治疗活动是很成功的。

（二）个体行为矫正方法

在对女性精神障碍违法犯罪人进行行为矫正的过程中，往往要根据其不同情况，选择性地使用一种或者多种行为矫正方法。

1. 思维停止法

思维停止法是指，让精神障碍者停止有害的思维活动，从而控制其产生实施违法犯罪冲动的方法。例如，当一个女性恋童症者走在大街上，看见一个小男孩时，她的眼睛会盯着男孩的生殖器，思维停止法就是让她在内心中命令自己坚决"停止这种念头！""停止这种念头！"，用自己的意志力瓦解违法犯罪冲动。

2. 思维转移法

思维转移法是指，在精神障碍者产生可能引起违法犯罪行为的念头时，将自己的思维活动转向厌恶性的意想，用它来抵消有害的念头。当一个女性偷窃症者发现一个犯罪目标，并且发现自己开始形成犯罪动机时，她就应当立即想象一些厌恶性的内容，例如，一名警察正走在自己的身后，拍拍自己的肩膀说："我知道你将要干什么事情。"如果通过思维转移法的训练，使得精神障碍者在产生犯罪性的念头时，立即进行这类厌恶性的想象，其违法犯罪的念头就会烟消云散。

3. 家人监视法

家人监视法是指，要求精神障碍者的配偶或者其他监护人帮助监视精神障碍者的行为，向治疗人员报告其情况的方法。使用这种方法的基本条件是，精神障碍者能够经常与其配偶或者其他监护人在一起，其配偶或者其他监护人能够了解精神障碍者的情况。在使用这种方法时，发给精神障碍者的配偶或者其他监护人一张清单，上面写清楚其配偶或者其他监护人的任务（包括应当记录什么内容、怎样进行记录等），让其配偶或者其他监护人定期完成清单的填写工作，并将清单定期交给治疗人员。

4. 情境控制法

情境控制法是指，帮助精神障碍者摆脱对本人和潜在的被害人都十分危险的情境，从而避免精神障碍者产生强烈的违法犯罪冲动的方法。例如，对于乱伦的女性精神障碍者或者女性恋童症者来说，经常使用的措施之一就是，当她们在房间中遇到潜在的被害人时，就赶快离开房间，以避免自己产生违法犯罪的冲动。

5. 厌恶疗法

厌恶疗法是指，在精神障碍者产生违法犯罪冲动时进行厌恶性刺激，从而在其违法犯罪冲动与厌恶性刺激之间形成厌恶性条件反射的治疗方法。如：以难闻的气味作为厌恶性刺激，在女性同性恋者出现异常的性冲动时，释放难闻的气味，使其在异常的性冲动与难闻的气味之间形成条件反射，从而减少或者消除同性之间的性冲动和性行为。

6. GPS 跟踪监控

目前，美国和英国已经采用 GPS 装置对精神障碍者中的危险人物进行电子跟踪监控。GPS 跟踪监控，是在危险的精神障碍者的脚踝或者手腕套上电子信息发射器，发射器有规律地向监控中心的接受器发射信号。如果这些人进入规定不许去的禁区，或者将发射器擅自拿掉，监控中心就会立即得到警报。笔者认为，在我国，对于由家属或者监护人看管的无刑事责任能力的精神障碍犯罪人，如果也能由公安机关实施 GPS 跟踪监控，将有助于防止其重新犯罪。

Ⅱ　犯罪防控研究

当前我国犯罪防控研究的
若干热点问题[*]

刘晓梅

作为我国犯罪学研究成果发表的主要阵地之一,《犯罪与改造研究》三十年来见证了我国犯罪学的发展与繁荣。当前,我国犯罪的情势出现了新变化,新型犯罪不断出现,犯罪防控研究面临新的挑战。有学者指出,"学界对于实证研究方法的把握和运用仍处于初级阶段,很多学者事实上已把实证研究等同于有关犯罪问题的一般性工作调查或大致情况的了解。犯罪学在中国学界留下了'不够科学'的负面学科形象"。[①] 周路认为,"在我国的犯罪学研究中,如果长期对实证研究不予重视,那是不利于犯罪学发展的"[②]。郭建安教授曾指出,"推广科学的研究方法在犯罪学中的应用,以摆脱'虚假繁荣'和'停滞状态'从而真正提高我国犯罪学研究水平,已经成为犯罪学发展过程中的当务之急"。[③] 严励认为,"造成当前我国犯罪学

* 本文原载于《犯罪与改造研究》2016 年第 7 期。

① 张远煌、林德核:《中国犯罪学实证研究匮乏之表现及成因分析》,《河南公安高等专科学校学报》2010 年第 4 期。

② 参见周路《犯罪学实证研究之我见》,《河南公安高等专科学校学报》1999 年第 4 期。20 世纪 90 年代初周路带领天津社会科学院犯罪学研究中心科研团队每 3 年对天津监狱犯人开展一次问卷调查,建立了"天津市犯罪调查科研数据库",对天津市犯罪发展变化规律进行研究。基于调查数据,形成了《犯罪调查十年——统计与分析》《当代实证犯罪学新编——犯罪规律研究》等研究成果。

③ 郭建安:《论犯罪学研究方法的重要性》,《江苏警官学院学报》2009 年第 5 期。

研究陷入停滞、落后的根本原因就在于研究方法上缺乏科学性"①。也有学者指出,我国当代犯罪学研究应遵循实证科学研究的范式。② 十八届三中全会通过的《中共中央关于全面深化改革若干重大问题的决定》提出,全面深化改革的总目标之一是要推进国家治理体系和治理能力现代化。十八届四中全会通过的《中共中央关于全面推进依法治国若干重大问题的决定》提出,全面推进依法治国,总目标是建设中国特色社会主义法治体系,建设社会主义法治国家……实现科学立法、严格执法、公正司法、全民守法,促进国家治理体系和治理能力现代化。犯罪治理是国家治理体系的重要内容之一,犯罪学经验研究和评估研究及其防控政策的科学化成为当下我国犯罪学发展的历史使命。社会治理亟须犯罪学界贡献出更为科学有效的犯罪治理良策。

一 犯罪学经验研究

经验研究是形成科学的犯罪防控政策的基石。经验研究是指,在理论指导下以准确观察到的客观现象为基础,使用定量或定性的研究方法,通过实验或观察来产生科学知识的过程,强调研究的资料必须来源于客观准确的观察。需要注意的是,经验研究(empirical research/study)与实证研究(positive research/study)有所不同。近年来,在国内社会科学研究探讨方法论的文献中,"实证"方法这一概念出现的频率相当高。然而,如果在英文文献中查找"positive research/study",就会发现,只有哲学研究著述涉及方法论问题时有所涉及,③ 在近三四十年的国外社会科学研究文献中几乎找不

---

① 严励、金碧华:《犯罪学研究方法的路径选择——对当前我国犯罪学研究现状的审视》,《上海大学学报》2006 年第 3 期。

② 王志强:《论中国当代犯罪学的实证研究及其科学实证逻辑》,《中国人民公安大学学报(社会科学版)》2012 年第 4 期。

③ 实证主义(Positivism)创始人孔德认为,实证一词有"实在""有用""确实""精确"等意思。所以,他认为哲学应以实证自然科学为根据,以可以被观察和实验的经验事实和知识为内容,排斥了他所认为的虚妄、无用、不精的神学和形而上学,进而建立以近代实验科学为依据的一种"科学的哲学",即实证哲学。所谓实在、有用等的实证知识,指的是现象范围之内的知识。他认为,一切科学知识必须建立在来自观察和实验的经验事实的基础上。经验事实是知识的唯一来源与基础,因而一切科学知识就必须局限在经验的范围之内,不能超出经验之外。否则,知识既失去了根据,又没有可能。参见朱成全《对实证分析和规范分析争论的科学哲学的思考》,《江西财经大学学报》2005 年第 3 期。

到"××实证研究"的相关文献。实证研究与规范研究相对应，是分析社会事实"是怎样"，即对社会现象进行描述与解释的方法；规范研究（normative research）是分析社会现象"应该怎样"，即关于价值判断的分析。经验研究是与理论/思辨研究（theoretical research）相对而言的，一般不涉及与价值判断有关的问题，其主要功能在于解决效用问题或效果问题，即为如何解决问题提供一个科学的研究框架和判断体系。为避免引起不必要的混淆和误解，犯罪学中应用定性和定量的研究方法，对理论或理论假设进行证实或证伪，应被称为"经验研究"，而非"实证研究"。鉴于此，我国犯罪学研究者以"××实证研究"为题的相关著述似乎命名为"经验研究"更为准确。

犯罪学作为一门事实科学，经验研究是其基本的手段。具体而言，犯罪学的经验性研究方法分为两个层次。（1）犯罪调查的基本方法。其又可以从两个角度分类：①按照调查的范围，分为普遍调查、抽样调查、典型调查、个案调查；②按照调查的方法，分为观察法、文件法、问卷法、访谈法、实验法。（2）犯罪研究的基本技术。其又包括：①调查技术，例如抽样技术、问卷设计技术；②资料处理技术。运用以上方法，经过一定的研究程序，构建犯罪学理论。① 经验研究强调研究方法的科学性和严谨性。在经验研究中，主要的方法通常被分为两大类：定性的研究和定量研究。定性研究重在对社会现象性质的分析；定量研究运用数学方法从量的方面考察事物之间的联系与作用。任何事物都是质与量的统一体，定量研究有助于将定性研究引向深入；而定性研究则是定量研究的基础。

怎样进行经验研究？回答这个问题不是一件简单的事情，因为这个问题涉及很多专门的知识，需要进行系统的训练。国内的一些文献试图回答这个问题，也出现了一些解释，专业领域也有一些经验研究的文章发表。然而，很多读者看过这些研究之后常常会有某种失望的感觉，产生这样一种疑问：这就是"经验"研究吗？不过如此。因为这种研究的大部分或者只对某种现象进行基本描述，或者只对事物做出某种分类，甚至仅是计算出一些简单的变量之间的关系，而其研究的深度不够。有的犯罪学"经验"

---

① 张小虎：《论犯罪学的经验性研究方法》，《犯罪研究》2002 年第 1 期。

分析文章只简单介绍定量研究基本的操作，对变量做出简单的相关分析或交叉分析，这似乎较之传统的中国犯罪学思辨研究要肤浅得多。笔者认为，中西方犯罪学研究传统及其思维方式存在较大差异，应当在把握其方法论科学实质的基础上取其精华，去其糟粕。

一方面，经验研究是在严格逻辑思维指导下进行的。在这一点上，其与思辨研究思维方式存在共同之处。经验研究与思辨研究的不同之处在于，它集中了关于变量与定量的计算，从而可以更精确地回答一个具体的问题。我们在理论研究中常常讲事物之间的相互影响，理论研究帮助我们指出这个影响关系的存在，但要问各种事物间的相互影响的真正效果如何，则需用数量来精确计算出来。纯粹停留在思辨阶段是不能得出精确的答案的。明确这一点非常重要，因为国家和社会组织的经济资源是有限的，在国家和组织投入犯罪防控资源时，应该进行较精确的效果计算。法律和公共政策的实施可能涉及成千上万的投资，对其实施效果进行预测和评估十分重要。在美国，刑事法律法规的制定和完善，以及矫正罪犯、戒毒等政府投资的公共政策都必须接受定期的效果评估，评估方式往往采取严格的随机对照实验，只有确实能够改变相对人的心理或行为，或者给社会带来效益的项目才能够继续获得政府资助。定量研究的优势就是集中表现在它能更精确地计算出某个项目或措施所导致的人或事物的变化效果。

另一方面，要从抽象地讨论事物之间的联系，提升到以数量形式计算这种联系的程度。定量研究必须先完成一个研究范式（paradigm）的转变，即从理论研究或形式逻辑思维转变到数量形式的思维。这种转变的关键就在于引进"变量"这一最基本的概念。"变量"是经验研究话语体系中的一个简单而又重要的概念。经验研究的思维方式最突出的特点在于，它是用变量和变量的关系作为其基本语汇来进行思维的。在使用"变量"这个概念的时候，要理解它的"变"指的是它的值，是随研究单位的不同而不同的。例如，使用毒品的行为就是一个变量（有的人用，有的人不用；有的人用的多，有的人用的少），所以它是随不同的人（研究单位）而有所变化的。而不同变量之间又会相互作用，在效果评估时需要对不同的变量加以控制。

经验研究就是通过对客观事物进行观察以及严格的分析，以达到可信的结论。经验研究可以分为两大领域，第一大领域是理论领域，第二大领域是政策领域。在理论领域里通行的做法是依靠严格的经验验证来建立理论，其中包括以严格的科学方法系统地收集证据、资料，通过使用各种经验方法进行验证，包括使用统计模型和计算来检验理论在观察层面上的假设是否成立。政策领域中，核心的科学活动就是对现实存在的政策和政策项目进行评估，并以评估提供的证据为基础调整、改善或放弃已有的政策，从而实现科学的管理。

在这些科学活动过程中，管理者和科学家所追求的目标就是依靠日益提高的证据分析技术，不断提高研究结论的可靠程度。分析技术的发展主要依赖于统计学的迅速发展，各种统计技术、统计模型以及电子设备的快速发展，使过去无法实现抑或需要相当时间完成的运算任务能够转瞬完成，从而为数据分析实践中的疑难问题提供了多种解决渠道。社会科学发展的过程，就是一个社会科学家收集经验证据的技术和分析经验数据的技术越来越严谨的发展过程，其有赖于以下两方面的技术进步：一方面，高新数据收集技术的发展。证据效力的核心是数据收集，数据收集的方法是根据研究目的所需回答的科学问题来进行研究设计的。数据收集技术的核心内容是严格遵循逻辑思维及不断发展的方法论研究成果，来实现数据质量的不断提高。常见的数据收集技术方法，已为很多人了解和掌握，比如实验研究方法、问卷调查方法、田野调查方法等。另一方面，高新数据分析技术的发展。数据分析技术的进步发展，不断地纠正旧有的分析方法和可能存在的偏差，从而使分析结论更可靠、更精确。通过科学的统计方法得出的分析才具有更强的证明力。那么，如此复杂的统计技术真的有用吗？回答当然是肯定的，因为所有技术上的发展都是为了一个目标，即使我们获得的数据和分析结论更加精确可靠。例如，数据的具体分布情况，计量模型的信度和效度，都需要通过科学的统计方法做出分析，才具有更强的说服力。

20世纪80年代埃克斯（Akers）在行为主义学习理论和萨瑟兰差别交往理论的基础上，提出社会学习理论，并开展了犯罪学经验研究。[①] 他在研

---

① Akers，Ronald L.，*Social Learning and Social Structure*：*A General Theory of Criminal and Deviance*，Boston：Northeastern University Press，1998.

究中以模仿、差别接触、差别增强、守法与违法的态度等变量来预测犯罪原因，并开展问卷调查。研究发现，一个人所处的社会结构会通过社会学习过程影响个人行为；学习过程中，个人可以通过直接增强或者间接（替代）增强作用学会特定行为，包括犯罪行为。一方面，某人观察到他人的犯罪行为，可以增强其犯罪动机和犯罪行为；另一方面，受到他人的犯罪暗示和支持鼓励，也可以学习到犯罪行为或增强犯罪动机和犯罪行为。我国台湾地区学者杨士隆与任全钧以自我控制理论与社会学习理论对台湾吸毒青少年开展经验研究。他们的研究结果发现，自我控制理论的变量解释力为12%，社会学习理论的变量解释力为21%，其中解释力最强的社会学习变量是"同伴的差别接触"。① 赵军通过对包括我国大陆未成年犯和普通中学生在内的并合样本进行对数回归统计，得到一个以暴力资讯接触状况预测未成年人犯罪的模型。该模型以未成年人是否犯罪为因变量，以反映家庭背景、遭受暴力经验、不良嗜好及施暴经历、价值观、性（别）交往、上网情况及其他资讯、暴力资讯等7个方面情况的28个变量为自变量。调研结果表明，接触暴力资讯能增大未成年人犯罪的概率，却不会增大未成年犯罪人实施暴力犯罪的概率。鉴于此，社会学习理论中通过暴力符号示范习得攻击性行为方式的观点应当做如下修正：反规范的态度或行为倾向是通过学习获得的；在现实社会生活中，通过媒体获得暴力资讯（符号示范）以及反复的直接体验学习，是未成年人习得反规范的态度或行为倾向的有效途径；从前被认为对未成年人具有重大影响的父母、老师或亚文化群，其地位正逐渐让位于充满暴力资讯的媒体。②

① 杨士隆、任全钧：《一般性犯罪理论与社会学习理论之实证检验：以犯罪矫正机构吸毒少年为例》，《犯罪学期刊》1997年第3期。
② 赵军：《暴力资讯与未成年人犯罪实证研究——以社会学习理论为主要修正对象》，《江西财经大学学报》2010年第3期。该成果是张远煌主持的教育部哲学社会科学研究重大课题攻关项目"未成年人犯罪问题研究"（06JZD0010）的阶段性成果。采用"自陈问卷法"收集资料，样本取自北京、湖北、贵州三省（市）。研究人员先在三地未成年人管教所采用等距离抽样法抽取30%的男性在押人员，形成总数为966人的未成年犯样本；再依未成年犯样本在年龄、户籍性质和地域上的比例，在三地的10所中学中随机抽取了1076名普通中学生形成对照样本。

二 犯罪学评估研究

评估研究以犯罪防控政策的有效性为研究对象，以实验方法为主要研究方法，为犯罪防控政策的制定和实施提供了有力的科学证据，[①] 使得犯罪防控政策向科学化的方向发展，即在科学证据的基础上，对犯罪防控政策进行科学决策，并确保其得到有效实施。任何的政策、项目必须经过评估。通过评估，评价政策项目的效度，才知晓理论是否正确，政策是否有效，以及经济上是否合算。评估研究的评估内容包括证据是否真实、证据质量如何、证据证明力大小、样本是否具有代表性、内部效力如何等。方案实施以后，任何人都可以使用设计方案中搜集的资料、数据验证方案，来对项目效果进行核实与重复检验，从而衡量项目是否有实效。

如何确保犯罪防控项目的评估取得真实的结果？这些结果可信吗？这是在对犯罪防控政策或项目进行评估时的重要问题。可以肯定的是，并非所有的犯罪防控项目的评估效度都是相同的，评估质量的方法存在巨大差别，主要是从统计结论效度（statistical conclusion validity）、内部效度（internal validity）、结构效度（construct validity）、外部效度（external validity）四个维度来对某个评估的质量进行衡量。[②] 统计结论效度关注的是假定因素（干预因素）和假定效果（统计结果）之间是否具有关联。对该类效度的主要威胁，来自统计功效（正确地否定错误的虚假假设的可能性）的低下（例如较低的样本规模）以及统计方法的不当使用。内部效度是指，在多大程度上，研究明确地指明了原因（例如父母教育）对结果（例如越轨行为）的影响。在这里，某种控制条件是十分必要的。该条件用以判断如果原因没有被施加于实验单位（如人口或地区），该单位将会发生怎样的变化。这又被称为"反事实推理"。影响内部效度的因素有：1. 人为选择：实验条件

---

① brandon c. welsh and david p. farrington, "Toward an Evidence-Based Approach to Preventing Crime", in ROBERT PEARSON (ed.), *The Annals by The American Academy of Political and Social Science*, Sage Publications, 2001.

② 刘建宏：《国际犯罪学大师论犯罪控制科学》，人民出版社，2012，第 10 页。

与控制条件之间的先在差异的影响；2. 历史：与干预同时发生的某些事件造成的影响；3. 自然成熟：对先在趋势的延续性的反映，例如正常的人生成长；4. 测量工具：结果测量方法的改变所产生的影响；5. 测量：前测对后测的改变；6. 统计回归效应：在那些将干预应用于超常的高分值单位的地方（如高犯罪率地区），自然波动也会在后测中引起分值的回落，而这种自然波动造成的效应会被错误地解释为干预的影响。另外，将干预应用于低犯罪率或低分值人群中，则会引起相反的效果（分值提升）。7. 差异耗损：实验条件与控制条件之间的单位（如人群）差异损失所造成的影响。8. 按时间发生的顺序：介入因素是否在结果发生之前出现是不清楚的。结构效度指对干预与结果的理论建构进行操作化定义和测量的程度。例如，如果有一个项目旨在调查有关犯罪的人与人之间训练技巧的结果，训练项目确实针对和改变人际技巧，并作为罪犯被逮捕吗？这种效度形式的主要威胁在于干预在多大程度上成功改变了本应发生的变化，以及度量结果的效度和信度。外部效度指，在多大程度上，对结果的干预所造成的效应能够在不同条件下推广或者重复实现：不同的介入因素操作定义和各种不同结果，不同民族，不同环境等。在一项研究评估中很难调查这些全部内容。外部效度建立在对某项研究的元分析和系统评估中可以更有说服力（见下述）。例如，一个介入因素的设计目是减少犯罪，可能对于某些人或者在某些地区起作用，对其他人或者在其他地区可能情况就会不同。问题的关键在于，是否由于研究者对于研究结果有某种利害关系造成了影响大小的不同。如果一个犯罪预防项目的评估过程是遵循高度内部效度、结构效度和统计结论效度，则通常被认为是高质量的。也就是说，如果项目评估设计中对这三种效度的主要威胁进行控制，一个人可以对介入因素可被观察的效果有充足的信心。实验（随机实验和非随机实验）和准实验研究设计可以使设计评估类型最大限度地达到这样的目的。[①]

近二十年来，在犯罪防控政策研究方面的新动向是把数据收集、分析与犯罪防控项目的政策制定完全地统一起来，尤其在犯罪防控项目设计与

---

① 刘建宏：《国际犯罪学大师论犯罪控制科学》，人民出版社，2012，第 11—12 页。

实施方面表现得尤为突出。如前所述，评估阶段是犯罪防控政策科学化的核心所在，研究人员全程参与到刑事司法项目实施评估中，这对保证整个项目的科学化程度产生积极作用。在项目实施过程中及实施过程以后，科学评估结果又会被及时反馈到下一轮项目的评估设计的修订及实施中去，这种科学与实践一体化的过程，在西方被称为行动研究。犯罪学专家与刑事司法等犯罪防控部门密切结合，项目从开始设计之初直至项目结束的整个过程均贯穿科学研究。总体设计包括在实施过程中每阶段数据收集、数据分析、项目实施与项目评估等（见图1）。

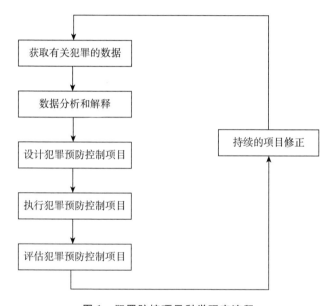

图1　犯罪防控项目科学研究流程

科学定量地评估发展类项目的影响，在社会科学研究中已经得到广泛重视。在开展影响评估时不但要找出哪些发展项目或政策是有效的，还要解释这些发展项目或政策为什么有效或为什么无效。"研究要清楚地说明干预措施（投入）将如何影响最终结果，而且要对从投入到最终结果之间的因果链（假设）进行检验。评估设计应当包含从投入到影响之间整个因果关系链的分析。"[1] 犯罪防

---

[1]　White H，"Theory-based impact evaluation：Principles and practice"，*Journal of Development Effectiveness*，1（3）：271－284.

控政策的科学化强调通过科学的研究方法对政策实践进行评估，并使用科学方法所产生的科学证据来指导实践。[1] 不同方法所产生的证据，其效力也是不同的。在各类影响评估方法中，随机干预试验（Randomized Controlled Trials，简称 RCT）方法被认为是影响评估的"金标准"。[2]

　　在评估研究所采用的各种方法中，RCT 所产生的数据之所以被视为最高等级的科学证据，是因为 RCT 相对其他实验方法而言，具有最稳定的内部效度，能够最为客观、清晰地展现犯罪防控措施或干预项目的影响。[3] 在评估犯罪防控措施或干预项目的效果时，如果一个评估研究难以解释这些措施或项目到底能否引起受试者的变化，那么这个研究的内部效度就比较低，因为它无法排除是否有其他因素影响了结果的产生。例如：在戒毒矫治项目效果评估中，如果这个评估研究能够证明受试者的戒毒效果是由干预项目这一单一因素引起的，那么它就具有较高的内部效度。反之，即使大部分受试者都能减少毒品的使用量或使用频率，但研究者并不能确定到底是干预项目起了作用，还是受试者本来上瘾程度就不深或在接受矫治前就已经准备戒毒，那么该研究内部效度就较低。一般而言，RCT 之所以具有最稳定的内部效度，是因为其在控制了年龄、性别等变量的情况下，将参加实验的被试者随机分配到实验组和对照组，确保实验组和对照组的人员构成和各种特征都比较一致，再对实验组实施干预项目，由于实验组和

[1] Sherman, Lawrence W. , *Evidence-based Policing in Ideas in American Policing*, Washington, DC：Police Foundation, 1999.

[2] 随机干预试验（RCT）所产生的证据效力级别最高，准实验研究、问卷调查、定性研究获得的证据效力次之。参见 Farrington, David P. , "Randomized Experiments on Crime and Justice", *Crime and Justice：An Annual Review of Research*, Vol. 4, ed. by Michael Tonry and Norval Morris, Chicago：University of Chicago Press；Eileen Gambrill, *Evidence-Based Practice and Policy：Choices Ahead Research on Social Work Practice*, 2006；Sackett, D. L. , Straus, S. E. , Richardson, W. S. , Rosenberg, W. & Haynes, R. B. , *Evidence-based medicine, how to practice and teach EBM*, New York：Churchill Livingstone；Gray, M. , Plath, D. & Webb, S. A. , *Evidence-Based Social Work*, Routledge：New York, 2009；Marston, G. & Watts, R. , "Tampering with evidence：a critical appraisal of evidence-based policy-making", *The Drawing Board：An Australian Review of Public Affairs*, 2003。

[3] Farrington, D. P. , D. C. Gottfredson, L. W. Sherman and B. C. Welsh, "The Maryland scientific methods scale", in *Evidence-based crime prevention*, edited by L. W. Sherman, D. P. Farrington, B. C. Welsh & D. L. MacKenzie, London：Routledge, pp. 13 – 21.

对照组的人员都是随机分配的，具有同质性，因此当实验组在接受干预项目之后出现任何变化，研究者都可以确认，这些变化一定是由干预项目所造成，而不会是其他因素所造成的。①

采用 RCT 方法进行影响评估，首先要考虑的问题是如何设计试验。试验设计过程中涉及的具体问题包括：1. 建立干预与结果变量之间的因果链，探索合适的干预措施。研究者需要确认干预措施与结果变量之间存在明确的因果关系。2. 明确干预的单位。干预的单位可以是个人、农户、社区等，根据项目的总体目标和干预措施的性质决定。3. 随机选择的方法。可选择的方法包括摇奖法、轮流干预法和逐步推进法等。在 RCT 执行过程中，如采用摇奖法，只对部分参与者进行干预，考虑到对照组的参与者可能会因不能受益而不愿意参与该项目，在实施项目时可采用逐步推进法，开始只对干预组进行干预，过一段时间后再对对照组进行干预。4. 识别可能影响到项目设计的因素，包括项目是否存在溢出效应和交叉效应。5. 样本选择和样本规模。确定 RCT 样本的规模十分重要，规模的大小要具有足够的"势"（power），确保能够识别出干预的影响（或者在备选假设为真的条件下，具有80%以上的概率，拒绝虚拟假设）。因此，样本量的多少通常取决于干预类型的数量、置信水平、检验的"势"、干预单位组内相关性、预期影响的大小等。② 采用 RCT 方法进行影响评估时，最不希望看到的结果是：由于样本量过少，使得从理论上来说应该有效的干预手段，却未能在评估结果中表现出效果。

要对某项犯罪防控政策的有效性进行评价，如果仅仅依靠一两个评估研究的科学证据，可能并不足够，因为其他评估研究可能会有不同的结论，甚至不同研究者分别针对同一个主题所进行的不同评估研究也可能产生不同的结论。因此，为了进一步提高科学证据的效力，同时也为进一步提高

---

① David Weisburd, Lorraine Mazerolle & Anthony Petrosino, *The Academy of Experimental Criminology: Advancing Randomized Trials in Crime and Justice*; David Weisburd, Cynthia M. Lum & Anthony Petrosino, "Does research design affect study outcomes in criminal justice?" in Robent Pearson (ed.), *The Annals by The American Academy of Political and Social Science*, Sage Publications, 2001.

② 张林秀：《随机干预试验——影响评估的前沿方法》，《地理科学进展》2013年第6期。

犯罪防控政策的科学化水平，需要对针对同一个主题的评估研究报告进行系统的元分析（Meta-analysis）。元分析有别于传统的文献综述，后者不使用定量技术，而是以思辨研究对所搜集的文献资料进行分析总结，因此可能会受到个人偏见的影响。[①] 为了改善这一问题，可以使用定量分析技术进行元分析。即主要依赖统计显著性来对评估研究报告的结果进行筛选和评价，然而其也存在一定的局限性：刑事司法领域的评估研究往往在 RCT 中使用比较小的样本数量，因此很多具有实际效力的小样本评估研究结果可能被排除或被忽略，从而影响最终结果的可靠性和科学性。笔者认为，中国犯罪防控研究和刑事政策决策应当更多地将 RCT 的影响评估方法运用到项目或政策的试点中，科学地、定量地评估项目或政策的影响，认真分析影响产生的路径，进行"以事实为基础"的决策。

为了改善元分析存在的问题，可以采用系统评估（Systematic Review）的方法。系统评估是一种全新的文献综述方式，使用严格的方法对某一主题的所有评估研究报告进行定位、分析、综合合成，将数据综合成一个整体，以得出可靠的结论。系统评估具有如下特征：明确的目的，明确的筛选标准、筛选文献时应当避免潜在的偏见、必须列明被排除的文献清单、尽量获取与主题有关的所有文献，使用定量分析方法对文献的数据进行合成，最终的系统评估报告必须具备固定的结构和撰写方式。[②] 必须明确的是，系统评估并不等同于元分析，前者可以包含后者，但后者并不代表前者；严格按照规定的程序和方法完成的系统综述，能够为评价犯罪防控政策的有效性提供当前最可靠、最完整的科学证据。[③]

在评估研究发展过程中，系统评估作为一种新的评估工具，得到了越来越广泛的应用，同时也发挥了越来越重要的作用。康拜尔国际合作组织

① Cooper, Harris C. and Larry V. Hedges, *The Handbook of Research Synthesis*, New York: Russell Sage, 1994.

② Farrington, David P. and Anthony Petrosino, "The Campbell Collaboration Crime and Justice Group," *Annals of the American Academy of Political and Social Science*, 2001, pp. 35 - 49.

③ Petrosino A, Boruch RF, Soydan H, Duggan L, Sanchezp-meca J., "Meeting the Challenges of Evidence-based Policy: The Compbell Collaboration", in Robent Pearson (ed.), *The Annals by The American Academy of Political and Social Science*, Sage Publications, 2001.

（Campbell Collaboration）的成立推动了全球犯罪防控政策科学化发展进程，进一步提高了评估研究的科学性。[①] 康拜尔国际合作组织是一个由跨国学者组成的研究组织，下设教育、刑事司法和社会福利三个委员会，其目的是筹备和推动社会科学方面，包括教育学、刑事司法学、社会福利学三个领域的系统评估研究，[②] 为各国学者或机构的研究和决策提供参考。康拜尔国际合作组织的刑事司法委员会专司负责对刑事司法政策和与犯罪防控有关的干预项目的有效性进行科学的系统评估。具体包括：恢复性司法、父母教育项目、儿童技能培训、少年犯宵禁令，少年行军营（对未成年犯或未成年行为偏差人员集中进行军事化训练的机构）、电子监禁、针对犯罪人员的认知行为项目、针对监狱服刑人员的宗教信仰项目、刑期长短对重新犯罪率的影响、社区服务令、针对精神病患者的矫治、闭路监控系统、街道照明项目、邻里守望项目、高危地带警务项目、戒毒矫治等。[③]

一般认为，科学评估方法分为五个等级，第一等级是从共时性的角度；第二等级是从历时性的角度；第三等级是建立实验组和对照组，并着重观察实验组在应用犯罪控制方案之后的犯罪变化的状况；第四等级是在第三等级的基础上，进行排除有可能影响实验结果的变量；第五等级是对犯罪方案进行随机性的应用，并与对照组相比较。[④] 篇幅所限，本文仅以国内外视频监控系统（又被称为"闭路电视监控系统"，英文简称 CCTV）在犯罪防控中的应用评估为例。1998 年斯金在唐卡斯特所做的研究得出的结论是，每对闭路电视监控系统投入 1 英镑就能得到 3.5 英镑的回报。英国剑桥大学法林顿等对闭路电视监控系统功效的 44 个评估结果表明，闭路电视监控系统能有效减少停车场的犯罪（51%），但是对减少城市中心与市民区的犯罪

① Farrington, David P. and Anthony Petrosino, "The Campbell Collaboration Crime and Justice Group", *Annals of the American Academy of Political and Social Science*, 2001, pp. 35 – 49.
② Petrosino A, Boruch RF, Soydan H, Duggan L, Sanchezp-meca J., "Meeting the Challenges of Evidence-based Policy: The Compbell Collaboration", in Robent Pearson (ed.), *The Annals by The American Academy of Political and Social Science*, Sage Publications, 2001.
③ Farrington, David P. and Anthony Petrosino, "The Campbell Collaboration Crime and Justice Group", *Annals of the American Academy of Political and Social Science*, 2001, pp. 35 – 49.
④ 周东平：《犯罪学新论》，厦门大学出版社，2004，第 262 页。

则没什么效果（7%）。① 金诚等以浙江省某市为研究对象，对该市视频监控系统的建设现状进行评估。调研发现，从技术层面来看，利用视频监控系统的技术防范模式较传统的人力防范模式具有明显的优势。但从应用现状来看，当前视频监控系统的整体应用效果与其初衷目标尚有差距，投入与产出不相匹配，存在布建不合理、应用低效能等问题。建议在充分认识犯罪规律和监控的区域性功能定位基础上，科学合理地布建视频监控系统，采用多种方法提高对视频监控数据的运用能力，最大限度地发挥视频监控系统在街面侵财型犯罪防控中的效能。② 法林顿和金诚等采用严格的科学评估方法分别对英中闭路电视监控系统功效进行了评估研究。

三　犯罪防控政策的科学化

实现犯罪防控政策科学化的一个主要途径就是建立并不断完善以经验科学研究为基础的一套犯罪防控体系，它包括在科学研究基础上形成的观点、理论和政策以及实施这些政策的具体项目。具体而言，科学的犯罪防控政策体系包含四个层次：第一个层次是观点层次。主导的观点或者大部分人认同的观点可能成为对犯罪问题的基本理解，影响其他层次的犯罪防控政策的建设和执行。第二个层次是与犯罪防控有关的法律法规。包括刑事法律法规和在特定历史时期为处理某一特定犯罪问题通过的特殊法案或者单行法规。第三个层次是与犯罪防控机构的行政设置及其建立有关的各种政策。这些行政设置可以是在中央设立的，也可以是在地方设置的。一些发达国家往往会就某一特定问题通过单行法案，并拨付相应的预算，设立相应的行政机构来执行这些法案。第四个层次是政策项目层次。政策通常是通过具体项目（program）来体现的，可以是很大的项目，也可以是很具体的小项目。这个体系中第一层次的观点大多来自犯罪学理论研究的结果，其他层次大多以科学评估研究为基础。科学研究成为犯罪防控理论政策和实践

---

① 刘建宏：《国际犯罪学大师论犯罪控制科学》，人民出版社，第85页。
② 金诚、伍星：《视频监控系统在街面侵财型犯罪防控中的应用评估》，《中国人民公安大学学报》（社会科学版）2008年第6期。

的根基所在。刘建宏教授曾提出如下犯罪防控研究科学化路线图（见图2）：

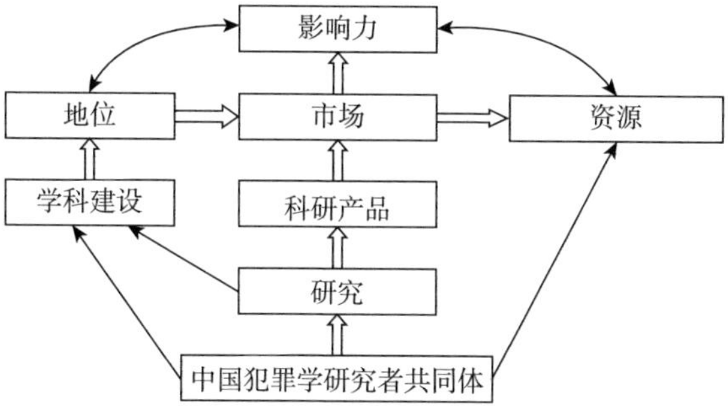

图2 犯罪防控研究科学化路线

在犯罪防控研究科学化路线图中，资源、市场和科研产品是三个关键要素。

1. 犯罪学的资源。资源就是力量，资源左右影响力的分配，其后果反过来影响资源分配。科研经费等资源是犯罪学研究顺利进行的重要保障。2010—2014年度国家社科基金立项的犯罪学课题共85项（年均17项），资助经费总计1426万元。其中，重点课题5项，西部课题8项，一般课题50项，青年课题22项。笔者认为，国家社科基金资助的犯罪学课题数量有待提高，特别是重点课题立项偏少，与当前中国社会转型期犯罪问题日益严峻的现状不符（见表1—表6）。

表1 2010—2014年度国家社科基金资助的犯罪学课题

年度	国家社科基金立项数	犯罪学课题立项数	犯罪学课题资助经费
2010年	2685项	10项	104万元
2011年	3368项	25项	375万元
2012年	3833项	17项	255万元
2013年	4333项	11项	222万元
2014年	4323项	22项	470万元

表2 2010年度国家社科基金项目中犯罪学相关选题一览

	项目名称	负责人	项目类别	学科分类
1	黑恶势力生成防控与治理	张步文	西部项目	
2	西部地区黑社会性质组织的生成机制及治理对策研究	郭丽	一般	社会学

续表

	项目名称	负责人	项目类别	学科分类
3	甘青藏等民族地区犯罪治理模式研究	刘慧明	一般	法学
4	社会与心理整合视角下的恐怖主义犯罪原因及应对研究	赵桂芬	一般	法学
5	近年金融领域刑事司法状态的实证研究	毛玲玲	一般	法学
6	黑社会性质组织犯罪定罪量刑实证研究	石经海	一般	法学
7	污染型环境犯罪因果关系证明研究	蒋兰香	一般	法学
8	经济全球化背景下环境犯罪刑事对策研究	董邦俊	青年	法学
9	中国周边涉华恐怖组织状况调查及对策研究	张家栋	青年	国际问题
10	我国竞技体育刑事犯罪解决机制研究	雷选沛	一般	体育学

注：2010 年度国家社科基金立项资助课题共有 2285 项年度课题和 400 项西部课题。年度课题中，重点项目 140 项，一般项目 1290 项，青年项目 855。重点项目资助经费 20 万元，一般项目资助经费 12 万元，青年项目资助经费 10 万元。

表3　2011 年度国家社科基金项目中犯罪学相关选题一览

	项目名称	负责人	项目类别	学科分类	批准号
1	反腐倡廉建设中防治窝案、串案问题研究	陈东辉	青年	党史·党建	11CDJ018
2	社会参与腐败治理的体制、机制研究	柏维春	一般	党史·党建	11BDJ038
3	隐性收入与腐败的规模、关系及影响研究	孙群力	一般	应用经济	11BJY036
4	防范和化解群体性事件中暴力因素对策研究	王国勤	青年	政治学	11CZZ025
5	西藏群体性事件的预防与预警机制研究	房玉国	一般	政治学	11BZZ032
6	在华跨国公司商业贿赂问题研究	周凌宵	青年	政治学	11CZZ017
7	社会转型期群体性事件的心理疏导与犯罪防范对策研究	梅传强	一般	法学	11BFX104
8	犯罪治理控制与刑事司法犯罪化的反思	孙万怀	一般	法学	11BFX102
9	社会转型期恐怖主义犯罪治理控制研究	张昆	一般	法学	11BFX103
10	安全生产犯罪及其刑法治理对策研究	刘超捷	一般	法学	11BFX105
11	涉信用卡犯罪研究	刘宪权	一般	法学	11BFX107
12	刑事纠纷的多元化解决机制实证研究	郭云忠	一般	法学	11BFX117
13	社区矫正执行体系研究	郑霞泽	一般	法学	11BFX108
14	东部地区涉及少数民族的群体性事件研究	白友涛	重点	社会学	11ASH003

	项目名称	负责人	项目类别	学科分类	批准号
15	跨境民族乡村社会安全问题和转变维稳方式研究	张金鹏	一般	社会学	11BSH020
16	海洛因戒除者的行为控制功能及其对海洛因使用行为的自动化加工机制研究	张锋	一般	社会学	11BSH047
17	城市移民犯罪及其治理模式研究	杨方泉	一般	社会学	11BSH048
18	西北农村回族妇女家庭暴力问题研究	王雪梅	青年	社会学	11CSH024
19	吸毒人群艾滋病污名问题研究	耿柳娜	青年	社会学	11CSH045
20	虐待老年人问题调查及社会工作干预研究	刘春燕	青年	社会学	11CSH076
21	我国青少年体育暴力研究及遏制理论建构与实证	石岩	一般	体育学	11BTY022
22	土地市场中开发商行贿的表征、演变及损害研究	张红霞	一般	管理学	11CGL084
23	文化与黑社会性质组织犯罪研究	汪力	西部		11XFX012
24	社区戒毒推进的难点调查与保障体系构建研究	张晴	西部		11XFX014
25	西南边疆地区跨国犯罪及其控制研究	蒋人文	西部		11XFX016

注：2011 年度国家社科基金立项资助课题共 2883 项，其中重点项目 153 项、一般项目 1608 项、青年项目 1122 项。另有西部项目 485 项。重点项目每项资助 25 万元，一般项目和青年项目的资助额度均为 15 万元。

表4　2012 年度国家社科基金项目中犯罪学相关选题一览

	项目名称	负责人	项目类别	学科分类	批准号
1	社会整合视角下的未成年犯社区矫正研究	张学军	一般	社会学	12BSH009
2	社会学视野下重新犯罪防控机制研究	江华锋	一般	社会学	12BSH008
3	社会支持视域下的刑释人员回归社会研究	莫瑞丽	青年	社会学	12CSH010
4	戒毒人员回归社会的长效机制构建研究	韩丹	青年	社会学	12CSH096
5	弱势群体权利保障中的打击拐卖妇女儿童行动研究	周俊山	青年	社会学	12CSH098
6	隐性腐败的防治制度研究	余凯	青年	政治学	12CZZ026
7	中国社区矫正规范化研究	吴宗宪	一般	法学	12BFX048
8	社区矫正中的社区参与模式研究	田兴洪	一般	法学	12BFX046
9	引入市场机制与犯罪治理创新	汪明亮	一般	法学	12BFX047
10	民间借贷中的经济犯罪防控对策研究	马方	一般	法学	12BFX049

续表

	项目名称	负责人	项目类别	学科分类	批准号
11	环境污染犯罪治理研究	冯军	一般	法学	12BFX051
12	新生代农民工犯罪问题研究	金诚	一般	法学	12BFX054
13	刑事司法改革中的实验研究	何挺	青年	法学	12CFX036
14	民族边境地区"三非"问题及其犯罪防控体系研究	张洁	青年	法学	12CFX103
15	预防与遏制贪官外逃制度研究	李晓欧	青年	法学	12CFX039
16	西部涉农职务犯罪的预防与惩治研究	张建军	西部		
17	网络毒品犯罪问题研究	昂钰	西部		

注：2012年国家社科基金项目批准立项课题共3291项，其中重点项目160项，一般项目1806项，青年项目1325项。另有西部项目共立项542项。重点项目每项资助25万元，一般项目和青年项目的资助额度均为15万元。

表5　2013年度国家社科基金项目中犯罪学相关选题一览

	项目名称	负责人	项目类别	学科分类	批准号
1	高级领导干部腐败现状及防范对策研究	陈小林	重点	党史·党建	13ADJ005
2	全球化信息化社会环境中的新型恐怖活动及其整体法律对策研究	皮勇	重点	法学	13AFX010
3	新疆兵地多元文化与犯罪预防关系研究	李瑞生	一般	法学	13BFX053
4	沉迷网络游戏引发青少年犯罪的实证研究及防治对策	刘亚娜	一般	法学	13BFX058
5	毒品犯罪预警模型与机制构建研究	郑永红	一般	法学	13BFX059
6	非传统安全犯罪治理创新模式研究	王君祥	一般	法学	13BFX060
7	生态安全犯罪对策研究	张霞	一般	法学	13BFX064
8	现代大众传媒对犯罪新闻信息传播的实证研究	刘晓梅	一般	社会学	13BSH039
9	全面建成小康社会视角下的刑释人员社会保障制度研究	吴鹏森	一般	社会学	13BSH081
10	实践与规制：我国"网络反腐"研究	郑智斌	一般	新闻学与传播学	13BXW034
11	司法工作人员职务犯罪预防研究	肖洪	西部		

注：2013年国家社科基金项目批准立项课题项目总数为3826项，其中重点项目272项，每项资助30万元；一般项目2023项，青年项目1531项，资助额度均为18万元。西部项目共立项507项，项目资助额度为18万元，与年度项目中的一般项目和青年项目相同。

表 6　2014 年度国家社科基金项目中犯罪学相关选题一览

	项目名称	负责人	项目类别	学科分类	批准号
1	新疆反暴力恐怖犯罪标本兼治实证调查与法律对策研究	周伟	重点	政治学	14AZZ006
2	对社区矫正顶层设计的评价与修正研究	刘强	重点	法学	14AFX012
3	收入不平等对刑事犯罪的影响研究	张向达	一般	理论经济	14BJL039
4	基于统计分析的新疆恐怖主义问题研究	阿地力江·阿布来提	一般	政治学	14BZZ030
5	仇恨犯罪治理研究	张旭	一般	法学	14BFX044
6	我国有组织犯罪的企业化趋势与刑事治理对策研究	蔡军	一般	法学	14BFX045
7	反腐风暴下的贪污贿赂犯罪刑事对策研究	郑延谱	一般	法学	14BFX050
8	以再犯罪风险控制为导向的监狱行刑改革实证研究	刘崇亮	一般	法学	14BFX063
9	环境犯罪刑事政策研究	汪维才	一般	法学	14BFX183
10	农村留守女童性侵害防范机制研究	杨素萍	一般	社会学	14BSH086
11	吸毒人群社会融合的困境及促进对策研究	朱长才	一般	社会学	14BSH089
12	劳教制度废止背景下社会工作融入社区矫正研究	熊贵彬	一般	社会学	14BSH117
13	房地产领域腐败治理问题的实证研究	张红霞	一般	管理学	14BGL106
14	医务人员工作场所暴力行为的评估与治理研究	苏天照	一般	管理学	14BGL146
15	基于犯罪热点制图的城市防卫空间研究	单勇	青年	法学	14CFX016
16	转型时期新生代流动人口犯罪问题实证研究	刘婷	青年	法学	14CFX017
17	轻罪刑事政策研究	凌萍萍	青年	法学	14CFX018
18	腐败犯罪及其防治对策研究	彭新林	青年	法学	14CFX019
19	影响性刑事个案的类型特征、民意表达、刑事司法的关联考察	郭晓红	青年	法学	14CFX066
20	转型时期量刑公正与社会认同的契合路径研究	刘春花	青年	法学	14CFX069
21	社会治理创新背景下社区矫正对象的社会支持评量、影响因素检验与政策倡导研究	张大维	青年	社会学	14CSH004
22	新疆反恐现实问题及对策研究	管黎峰	西部		

注：2014 年国家社科基金项目批准立项课题项目总数为 3818 项，其中重点项目 309 项，每项资助 35 万元；一般项目 2465 项，青年项目 1044 项，资助额度均为 20 万元。西部项目共立项 505 项，项目资助额度与年度项目中的一般项目和青年项目相同。

2. 犯罪学的市场。犯罪学发展的另一个关键要素是市场，资源和影响力在市场中进行分配。市场占有率决定一个组织的影响力，犯罪学也不例外。市场能够左右专业群体的社会阶层划分并且决定其影响力。政府是最关键市场。政府制定政策，包括法律法规，警察、法庭和矫治机构的政策项目，干预项目等。非官方组织是另一个主要市场。私营企业有犯罪预防和安全需要，社区、学校、家庭以及个人也有犯罪预防和安全需要。犯罪学研究者应当尊重市场的需求。犯罪学共同体的主要使命是提供专业水平的知识产品，而这种产品的使用价值取决于其能否满足公共或非公共领域的犯罪防控与社会安全需求。这种需求与犯罪共同体的供给共同组成了我国犯罪学的市场。以市场作为犯罪学发展的支点，意味着用竞争引擎启动犯罪学的学术航路。市场占有率决定组织影响力，左右专业阶层的划分，但是，市场的本意是要尊重和满足各种特定的需求，而这种需求的存在，是我国犯罪学进一步拓展和深化发展的场域。

中国是否存在发展犯罪学的需求？答案是肯定的。城市化不仅仅带来了高度发达的物质文明，也带来比较严重的犯罪问题。在中国现代化进程中，揭示犯罪现象和把握犯罪规律是犯罪防控的重中之重，这恰恰是专业化犯罪学知识的需求所在。环境预防理论是近年来西方犯罪学研究的热点之一。该理论强调，基于对犯罪原因和条件的研究，着重在环境设计上堵塞犯罪的可能，或者创造一种不能实施犯罪的环境，从而消除或限制企图犯罪者作案的原因和条件，以达到预防犯罪的目的。简言之，通过控制或影响犯罪行为产生的环境，以避免或减少某些犯罪行为。我国在治安防控体系的运行实践中，街面巡防网络构建以及物防和技防等措施的有效实施，体现了环境预防理论的精髓。公安机关屯警街面，实行网格化巡逻，成效显著。电子对讲门、小区周际报警系统、家庭智能报警器、防爬刺等物防和技防设施的推行，使可能诱发犯罪的环境得以改变。犯罪分子作案的阻力加大，使其犯罪的风险提高，不少违法犯罪人员因此"望而却步"。此外，技防网络中闭路电视监控、GPS 卫星跟踪定位系统的建立，以及旅馆业实时监控信息系统的安装展示了现代监视系统防控犯罪的科技功能。2002年 1 月，流窜 6 省 32 市、杀死杀伤 39 人的公安部通缉的逃犯宋世慧，就是江苏常州公安机关新丰街派出所严把旅馆业登记验证关，通过调取旅馆实时监控录像得以识破并成功抓获。[①]

3. 犯罪学的科研产品。犯罪学领域还有一个关键要素是科研产品。为了应对犯罪防控实践，犯罪学研究者必须拿出高质量的研究成果来满足市场的需求。政府方面需要的犯罪学研究成果包括法律法规、政策、项目策划、咨询服务等；非官方组织需要的犯罪学研究成果有犯罪防治、安全措施、社会项目等。

篇幅所限，仅以犯罪热点研究成果及其在我国犯罪治理中发挥的功能为例。犯罪热点是指犯罪活动在空间上呈现出的一种聚集现象，表现为某些区域内的犯罪密度显著偏高。[②] 陈鹏提出空间统计方法的犯罪热点分析流程：首先，采用面形态分析来获取犯罪活动异常的区域以确定犯罪风险的范围；其次，针对识别出的犯罪热点区域，采用点形态分析法进行进一步的热点分析。可通过最近邻指标确定该区域内的犯罪活动分布是否为聚类，若为聚类，则表明该区域内的犯罪活动分布具有明显的热点特征。随后采用核密度估计进行热点位置的识别，最终确定出该区域内犯罪热点的具体位置。[③] 王占宏选取上海市 2006 年到 2010 年具有面状特征的入室盗窃和具有线状特征的街面两抢两类犯罪进行了扫描统计分析，较全面地揭示了上海两类犯罪的时间、空间以及时空特征，为警方警力的精确投放以及制定相应的防控措施提供了决策依据，并为犯罪热点预警提供了参考。[④] 刘大千等利用空间分析的方法研究长春市 2008 年财产犯罪的空间分布特征。研究发现，长春市财产犯罪率呈现出城市中心高而外围低的圈层式空间模式；长春市主要商业区和主要客运交通枢纽所在警区均具有较高的财产犯罪率，是财产犯罪的热点地区。[⑤] 金诚承担浙江省哲学社会科学规划课题"犯罪地

---

① 李雪冰：《犯罪学防范理论的实证范本——以江苏省治安防控体系建设实践为例》，《犯罪研究》2008 年第 1 期。

② 汪兰香、陈友飞、李民强：《犯罪热点研究的空间分析方法》，《福建警察学院学报》2012 年第 1 期。

③ 陈鹏、李锦涛、马伟：《犯罪热点的分析方法研究》，《中国人民公安大学学报》（自然科学版）2012 年第 3 期。

④ 王占宏：《基于扫描统计方法的上海犯罪时空热点分析》，《华东师范大学》2013 年第 4 期。

⑤ 刘大千、修春亮、于嘉：《长春市财产犯罪的空间分析》，《地理科学》2012 年第 4 期。

图："街面犯罪与防控对策"（编号：07CGSH013YB）项目研究。他通过对抽取的浙江省某市区 2006 年发生的 2050 起侵财型案件的犯罪地图描绘，发现了"侵财型"犯罪的热点和活动规律，提出了"侵财型"犯罪模型，并对当前警务运行机制和战略改革提出建议。① 他还通过对"浙江省公安厅打防控应用系统"中该市区某年每个季度第 1 个月受理的侵财型案件为样本，共抽取 1、4、7、10 四个月侵财型案件 2050 起，并结合 110 刑事报警数量，着重就案件的发生数量、发生地点、侦破方式等三个方面进行数据对比分析，以评估现有视频监控的应用效果。从该研究绘制的浙江省某市市区犯罪热点及视频监控系统分布图来看，侵财型犯罪热点（白点）与视频监控（黑点）无论是从数量上还是从位置上都尚未实现重合。从质的角度来看，市区视频监控系统建设从无到有已是一种质的进步。但从量的角度来看，虽然视频监控系统能够在大案、特定类型案件中发挥作用，但此类案件占全部案件的比例不高（20% 以下）。而针对面广量大的轻微侵财型案件还普遍存在应用难的问题，街面监控还未成为关键性、主流性、基础性的应用手段，难以带动打击防范犯罪整体水平的提升。② 通过对该市视频监控系统的建设状况进行分析和评估，提出如何改进和调整现行的布建方案，最大限度地发挥该系统在防控街面犯罪中的效能等对策，为视频监控技术在犯罪防控战略中的后续推广和实施提供理论支持和实践指导。

综上所述，犯罪学经验研究和评估研究为犯罪防控政策的制定和完善提供了依据，能够更为有效地指导犯罪防控实践；另外，犯罪防控实践验证了犯罪学理论的科学性。当前，我国大样本的犯罪经验研究并不多见。犯罪信息的不公开（涉密）是制约我国犯罪学经验研究科学化的症结所在。我国的犯罪学研究和犯罪防控政策的制定与实施应当在科学证据的基础上，不断吸收实务部门的实践经验，通过对政策和项目的科学评估，将其结果及时反馈到下一轮项目的评估设计修订和实施中去，这种科学与实践一体化的过程，将是推进犯罪治理体系和治理能力现代化的路径选择。

---

① 金诚、伍星：《"侵财型"犯罪地图描绘及其研究》，《犯罪研究》2007 年第 5 期。
② 金诚、伍星：《视频监控系统在街面侵财型犯罪防控中的应用评估》，《中国人民公安大学学报》（社会科学版）2008 年第 6 期。

中国构建社会主义和谐社会刑事政策的选择*

党的十六届四中全会提出了中国构建社会主义和谐社会的目标和任务。毋庸置疑，稳定有序的社会是和谐社会的基本标志，而犯罪是对和谐社会的破坏。因此，如何有效地进行对违法犯罪行为的惩治，是当前刑事政策学研究的重点问题之一。法国著名刑法学家安赛尔（Ancel）指出："刑事政策是由社会，实际上也就是由立法者和法官在认定法律所要惩罚的犯罪、保护'高尚公民'时所作的选择。"① 所谓选择，就是在几个备选方案中择其一而用之，选择的过程也就是决策的过程。历史地看，刑事政策的选择经历了一个由随意、野蛮、感性向法定、文明、理性逐步演进的过程。在现实意义上，刑事政策的选择受到诸多因素的制约，如社会发展阶段，社会制度条件，决策程序的民主化、法制化、科学化程度等。21世纪，中国在构建社会主义和谐社会的进程中，如何重新定位刑事政策的目标，并在此基础上构建刑事政策的基本模式及其取向，是本文着重探讨的三大问题。

---

* 本文原载于《天津大学学报》（人文社科版）2006 年第 1 期。
① 〔法〕安赛尔：《新刑法理论》，卢建平译，香港天地图书有限公司，1988，第 12 页。

一　中国构建社会主义和谐社会刑事政策的目标选择：在报应性正义的基础上实现恢复性正义

从原始社会的复仇到近代社会的刑罚，无论是在惩罚犯罪还是在改造、矫正犯罪的口号之下，报应性正义的价值目标一直主宰着各国的刑事政策。在原始的氏族社会，对于违禁犯规者所进行的制裁都是报复性的。最初是毫无节制的"血亲复仇""血族复仇"，后来逐渐演变为一种简单的平等——以牙还牙式的同态复仇，但各种无节制的复仇所带来的损害也是巨大的。为了减少损害，以命抵命终于为经济的平等所代替，复仇的性质发生了根本性的变化——报应代替了复仇。① 复仇与报应都是对不法行为、犯罪行为的一种回应，它们的存在都有其合理的根据。它们均反映了一种为人类所普遍认可的朴素的正义观念：即某人犯了罪，通过惩罚犯罪来表达社会的公正观念，平衡社会心理秩序。在这一意义上，虽然复仇是原始社会对犯罪予以回应的低级形态，但是报应从复仇蜕变而来，在一定意义上保留了复仇所具有的侵害与惩罚之间的对应性，这也正是朴素的平等与公正观念的反映。② 因此，我们把复仇、报应所追求的这种正义目标称为报应性正义。

随着社会的发展，在私有制和阶级产生后，国家与法的出现成为人类文明的一个界标。在法律状态下，"犯罪"的观念开始产生，作为"孤立的个人反对统治阶级的斗争"，犯罪者不仅是被害人的敌人，也是国家的敌人。国家为保护正常的社会关系，必须介入公民之间的某些纷争，通过刑事司法程序对犯罪分子定罪、处刑，从而使正义得到伸张。在严酷的国家机器下，惩罚犯罪人的行为开始具有了制度性的意义。国家以暴力对付暴力，在肉体上消灭既存犯罪分子的危险性，同时给潜在的企图破坏社会秩序和统治阶级利益的人以震慑。在"国家—被告人"的图景下，强大的国家机器施行的惩罚代替了个人报复，宣告了原始社会绵延不绝的部落仇杀的休止，这在人类刑罚史上是一次重大进步。然而，报应性正义指导

---

① 田文昌：《刑罚目的论》，中国政法大学出版社，1987，第22页。
② 陈兴良：《刑法的启蒙》，法律出版社，2003，第22页。

下的刑事政策，始终没有脱离惩罚的轨迹，只不过惩罚的手段随着社会的进步越来越文明而已。我国现代的刑罚结构仍然以监禁刑为中心，而这种剥夺和限制人身自由的惩罚手段却没有达到公众的期望，也未能有效地防控犯罪，形成社会治安秩序的和谐状态。改革开放二十多年来，我国刑事犯罪案件的立案总数，从 1978 年的 50 多万起增至 2004 年的 471.8 万起，增加了 8 倍多；刑事犯罪案件的立案率从 5.6‰增至 41.9‰，增加了 7 倍。

由于报应性正义的效率低下，恢复性正义是在其基础之上逐渐形成的另一种新的刑事正义目标。恢复性正义强调：犯罪不仅是对法律的违反、对政府权威的侵犯，更是对被害人、犯罪人以及和谐有序的社会关系的伤害，刑事政策应有助于对这些伤害的弥补。换言之，犯罪破坏了加害人、被害人和社会之间的正常利益关系，恢复正义的任务就是在三者之间重建这种平衡。恢复正义所追求的利益平衡是一种质的平衡，有别于以报应正义为基础的传统司法的量的平衡。后者是在被害人、加害人与社会利益同等减损情况下实现的司法平衡，这种平衡是一种残缺的平衡。与这种有限平衡不同，恢复正义追求全面的平衡：对被害人而言，修复物质的损害、治疗受到创伤的心理，使财产利益和精神利益恢复旧有的平衡；对加害人而言，向被害人、社会承认过错并承担责任，在确保社会安全价值的前提下交出不当利益从而恢复过去的平衡；对社会而言，受到破坏的社会关系得到了被害人与加害人的共同修复，从而恢复了社会关系的稳定与和谐。因而，恢复性正义关注的是如何从被害人及社会的实际需要出发，恢复犯罪所带来的各种损失，包括被害人的损失及社会的损失。这种恢复性正义恰恰符合了霍华德·泽赫对正义的描述："犯罪引起伤害，伤害带来义务，正义即意味着将一切都恢复正常。"[1]

恢复性正义与报应性正义，因为其所追求的价值内容不同，对犯罪的理解、对犯罪的反应、实践正义的手段以及最终达到的社会效果都是迥然有异的，是一种全新的刑事政策的价值目标。简而言之，报应性正义的正

[1] Zehr, Howard, *Changing Lenses: A New Focus for Crime and Justice*, Herald Press, 1990, p.180.

义目标是"有罪必罚、罪罚相当",而恢复性正义的目标是"弥补损失、全面恢复"。具体而言,恢复性正义不仅仅是强调对被害人的损失利用种种途径进行补偿,恢复被害人原有的物质及精神状况,而且也关注犯罪人的恢复,因为非刑罚的处罚方式能够使犯罪人不脱离社会,并且通过其弥补行为能够得到被害人、社会的谅解,重新融入社会;更为重要的是,恢复性正义还关注社会关系或社会安全感的恢复。因为犯罪本身就是社会冲突升级、社会关系紧张的结果,报应性正义的"有罪必罚"不仅无助于社会冲突的解决,反而在被害人、犯罪人及社会之间产生新的冲突。而恢复性正义所提倡的犯罪人与被害人之间的和解、赔偿则会化解矛盾、缓和社会冲突,会使社会关系恢复到犯罪发生之前的状态,甚至达到一种比犯罪以前更加和谐的状态。这种理想的目标正是中国构建和谐社会刑事政策所追求的目标。

根据犯罪学家的预测,21 世纪我国刑事犯罪案件的立案数增长的第一个高峰在 2006 年至 2010 年,最高达到 600 万起左右,黑社会犯罪、信息犯罪、经济犯罪将呈恶性增长之势。[①] 因此,在中国构建社会主义和谐社会的进程中,重新定位刑事政策的目标,即在报应性正义的藩篱上实现恢复性正义,是有效打击犯罪、促进社会和谐的关键。我国刑事司法在未来的发展趋势之一就是将工作的重心从犯罪发生之后的打击转向犯罪发生之前的预防,从对罪犯的惩罚和报复转向对罪犯的教化、改造,对受害人的抚慰、赔偿和对被犯罪破坏了的社区关系的恢复,从而达到减少社会冲突、促进社会和谐的目的。

二 中国构建社会主义和谐社会刑事政策的模式选择:国家与社会双本位取代国家本位

法国著名的刑事政策学者戴尔玛斯·马蒂教授将国家关系与社会关系的主导现象作为刑事政策模式构造的基本法则,根据这种法则将刑事政策

---

① 秦立强:《社会稳定的安全阀》,中国人民公安大学出版社,2004,第99—100 页。

模式分为以下三类：第一类是完全国家性的；第二类是完全社会性的；第三类是混合性的即自由社会国家模式。① 国家本位型刑事政策"是以国家为出发点，而以国民为对象的""国家不受任何外部标准的干预，也没有任何的限制，……强行要求对统治规范的绝对服从"，"国家反应可以随心所欲地指向犯罪人，也指向越轨者"。② 社会本位型刑事政策则"排斥了一切国家反应，而以社会为本位，呈现出自主、自律，以及权力和权威共享的特征，其目的是，要在没有任何国家干预的情况下，成功地保持互相密切团结的人的共同体内部的凝聚力，以使共同体发展。这是人们向往和追求的理想模式类型。"③ 中国几千年的封建社会，国家居于主导地位。在制定实施刑事政策的过程中，国家利益被视为第一位的目标来考虑，社会秩序为其首要价值，甚至为了国家利益可以牺牲社会和个人的利益，为了维护秩序，对一切违法犯罪的行为可以采取一切手段（合法的或非法的）予以惩罚，甚至消灭。我国现行的刑事政策模式中，对违法犯罪的反应仍然是以国家为本位、以国家权力特别是国家刑罚权的运作为核心的。这种国家本位型的刑事政策模式是报应性正义的体现，与中国构建社会主义和谐社会刑事政策所追求的恢复性正义目标不相契合。在中国构建社会主义和谐社会的进程中，刑事政策的模式选择应当实现由国家本位型向国家与社会双本位型转向。

国家与社会双本位型刑事政策与国家本位型模式对待犯罪的反应在"为惩罚而惩罚"这一点上有所不同，前者对待犯罪的反应是"预防犯罪，治理罪犯"。④ 预防犯罪不仅指刑罚的一般预防和特殊预防，同时也包括社会预防，即由国家和社会来共同预防和控制犯罪，社会团体、社区甚至个人都可以参与刑事司法。这种理念的转变就提出了一个问题：仅仅依靠刑

---

① 〔法〕戴尔玛斯·马蒂：《刑事政策的主要体系》，卢建平译，法律出版社，2000，第53—55页。
② 〔法〕戴尔玛斯·马蒂：《刑事政策的主要体系》，卢建平译，法律出版社，2000，第53—55页。
③ 严励：《刑事政策的模式建构》，载陈兴良主编《刑事法评论》2003年第13期，中国政法大学出版社，2003。
④ 〔法〕安塞尔：《从社会防护运动角度看西方国家刑事政策的新发展》，《中外法学》1989年第2期。

罚惩罚是不够的。为此，除了刑罚方法之外，还要辅之以行政、民事、调解等制裁手段和措施来教育、改造犯罪人，使之回归社会。国家与社会双本位型刑事政策的思想基础来自"社会先于国家"这一基本理念。在这一理念的支配下，该模式严格遵循法制原则，坚持罪刑法定主义，坚持保护社会和保障人权相统一、保障人权优先的原则。该模式所表达的正义内容毫无疑问不是报应性正义，而是一种恢复性正义。在中国构建社会主义和谐社会的进程中，报应性正义指导下以国家为本位的刑事政策已经不能适应现代社会控制、预防犯罪的需要。储槐植先生在20世纪90年代就曾预言："理想的犯罪控制模式当是'国家和社会'双本位，……这已逐渐成为当今世界的共识，21世纪的刑法思想和刑法样态将以此为基点。"①

依此观之，在以国家与社会双本位逐步取代国家本位的刑事政策模式革新过程中，恢复性司法、社会防卫运动、辩诉交易的本土化是我国刑事政策领域中的三大创新性实践。恢复性司法是近年来西方刑事政策领域推行的一项新制度，对长期以来多数国家奉行的国家追诉主义有所突破。恢复性司法是一种通过恢复性程序实现恢复性后果的非正式犯罪处理方法。②所谓恢复性程序，是指通过犯罪人与被害人之间面对面地协商，并经过由专业人员或社区志愿者充当的中立的第三者的调解，促进当事方的沟通与交流，并确定犯罪发生后的解决方案；所谓恢复性结果，是指通过道歉、赔偿、社区服务、生活帮助等使被害人因犯罪所造成的物质精神损失得到补偿，使被害人因受犯罪影响的生活恢复常态。同时，也使犯罪人通过积极的负责任的行为重新取得被害人及其家庭和社区成员的谅解，并使犯罪人重新融入社区。社会防卫运动是一场人道主义的刑事政策运动，它坚决反对传统的报复性的刑事惩罚制度，积极主张保护个人的权利和自由，保卫人类并提高人的价值。一方面，社会防卫运动强调"犯罪人"的恢复，主张在对犯罪人人格研究的基础上，实现刑罚个别化，尽可能地减少监禁刑的使用，而施以其他替代性措施，从而有利于更好地教育、改造犯罪人，

---

① 储槐植：《刑事一体化与关系刑法学》，北京大学出版社，1997，第465—466页。
② 张庆方：《恢复性司法——一种全新的刑事法治模式》，载陈兴良主编《刑事法评论》第12卷，中国政法大学出版社，2003。

使之更容易回归社会，重新融入社会；另一方面，社会防卫运动还重视"受害人"的恢复，认为犯罪直接侵害了受害人的人身、财产等权利或自由，因而在处理犯罪的过程中，应当尊重受害人的权利，并应当使受害人的物质、精神等得到有效的赔偿、补偿，使之受犯罪侵害的物质、精神、心理尽快得到平复。社会防卫运动的落脚点在于"社会的恢复"上，通过"非犯罪化""非刑事化""非司法化"等各种途径，最终目的是要预防犯罪、减少犯罪，恢复被犯罪扰乱的社会秩序，实现社会的安定。从以上社会防卫运动的基本内容来看，它所蕴含的价值追求与前述恢复性司法可谓殊途同归，它们所追求的都是一种恢复性正义。辩诉交易是刑事领域公法行为契约化的体现，它是指在法院开庭审理之前，"检察官与被告人或者辩护律师经过谈判和讨价还价来达成由被告人认罪以换取较轻定罪和量刑的协议"。"辩诉双方一旦达成协议，法律便不再对该案进行实质性审判，而仅在形式上确认双方协议的内容"。① 辩诉交易在 1974 年得到美国联邦最高法院的确认，现在在美国，有 90% 的案件是通过辩诉交易来解决的。虽然辩诉交易在美国产生之时，其出发点主要是为了减轻司法机关案件过多的压力，但是当我们进一步分析辩诉交易背后所暗含的价值追求时，却发现它与"恢复性正义"不谋而合。辩诉交易从契约、合意出发，其达到的效果暗含着"恢复"，完全不同于正规刑事司法的"报应"。其中，辩诉交易对被告人的恢复效应有利于其顺利改造、回归社会，同时，其结果也有利于被害人的恢复——通过辩诉交易迅速结案，被害人得到赔偿，精神得到抚慰。而案件的快速解决使司法机关能集中力量解决重大案件，减少了积案，对和谐有序的社会关系的重建更为有利。

三　中国构建社会主义和谐社会刑事政策的基本取向：两极化取代重刑化

日本学者森下忠指出："第二次世界大战后，世界各国的刑事政策朝着

---

① 何家宏：《辩诉交易的功过》，《域外痴醒录》，法律出版社，1997，第 238 页。

所谓'宽松的刑事政策'和'严厉的刑事政策'两个不同的方向发展，这种现象称为刑事政策的两极化。"① 具体地说，两极化的刑事政策就是指对于重大犯罪及危险犯罪，采取严格的刑事政策；对于不需要矫治或者有矫治可能的犯罪，采取宽松的刑事政策。② 严格的刑事政策从保护社会秩序和实现报应性正义出发，对重大犯罪、有组织犯罪、恐怖主义犯罪、累犯等实施严重犯罪的主体，采取刑事立法上的"入罪化"，刑事司法上的从重量刑、特别程序和证据规则，以及刑事执行上的"隔离与长期监禁"等基本策略。宽松的刑事政策以实现恢复性正义为目标，对轻微犯罪，包括偶犯、初犯、过失犯等主观恶性小的犯罪人，采取刑事立法上的"非犯罪化"，刑事司法上的非刑罚化和程序简易化，以及刑事执行上的非监禁化等开放性的处遇政策。我国也有学者将"两极化"的刑事政策称之为"轻轻重重"的刑事政策，即在强调对轻微犯罪执行轻缓刑事政策的同时，也强调对严重犯罪实施较为严厉的重罚。③ 自20世纪中期以来，现代西方国家调整各自的刑事政策，普遍开始采用"轻轻重重"的复合型政策。美国的刑事政策倾向是"轻轻重重，以重为主"。在其他西方国家，特别是北欧国家，实行"轻轻重重，以轻为主"的刑事政策。中国在构建社会主义和谐社会的进程中，也应该借鉴西方国家的做法并结合本国的社会现实，确立"轻轻重重，轻重结合"的刑事政策。

我国素来有重刑主义的法律文化传统，从"礼崩乐坏"的战国时期开始，法家的"严刑峻法"思想就为统治者所倚重。虽然也强调刑罚的世轻世重，但重典治民始终是历代统治者的选择。重拳出击、严厉打击刑事犯罪也是新中国成立以来刑事政策的主要特征。改革开放以来，在中国社会的转型进程中，刑事犯罪量迅猛增长，社会治安形势日趋严重，政府不断加大对犯罪的打击力度。自1983年以来，我国已实施了三次大规模的严打行动及多次专项斗争。除了在司法层面上我国的刑事政策表现出重刑化的特点，在立法层面上，我国现行刑法典仍应当被定性为重刑法典。1997年刑法典的修订虽然在数量上将死刑罪名由原来的74个下降到了现在的58

---

① 〔日〕森下忠：《犯罪者处遇》，白绿铉等译，中国纺织出版社，1994，第4页。
② 刘东根：《两极化——我国刑事政策的选择》，《中国刑事法杂志》2002年第6期。
③ 李震：《试论"轻轻重重"的刑事政策》，《山东公安专科学校学报》2004年第3期。

个，但是实际上该法典是通过立法技术增加适用死刑的概率。从死刑涉及的罪行范围来看，1979 年刑法只把死刑配置给危害特别严重的犯罪，而 1997 年刑法规定的死刑面，还涉及侵犯较普通社会关系的犯罪，这是与死刑设置的世界潮流不相吻合的。从自由刑的设置看，我国刑法分则的每一种罪名都配置有自由刑，而且以 3 年以上有期徒刑为代表的重刑在刑罚结构中占绝大部分。虽然我国刑法也规定了管制、拘役等轻刑，但在实践中较少适用。综上分析，当代中国采用的是"重重"的刑事政策，在这一点上刑法理论界已达成共识。而对于我国刑事政策的选择，学界一直存在重刑化和轻刑化之争。持有重刑化观点的学者认为，我国现行的刑罚体系并非重刑主义，应当修改刑法，使刑罚更趋严厉，以充分发挥刑罚的威慑功能，稳定社会治安。[1] 持有轻刑化观点的学者认为，我国现行的刑事法律体系存在重刑化的倾向，挂有死刑、无期徒刑的条款过多，涉及罪名过广，适用对象过宽，轻刑化是历史发展的必然，是刑法科学化的要求。[2] 笔者认为，在构建社会主义和谐社会的进程中，重刑化与轻刑化均非我国刑事政策的理性选择。前者虽然可能在短时间内实现犯罪率的下降和社会治安的好转，但是它不符合世界注重人权保护的潮流，其弊端也是显而易见的：它破坏了罪刑之间内在的均衡关系，容易导致刑罚的过度膨胀，并可能将社会引向以暴制暴的恶性循环。后者则片面强调刑罚的感化和教育功能，面对当前大量的恶性暴力犯罪，轻刑无法发挥其防控犯罪保护社会的功能。

因此，在构建社会主义和谐社会的进程中，我国既不能实行"轻轻"的刑事政策，也不能实行"重重"的刑事政策，而应遵循世界发展潮流，确立"轻轻重重，轻重结合"的刑事政策。一方面，"轻轻重重，轻重结合"的刑事政策中"轻轻"具体体现在以下几个方面：在刑法方面，主要是对死刑的削减。目前，我国刑法规定的死刑罪名数量过多而且适用范围过大，所以，对于财产犯罪、贪污贿赂犯罪等犯罪应当废除死刑，在刑法尚未再次修订之际，应尽量避免适用死刑；完善缓刑考察的规定，扩大缓

---

① 何秉松：《我国犯罪趋势、原因与刑事政策》，《政法论坛》1989 年第 6 期。
② 王勇：《轻刑化：中国刑法发展之路》，载《中国刑法的运用与完善》，法律出版社，1989，第 323 页。

刑的适用，尤其是对初犯和偶犯；减少监禁刑的适用，废除管制刑和短期自由刑，代之以罚金刑，并可考虑将罚金刑上升为主刑；完善非刑罚处罚体系，进一步深化社区矫正的试点工作，加快社区矫正的法制化进程。在刑事程序方面，要尊重和维护诉讼参与人享有的诉讼权利；坚持侦查取证措施的合法化，严禁刑讯逼供；严格按照法律规定的期限办案、结案，杜绝超期羁押；建立有效的错案纠正制度，充分保障诉讼参与人的合法权利；扩大简易程序的适用。在刑事执行方面，对已在监狱服刑的罪犯要遵守人道主义原则，尊重受刑人的人格尊严，以教育改造为主、劳动为辅，使其尽快离开监狱，早日复归社会；同时，借鉴国外的一些行刑制度，完善我国的假释考察制度，创设多种监外服刑的制度，探索具有中国特色的社区刑罚制度，以提高轻刑犯改造的积极性，并促使其早日复归社会。

另一方面，"轻轻重重，轻重结合"刑事政策中"重重"主要体现在以下两个方面：其一，在累犯的处罚对策方面，应借鉴国外累犯加重处罚的立法例，采取有限制的加重，如规定在法定最高刑以上一格判处或具体规定加重本刑的二分之一至两倍。我国目前的累犯是从重处罚的法定情节，不能加重处罚。从司法实践来看，累犯有很大的人身危险性，矫正很难对其发挥作用。为严厉惩治那些社会危害性较重、人身危险性较大的累犯，在刑法再次修订时应当进一步修改完善累犯处罚原则。其二，在整个刑事系统内加强对有组织犯罪、暴力犯罪的控制。有组织犯罪、暴力犯罪不是短期的现象，也不是社会暂时失衡的表现，在中国构建和谐社会的进程中它仍会在相当长的一段时间内存在和蔓延。但是，对此类犯罪的具体形式，法律规定得还很不健全。目前，需要进一步改进的地方主要有：在刑法方面，恐怖犯罪活动的内涵和构成特征需通过立法或司法解释来明确，否则难以正确地认定该类犯罪。对恐怖犯罪和黑社会性质组织犯罪增设没收财产刑，以剥夺犯罪分子组织、领导者的经济能力。在执法机构方面，一是要成立长期的针对反恐怖犯罪、黑社会性质组织等犯罪的专门机构，扩大执法机关的权力；二是加强国际合作，共同打击该类犯罪。在刑罚执行方面，可以设立专门的高度警戒的监狱，实行更严格的管理，防止该类犯罪对其他普通刑事犯罪的不良影响。

Ⅲ　青少年犯罪研究

恢复性司法与青少年犯罪防控[*]

青少年司法制度改革作为刑事司法改革的一个方面，轻刑化和行刑社会化是其两个显著特点。20 世纪后期，非监禁刑和社区矫正在许多国家青少年犯罪防控中得到发展，与恢复性司法理念的兴起密不可分。鉴于青少年生理、心理上的不成熟，容易受到感染，自律性差等特点，许多国家和地区对青少年犯罪案件适用恢复性司法，取得了良好效果。本文拟就我国在青少年犯罪防控中探索恢复性司法模式问题进行初步探讨，以期抛砖引玉，求教于诸位同人。

一 恢复性司法释义

在英语中，最早使用"恢复性司法"（restorative justice）这个术语的是美国学者巴尼特（R. Barnett）。作为对这种全新的刑事法治模式的探索，后来越来越多的学者在对传统的刑事司法进行改革的理论与实践中，不断加深对恢复性司法的理解。由于恢复性司法毕竟是一种新兴的犯罪处理模式，目前尚未出现被普遍接受的恢复性司法的定义，比较有代表性的观点有：

"恢复性司法是懊悔的犯罪人接受为自己的错误行为对被害人和社区所负

---

* 本文原载于《青年研究》2005 年第 4 期。

有的责任，同时使犯罪人重新融合到社区中的过程。它关注的是恢复——用维护自尊的方式恢复犯罪人、恢复被害人与犯罪人的关系，同时使被害人与犯罪人之间的裂痕在社区中得到愈合。"[1]

"恢复性司法是指与特定犯罪有利害关系的各方共同参与违法犯罪处理活动的司法模式。"[2]

"通过恢复性司法的镜头观察，犯罪是对人与人之间关系的侵害，……由被害人、犯罪人和社区共同寻找促进补偿、和解与保证的解决方式是恢复性司法的含义之所在。"[3]

"恢复性司法是一种通过恢复性程序实现恢复性后果的非正式犯罪处理方法。所谓恢复性程序，是指通过犯罪人与被害人之间面对面的协商，并经过以专业人员或社区志愿者充当的中立的第三者的调解，促进当事方的沟通与交流，并确定犯罪发生后的解决方案；所谓恢复性结果，是指通过道歉、赔偿、社区服务、生活帮助等使被害人因犯罪所造成的物质精神损失得到补偿，使被害人因受犯罪影响的生活恢复常态，同时，也使犯罪人通过积极的负责任的行为重新取得被害人及其家庭和社区成员的谅解，并使犯罪人重新融入社区。"[4]

综观中外学者对恢复性司法的界定，笔者认为，恢复性司法的基本理念主要包括四个方面：其一，恢复性司法是双重视角下的犯罪观：从抽象的角度考察，犯罪违反的是国家的法秩序；而从现实的角度考察，犯罪影响的是被害人、犯罪人及其家庭以及其他社区成员的心理状态和生活方式，犯罪的处理过程和处理结果，与他们的切身利益休戚相关。犯罪就其本质而言，首先侵害的是被害人的权利，其次是侵害了社区的权利，最后才侵害了国家的法律秩序。其二，恢复性司法的目标是实现修复正义，重塑社

---

① Haley, John O., "Crime Prevention Through Restorative Justice: Lessons from Japan," in *Restorative Justice: International Perspectives*, edited by Burt Galaway and Joe Hudson, Criminal Justice Press and Kugler Publications, 1996, p. 352.

② 郭建安主编《社区矫正通论》，法律出版社，2004，第297页。

③ Zehr, Howard, *Changing Lenses: A New Focus for Crime and Justice*, Herald Press, 1990, p.181.

④ 张庆方：《恢复性司法——一种全新的刑事法治模式》，载陈兴良主编《刑事法评论》第12卷，中国政法大学出版社，2003，第433页。

会和谐。在传统的报应正义的框架下，犯罪就是违反法律，破坏国家利益的行为，正义则是分配相应的责难和刑罚。随着刑事司法观念的变迁，霍华德·泽尔最早提出，司法正义还是一种修复正义。在他看来，对犯罪的正确反应不是惩罚，而是恢复犯罪所造成的各种损害。真正负责的犯罪人不是消极地接受惩罚，而应是积极地挽回犯罪造成的后果。犯罪人、被害人及其所在的社区在对犯罪做出反应和平抑冲突的过程中，通过彼此之间的交流与对话，使社区人际关系升华到一种更和谐、人与人之间的纽带更牢固的境界。其三，恢复性司法强调犯罪防控的共同体责任。与传统刑事司法过于强调犯罪人应负责任有所不同，恢复性司法强调犯罪人、被害人及其社区成员都对犯罪防控负有责任。犯罪人需要承担的责任在于，理解自己的行为对他人造成了什么样的影响；承认犯罪行为是自己的错误选择，自己当时完全可以做出正确的选择；向所有受到犯罪行为影响的人们道歉；尽最大可能消除犯罪带来的不良影响；尽力避免将来重新犯罪。与正规刑事司法系统要求犯罪人承担刑罚责任这种消极责任相比，恢复性司法要求犯罪人承担的责任形式包括道歉、金钱赔偿、社区服务等，其责任形式更具有积极性。当然，恢复性司法并不认为在犯罪发生后，只有犯罪人才有责任，社区对被害人与犯罪人同样承担一定的义务：社区有责任支持和帮助被害人，有责任满足他们的需要；社区承担着为维护社区的安宁而进行社区犯罪防控的责任；社区有责任采取行动帮助犯罪人重新整合进社区之中，有责任为其提供工作机会和学习条件，以增加其合法地在社区中生活的能力。此外，超越了被害人—犯罪人关系的范畴，作为一个普通的社区成员的被害人同样对犯罪人的健康发展和悔过自新负有责任。其四，恢复性司法倡导合意型的冲突解决方式。传统的刑事司法制度将被害人仅仅视为控方证人，将其置于刑事冲突的纠纷解决机制之外，主张以对抗的方式，从法律上达成国家与犯罪人之间的利益平衡。由于在整个庭审和刑罚执行的过程中，被害人与犯罪人之间缺乏真正的沟通与交流，双方之间的冲突并没有伴随判决的下达而解决，相反，有时还会因犯罪人缺乏罪责感或对被害人产生强烈的报复心理而使双方的裂痕扩大化。而恢复性司法不主张在犯罪发生后，一概交由司法机关处理的方式，而认为当事人合意型的冲突解决方式应当优先于正规的刑事司法方式。凡是能够通过合意方式处理的刑事案件，都说明犯罪人与被害人的关系存在缓和乃至完全和解的可能性，通过双方共同商定犯罪人承担责任的方式，尽快落实犯罪人的责任。一方面避免了将犯罪人转交司法机关处理，另一方面又能够使被害人获得物质的和精神的补偿，从而使犯罪造成的不良影响尽快消除，修复和谐的社会关系。

与传统刑事司法模式相比，恢复性司法的主要功能在于：第一，保护被害人权益。在传统的刑事司法中，一旦发生犯罪，国家就代表被害人介入案件的侦查、起诉和审判，被害人在诉讼中往往处于被动的地位，甚至不能享有同被告人那样的保护。这种状况在恢复性司法中有了根本的转变。恢复性司法给予被害人一个与被告人直接对话的机会，被害人可以当面告诉被告人犯罪行为对他们造成的影响，被告人的道歉和与补偿将使被害人的心理受到很大的慰藉，这种交流有助于减轻被害人的焦虑与仇恨。第二，有利于矫正犯罪。在大多数青少年犯罪案件中，被告人的犯罪行为是受到不良的外界影响而发生的，行为人本身可能没有意识到行为的后果和危害，所以其主观过错并不大。犯罪行为发生后，被告人内心经历着激烈的冲突，严厉的惩罚可能会激起他的敌对社会的情绪，而适当的引导和教育则会令其产生负疚与悔过的心理，为将来融入社会奠定基础。恢复性司法着眼于犯罪人的教育和改造，调动包括被害人在内的社会各方面的力量，促使被告人在社会的感召下改恶从善。第三，修复被破坏的社区关系。恢复性司法强调一个基本的事实：犯罪损害了他人、社会和人与人之间的关系。如果犯罪造成了损害，司法程序就应当强调修复这种损害。在传统的刑事司法中，惩罚犯罪是国家的事情，被害人和社区被抛诸一边，被犯罪破坏的社区关系不但不能弥补，而且有可能在被告人出狱后进一步恶化，被告人与社区关系的紧张状态将加大再次犯罪的可能性。恢复性司法鼓励被害人和社区成员都积极地最大限度地参与司法程序，一方面使被告人减轻对社会的抵抗情绪，另一方面也能在互相谅解的基础上促进被告人与社区的融合。第四，多元化地解决纠纷，进行司法分流。犯罪案件原则上都要经过审判程序，只有司法权才能对犯罪行为人施加惩罚，但如果事无巨细都要由法院最后解决，司法程序将为过多的琐碎案件所累。所以司法权允许某些刑事案件的处理绕开正式法庭程序而用其他替代性方法，这就是所谓的"分流"（diversion）——在刑事诉讼之外的支流——主要是处理轻微违法犯罪案件。恢复性司法就是上述分流手段中极为重要的一项，它在审判之外能够以协商的方式化解纠纷。

应当指出，尽管恢复性司法与传统刑事司法模式相比具有如上种种优势，但是国内外许多学者对这种新的刑事案件解决方式也提出了种种质疑：首先是调解者的中立性。目前恢复性司法的主持者既包括警察机构，也包括司法当局，甚至包括宗教团体。对于由警察机构来执行的恢复性司法（如英国的泰晤士河谷就是由警察来促成被害人和被告人的面谈），人们有理由对警察权力的扩张表示担忧。但是如果在警察机构中增设一个中立的调解者（美国采取的调解模式），又会增加成本。其次是对恢复性司法中被告人权利保障的考虑。恢复性司法强调的是被告人与被害人的自愿参与性，但是由于被告人处于被追究的地位，其自愿性如何保障似乎是一个亟待考虑的问题。再次，关于恢复性司法中达成协议的正当性问题。因为犯罪引起的被害人和社区的消极影响可能会左右被害人在恢复性司法中的情绪，如果被害人出于报复的目的试图强加给被告人不正当的协议，就违背了恢复性司法的公正性。如果犯罪者和被害人处于某种权力关系当中，也难免会影响到协商双方的地位平等。最后，恢复性司法混淆了刑事诉讼与民事诉讼的区别。恢复性司法主张以刑事和解来处理刑事案件，这等于混淆了民事侵权行为与犯罪的本质区别，用解决民事纠纷的方式来处理刑事案件。由于缺乏相应的刑事诉讼程序保证，势必会对被告人的实体权利和程序权利造成损害。总之，恢复性司法从其产生起，就是利弊共生，潜力与危险共存，但是其强大的生命力却是有目共睹的。在传统刑事司法的苑囿中，恢复性司法正日益显示出其不可忽视的优势。

二 国外青少年犯罪防控中恢复性司法的兴起与发展

世界上第一个恢复性司法案例发生在 1974 年的加拿大安大略省基陈纳市（Kitchener）。当时，该市的两个年轻人实施了一系列破坏性的犯罪，他们打破窗户，刺破轮胎，损坏教堂、商店和汽车，共侵犯了 22 个被害人的财产。在当地缓刑机关和宗教组织的共同努力下，这两名罪犯与 22 名被害人分别进行了会见，通过会见，两人从被害人的陈述中切实了解到自己的行为给被害人造成的损害和不便，并交清了全部赔偿金。这种被害人—犯罪人的和解程序被视为恢复性司法的起源，由此揭开了加拿大的现代恢复性司法运动的序幕。近年来，加拿大进一步发展了被害人—犯罪人调解和对话计划，特别是在少年法庭中重视应用赔偿和社区服务计划，用它们替代监禁性制裁措施。

英国的恢复性司法也发端于青少年矫正制度，最早在刑事司法中实施恢复性司法的是英格兰和威尔士的牛津郡警察局。牛津郡采取恢复性司法的具体做法是，警察发现青少年实施犯罪后，首先要进行面谈。面谈后不是直接送交法庭，而是带他们去作案的现场，如果是盗窃商店，就去商店与商店的老板面谈，使他们意识到自己行为的危害性，促使他们反省，同时也容易取得被害人的谅解。如果所涉的犯罪需要进一步协商补偿方案，警方可以召集一个"恢复性会议"，邀请犯罪者、被害人以及他们各自的支持者参加。在犯罪者和被害人（如果适宜的话，还有其亲友）各自陈述己方事实之后，警方分别询问犯罪者认为其行为造成了什么伤害，被害人方面和犯罪者家庭方面受到了什么伤害。这样做的最明显的效果是减少了犯罪率。牛津郡采取恢复性司法模式后，零售商店的被盗率是 4%，而别的地区的零售商店被盗率一般高达 35%。英国分别于 1998 年和 1999 年颁布《犯罪与妨害治安法》和《青少年司法与刑事证据法》，正式把恢复性司法纳入了青少年司法系统内。1999 年《青少年司法与刑事证据法》规定的新的"移送令"，要求将第一次被起诉（作了有罪答辩）的青少年在法庭之外移送给青少年犯罪者帮助小组（由受过培训的志愿者组成），他们的职责在于通过商定的恢复性工作计划来协助青年人改过自新。目前，在英美法系，恢复性司法并不限于轻罪案件，一些重罪案也逐步尝试恢复性司法模式，英国 2000 年就有 1700 名重罪案，如强奸、抢劫等可仅仅通过"告诫"这种非常简单的恢复性司法程序结案。

1989 年，新西兰以立法的方式肯定了当地土著毛利人的明显带有恢复性特征的犯罪处理方式，并要求司法机关对青少年犯罪只能在恢复性司法方式不能适当处理时才可以动用正规刑事司法程序。新西兰的恢复性司法采取的形式是家庭小组会议（family conference group），其主要特征是对青少年犯罪的处理由被害人和犯罪人及其家庭成员坐在一起，在调解人的主持下，共同商谈如何对因犯罪造成的种种损害进行恢复。犯罪人要参加这样的会议，首先必须承认犯罪。同时，所有与会者都是自愿参加会议的。调解人事先要接触被害人和犯罪人，向他们解释家庭小组会议的过程，邀请他们参加会议。调解人也要求他们选择各自的支持者中的关键人物，并邀请这些关键人物参加会议。在家庭小组会议开始时，通常让犯罪人描述犯罪事件，然后，由每个参加者描述犯罪行为给他们各自的生活产生的影响。如果被害人愿意的话，最好让被害人首先开始讨论。通过这些描述，犯罪人会了解到自己的犯罪行为给被害人、与被害人关系密切的人以及给犯罪人自己的家庭和朋友造成的后果。被害人有机会表达自己的感情，有机会询问与犯罪事件有关的问题。在对犯罪行为造成的后果进行了充分的讨论之后，可以询问被害人希望从这次会议中获得的结果，从而帮助确定犯罪人应当履行的义务。所有的与会者都可以对犯罪人如何补偿自己遭受的侵害，以及如何解决犯罪事件发表意见。会议的最后，由与会者签署一份协议，协议中表明与会者的期望和义务。家庭小组会议就是通过家庭成员的参与，激发犯罪人的道德情感，使他们感到自己的行为是错误的和应受谴责的。在犯罪人主动认错的情况下，对他表现出充分的谅解和支持，并鼓励犯罪人积极地改正自己的错误，做一个对社区有用的人。目前，在新西兰，除了谋杀罪外，一般的青少年犯罪案件都是通过家庭小组会议处理的。因此，新西兰的青少年犯罪案件被提交法庭审理的数量已经下降了80%。①

　　恢复性司法的影响力正在慢慢扩大到国际社会。早在1999年7月28日，联合国就做出了题为《制定和实施刑事司法调解和恢复性司法措施》的第1999/26号决议。2000年7月27日，联合国又做出了题为《关于在刑事事项中采用恢复性方案的基本原则》的第2000/14号决议。2000年4月

---

①　Allison Morris and Gabrille Maxwell，"Restorative Justice in New Zealand: Family Group Conferences as a Case Study"，*Western Criminology Review*，1998，p. 28.

10 日至 17 日在维也纳举行的第十届联合国预防犯罪和罪犯待遇大会期间，在题为"罪犯与受害人：司法过程中的责任与公正问题"的议程项目下就恢复性司法进行了讨论。2001 年 10 月 29 日至 11 月 1 日，恢复性司法专家组在加拿大渥太华就恢复性司法问题进行了专题研究，并提出了决议草案的初稿。2002 年 4 月 16 日至 25 日，联合国预防犯罪和刑事司法委员会第十一届会议在奥地利维也纳举行，会议通过了加拿大等十一个国家提出的《关于在刑事事项中采用恢复性司法方案的基本原则》这项决议草案，它是迄今为止对于恢复性司法做出系统规定的第一个国际文件。该决议草案虽然有待经社理事会进一步审议通过，尚未发生法律效力，但是从中依稀可见恢复性司法的国际标准，其中包括术语的使用、运作、继续发展、但书等五个部分，较系统地阐述了联合国预防犯罪和刑事司法委员会在恢复性司法问题上的立场。到目前为止，在挪威、印度尼西亚、法国、西班牙、爱尔兰、新加坡、澳大利亚、芬兰、丹麦、巴西、智利、阿根廷等数十个国家的未成年人刑事司法领域，都在不同程度地践行恢复性司法，并在降低犯罪人重新犯罪率、提升被害人满意度、节约犯罪防控支出等方面取得了较好的社会效果。[①]

三 恢复性司法在中国青少年犯罪防控中的本土化

在西方国家对青少年犯罪防控探索恢复性司法模式的同时，我国少年司法制度的改革也不断引向深入。根据我国《未成年人保护法》《预防未成年人犯罪法》的规定，我国对违法犯罪的青少年，实行的是教育、感化、挽救的方针和教育为主、惩罚为辅的原则。在司法实践中，我国各地公、检、法、司职能部门还摸索出依靠社会力量教育改造违法犯罪青少年的多种形式，如社会帮教、组织试工、试农、试学、在原单位执行劳动教养、实行归假制度、社区矫正等。可以说，恢复性司法与我国正在完善中的少年司法制度和正在探索中的青少年犯罪防控轻刑化、社会化模式既有异曲

---

① 刘仁文：《恢复性司法——刑事司法新理念》，《人民检察》2004 年第 7 期。

同工之处，也有相互排斥的地方。

中国少年司法制度与恢复性司法有诸多相通之处。第一，中国少年司法制度特有的理念——传统儒家文化的恤幼思想与恢复性司法的基本理念暗合。传统儒家文化的恤幼思想主张，国家、社会和长者对青少年的健康成长负有不可推卸的责任，主张对青少年给予更多的关爱，对违法犯罪青少年实行一种迥异于成年人的特别宽容。从我国少年司法制度的建立、发展和实践来看，都深深地烙印着儒家文化恤幼的痕迹。例如，关于"教育、感化和挽救"的方针，关于"像父母对待孩子，像医生对待病人，像教师对待学生"的矫正方式，关于"两条龙"工作体系，关于社区矫正在少年司法实践中的探索等都体现了这些痕迹。如前所述，防控青少年犯罪的共同体责任理念同样是恢复性司法的基本理念之一。

第二，恢复性司法模式与中国少年司法"双保护"及"教育为主、惩罚为辅"原则相统一。"双保护"原则基本含义是少年司法既要注重社会的安全、秩序，也要注重保护失足少年。"教育为主、惩罚为辅"则主张在少年司法中对失足少年应以"教育手段"为核心，努力以非惩罚性手段挽救失足少年，但并不排除惩罚，搞司法纵容。而恢复性司法模式对违法犯罪青少年本着"恨其罪、爱其人"的思想，以向前看的态度对待青少年过去的犯罪行为，推行"轻刑化"和"非监禁化"，倡导社区犯罪防控的公众参与，通过犯罪人与受害人面对面的沟通、交流和谈判，以赔偿、道歉、社区服务等形式化解矛盾、解决冲突，并通过重新整合违法犯罪青少年的羞耻心，促使他们改过自新。

第三，中国青少年犯罪防控的"共同参与、综合治理"指导原则与恢复性司法相契合。冯树梁教授根据有关文件和长期以来的司法实践，将我国预防青少年犯罪的指导思想表述为："以综合治理为导向，以教育、保护、防范为主要内容，以家庭、学校、社会为联动机制，以保障青少年身心健康成长、培养良好品行为目标，惩教结合，以教为主，标本兼治，重在治本，最大限度地预防和减少青少年犯罪与被害。"[1] 事实上，我国的社

---

① 冯树梁：《中外预防犯罪比较研究》，中国人民公安大学出版社，2003，第354页。

会治安综合治理方针，最早也是针对治理青少年犯罪而提出来的。[1] 恢复性司法同样强调社会环境的作用，认为不仅对犯罪问题的认识要从社会环境的角度着眼，对犯罪行为的处理要有社会各方的参与，而且也要从社会环境的角度出发，预防失足青少年未来可能的犯罪行为，鼓励发挥社区在控制和减少犯罪方面的作用。

第四，中国的人民调解制度与恢复性司法在司法理念上有相似之处。通过人民调解方式处理青少年一般违法案件和刑事自诉案件，因其独具中国特色而被国际司法界誉为"东方一枝花"。而恢复性司法将犯罪案件作为调解、和解、会商的对象，比我国人民调解制度适用案件的范围有所扩大，但是，二者之间在化解矛盾、恢复原有的和谐社会关系，促进社会长治久安等司法理念方面是共同的。

事实上，在非国家制度的层面，恢复性司法在我国已经初现端倪。在笔者看来，恢复性司法在我国的尝试是以社区矫治和社区服务制度的试点为标志的。2001年5月，河北省石家庄长安区出台《关于实施"社会服务令"暂行规定》，对符合不起诉条件的未成年犯罪嫌疑人，由检察机关下达"社会服务令"，推荐到社会公益性机构，由检察机关聘用的辅导员对其进行思想感化教育，在规定时间内从事不予支付报酬的社会公益劳动。规定出台后，第一位被判"社会服务令"的是一名涉嫌盗窃手机的17岁少年，他被判到社区进行两个月无薪劳动。两个月过去后，检察院根据其表现下达了"不起诉决定书"，他又像过去一样回到普通人生活中。随后，我国第一批"社会服务令"开始在河北省部分检察院试行。中国社科院法学研究所梁玉霞教授认为，我国近年来对青少年犯罪采取"暂缓起诉、前科消灭、转向处遇"等措施，与其说是"司法突破"，不如说是少年司法制度建设过程中的有益探索，这些探索，对我国将来最终适用少年恢复性司法打下了基础。

虽然近年来我国不断推进少年司法改革，引进了不少新的司法理念，实践中也表露出恢复性司法的局部特征，但从主流司法运行实践看，我国对恢复性司法这一新的司法模式基本处于排斥的状态：首先，未立案的监

---

① 肖扬主编《中国刑事政策和策略问题》，法律出版社，1996，第115页。

督立案。在我国,人民检察院作为专门法律监督机关,一项重要职责是监督刑事立案,即发生刑事犯罪后,只要罪行符合立案条件,一律要求公安机关立案进行刑事处理。在我国特别强调立案监督的诉讼环境下,凡够罪案件一律不加区别地进入诉讼程序。其实这类案件一部分受害人和加害者双方私下已经达成了协议,加害方已为受害人赔了钱,双方矛盾已基本上得到化解。但这样的信息一旦为检察机关掌握,"私了"的钱就要退回来,案子要重新进入诉讼程序,在这个问题上,当事人是没有自由选择权的。其次,已立案的不允许和解。除了刑事自诉案件,我国公诉案件是不允许和解的,即使有些犯罪人具有真诚和解的意愿,受害人也同意和解,但案件一旦进入诉讼程序被立案侦查,双方只好眼睁睁地看着案件进入起诉、审判、执行程序,受害人也无可奈何地被拖入诉讼,身心疲惫,权益也未必能得到及时、有效的保障。案件进入诉讼程序后,主动权牢牢地掌握在司法机关手中,几乎一切由办案机关说了算,办案单位不为受害人和加害方提供面对面交流、沟通的机会,也不允许双方当事人擅自"交易"。对青少年犯罪人的追诉和处罚程序基本上也与成年犯罪人相似。可以说,在世界少年司法改革的浪潮中,中国目前尚处于非监禁化处置青少年犯罪人的尝试阶段,在我国刑事诉讼中还不具备恢复性司法所必需的宽松的人文环境和法治环境。如何根据我国的青少年犯罪态势、社区状况和法律文化传统,探索具有中国特色的恢复性司法方案,是一个值得关注的重要课题。

笔者认为,当前建构我国青少年恢复性司法模式应注意以下几个问题:一是公安机关、检察机关和审判机关在办理青少年违法犯罪案件过程中应当引入恢复性司法的精神。基于目前我国对恢复性司法所处的排斥状态,制度形态的恢复性司法的引入在相当意义上意味着现行刑事政策的重大调整,其路漫漫,而制度形态的恢复性司法必须根植于精神形态的恢复性司法。恢复性司法突出被破坏的社会关系的恢复,主张恢复罪犯与被害人的关系,对犯罪人而言,这不仅意味着其获得了取得被害人原谅的机会,更意味着罪犯获得一次被社会重新接受的机会。同时由于恢复性司法所形成的罪犯悔罪机制,可以促进罪犯从认知到情感的社会化,促进罪犯与社会的内在融合。因为恢复性司法具有促进犯罪人重返社会,重新整合被破坏的社会关系的功能，因而我们的司法机关应该在促进罪犯与被害人沟通方面作出努力，在主观上接受恢复性司法的精神实质。

二是将自愿性与明知性作为恢复性司法适用的前提条件。犯罪人与被害人双方必须忠诚自愿，犯罪人的悔罪和赔偿必须是出于自己的自愿，必须完全认识到自己的错误并真诚表示歉意，不能是一种虚伪和投机心理；受害人接受对话形式而放弃对犯罪人的追究，也是出自真实意愿，并非外力施压或强迫而为的，受害人应该具有个人意愿的自主选择权。也就是说，受害人必须和犯罪人站在一个平等对话的平台上，双方不能存在权力压迫或其他直接利益的牵制。如果受害人碍于某种权势可能违心放弃自己的合法权利，将不适用此模式。同时，受害方也不能报复性地向犯罪人提出不合理的或非法的要求，恢复性司法是从根本上修复破损的社会关系，而不是表面性地暂时掩饰。如果恢复性司法的参加者不是基于平等协商而达成的协议，事后若有参与者提出，协议是在被强迫或其并未完全理解协议后果的情况下而做出的，该协议则不具有法律效力。

三是必须认识到社区在犯罪防控中的积极作用，增强社区的参与力。在某种意义上，恢复性司法的理论内核之一就是社区司法（community justice）。[①] 社区司法理论虽然并不否认正规刑事司法在犯罪控制中的必要作用，但却认为，社区在犯罪控制系统中应该起主导作用，而司法机关只有对社区不适合处理的犯罪案件和社区处理失败的案件才有必要介入，司法机关在犯罪控制中对个案的介入应当具有不得已性和最后手段性。在我国的刑事实体法中，社区与犯罪毫无关系，在刑事程序法中，社区也没有任何诉讼地位。近年来，上海、北京、天津等地的社区矫正试点工作无疑是恢复性司法的一个重要组成部分。但是，这种社区矫治工作的不成熟性也是显而易见的。我国目前试行的社区矫治，由于缺少一个被害者与加害者沟通对话的平台，被害人的权益依然受到忽视，在实质上它只具有恢复性司法的部分功能。恢复性司法不仅具备犯罪改造的功能，而且具有调解纠纷的功能；它不仅关注矫治被告人的行为，而且关注弥补被害人的创伤；

---

① 张庆方：《恢复性司法——一种全新的刑事法治模式》，载陈兴良主编《刑事法评论》第12卷，中国政法大学出版社，2003，第476页。

它不仅强调犯罪分子和社区的关系，而且强调犯罪分子和特定被害人的关系。因此，在社区调解组织较为发达的社区建立社区司法中心，对某些轻微的刑事案件和青少年犯罪案件（不限于自诉案件）进行刑事和解试点，是一个目前可以考虑的方案。

四是必须进行司法监控并确立司法最终解决的原则。恢复性司法并不完全排斥传统的刑事司法，也不认为在恢复性司法中政治国家的公共权力毫无作为。在自愿性的恢复性行动失败或者对犯罪的强制性司法反应是必需的时候，公共权力仍然应当实施司法强制。而在恢复性司法处理过程中，公共权力有责任规定适用恢复性司法处理案件的条件、监督和保证恢复性司法处理程序的正确以及对个人合法权利的尊重。在适用恢复性司法的个案中，虽然加害人和被害人可以非诉讼的方式恢复受损的社会关系，但这种社会关系仍然是刑法所保护的特定社会关系，加害人行为的性质仍然是刑事犯罪，故司法机关必须对这种活动进行事中及事后的监控，对社会关系是否修复进行考察。对加害人非真诚悔罪的，可以启动诉讼程序，防止加害人以钱买法或受害人被威慑不敢主张权利的现象出现。

综上所述，恢复性司法既注重对被害人和社会秩序的修复，对违法犯罪青少年的保护和矫正，又注重社会防卫和司法正义的实现，使少年司法进入了一个崭新的有目的性的科学时代。尽管我国对恢复性司法这一新的司法模式尚处于排斥的状态，但是它毕竟代表了少年司法制度的发展新趋向。而这种模式与我国少年司法制度特有的理念又有不同程度的契合。在当前，关键是要转变传统的报应性少年司法观念，而替代为"对被害人、违法犯罪青少年及所在社区进行创伤修复"的少年司法观，同时继续推进社区矫正工作的探索，并积极开展少年司法调解工作的尝试，恢复性司法模式将伴随着我国刑法改革在我国青少年犯罪防控中发挥越来越重要的作用。

青少年滥用新型毒品与吸食
海洛因的比较研究[*]

据国家禁毒委员会办公室近年来公布的《中国禁毒报告》显示，青少年长期以来构成了我国吸毒人员的主体。笔者基于对 T 市 5 个强制戒毒所和 3 个社区戒毒康复中心收戒的青少年吸毒人员调查，试图从人口与行为特征、吸毒行为模式、社会网络等方面对滥用新型毒品和吸食海洛因两类吸毒人员的群体特征进行系统的调查分析和比较研究。

一　基本概念与相关理论研究

（一）基本概念：新型毒品与传统毒品

根据《中华人民共和国刑法》第 357 条规定，毒品是指鸦片、海洛因、甲基苯丙胺（冰毒）、吗啡、大麻、可卡因以及国家规定管制的其他能够使人形成瘾癖的麻醉药品和精神药品。毒品有四个共同的特征：不可抗拒，使吸食者强制性地连续使用该药，并且不择手段地去获得它；连续使用有不断加大剂量的趋势；对该药产生精神依赖性及躯体依赖性，断药后产生

　　* 本文原载于《法治研究》2011 年第 12 期。

戒断症状（脱瘾症状）；对个人、家庭和社会都会产生危害后果。

　　根据毒品来源分类可将其划分为新型毒品与传统毒品两大类。新型毒品大部分是通过人工合成的化学合成类毒品，而鸦片、海洛因等传统毒品主要是罂粟等毒品原植物再加工的半合成类毒品。新型毒品与海洛因等传统毒品的主要区别在于：一是新型毒品系人工合成的化学类毒品，制造成本低、周期短、风险小。海洛因系原植物加工合成类毒品，制造成本高、周期长、风险大；二是吸食冰毒、摇头丸、K 粉、麻古等新型毒品后，吸食者兴奋、狂躁、易性乱、抑郁、易怒，且连续三四天不吃不睡，出现幻觉、错觉、猜疑、恐慌等精神病症状，其极易在吸毒后的幻觉中对社会和他人产生攻击行为。而吸食海洛因后，吸食者则绵软无力、昏睡，在毒瘾发作时，其有可能为筹毒资而攻击亲人或他人；三是新型毒品吸食方式多以饮料瓶做成水烟筒吸食，也有的为追求综合效果，将海洛因和冰毒等新型毒品掺在一起吸食或注射；四是吸食者对传统毒品会产生强烈的生理的依赖，而长期服用新型毒品会产生很强的精神依赖；五是吸食场所的选择不同，海洛因等传统毒品吸食者大多选择比较隐蔽的场所吸毒，而新型毒品滥用多发生在娱乐场所，所以新型毒品又被称为"俱乐部毒品""休闲毒品""假日毒品"（见表1）。

表1　新型毒品与传统毒品的主要区别

	新型毒品	传统毒品
主要种类	冰毒、摇头丸、麻古、K 粉等	鸦片、海洛因、可卡因、大麻等
主要来源	化学合成	罂粟、古柯、大麻等原植物或加工的半合成类毒品
吸食后人体反应	兴奋、抑制、致幻	镇痛、镇静为主
滥用方式	口服或鼻吸式	吸烟式或注射
滥用场所	娱乐场所或宾馆聚众吸食	较隐蔽的地点
滥用与犯罪的关系	吸食后行为失控造成暴力犯罪	吸食前为了获取毒资而实施杀人、抢劫、盗窃犯罪

（二）社会学理论对滥用毒品的解释

　　滥用毒品问题的社会学解释性研究主要围绕"个人与社会的关系"这一主题展开，其大致有以下三种理论视角：

1. 越轨行为理论

长期以来社会科学家屡屡将吸毒问题视为一个越轨行为并用越轨行为理论加以审视。越轨行为理论把社会行为分为常规和越轨两种。越轨行为就是偏离了社会常规的行为，其评价标准是社会主流规范意识。科恩提出的少年越轨亚文化理论的基本观点认为，在下层阶级贫民区中存在一种少年犯罪亚文化和少年犯罪亚文化群（帮伙），它们是下层阶级少年为克服社会适应困难或地位挫折感而产生的群体性反应；这些亚文化与中产阶级的文化相矛盾，遵从这种帮伙亚文化必然导致越轨与犯罪行为。有学者指出，新型毒品亚文化迎合了青少年崇尚个性张扬、叛逆家庭与社会、追求人生享乐的心理。目前，在中国的吸毒圈内，新型毒品亚文化正在以各种新的话语和引人入胜的方法不断适应毒品种类的变化和对抗禁毒宣传。越轨行为理论主张对吸毒者等越轨者进行重新社会化，使其遵从社会主流规范意识和行为标准。例如，"戴托普戒毒模式"在实践中成为一个值得关注的亮点。

2. 社会实践理论

布迪厄认为，社会并不是一个浑然一体的世界，而是由一系列彼此交织而又相对自主的"场域"构成的。每个场域都规定了各自特有的价值观，拥有各自特有的调控原则。在具体场域中，位于特定社会关系网络中的行动者，受一定的"游戏规则"（如"社会制约条件""社会规范结构"等）的制约及其自身特定"惯习"的影响，以"象征性实践"活动不断建构着社会结构。在它看来，场域与惯习的关系主要包括两个方面：一方面是制约关系：场域形塑着惯习，惯习成了某个场域固有的必然属性体现在身体上的产物；另一方面则是一种知识的关系——惯习有助于把场域建构成一个充满意义的世界，一个被赋予了感觉和价值，值得社会行动者去投入、去尽力的世界。研究表明，大多数海洛因等传统毒品吸食者因吸毒惯习与常规社会联系日益弱化，不断加强其与同龄群体中已有吸毒者的交往。为了谋生，有的加入吸贩毒盗窃团伙，基于"毒友"关系创建新的社会资本，他们不仅能够在犯罪团伙中找到集体归属感，而且能够从吸毒中享受特别的快感。而新型毒品具有群体性吸食的特点，吸毒者少则三五人，多则几十人在一起聚众吸毒，并且在超强、超重的重金属音乐刺激下才能有助于药效的发挥，所以一些练歌房专门设有供吸毒者使用的房间（"嗨房"）。在一些娱乐场所，还有专门陪"嗨"的服务小姐（"嗨妹"）。对青少年新型毒品滥用者而言，到"嗨房"找"嗨妹"一起"溜冰"，或在生日聚会上召集"志趣相投"的"嗨友"一起娱乐狂欢，只是自己的一种乐趣，是一种缓解压力的手段，是一种"时尚"。简言之，成瘾习性构成了吸毒者在不同场域中的一种成瘾性"惯习"，这种惯习持续对人产生影响，内化为人格中的习性，顽固地控制着吸毒人群，让他们很难戒除。

3. 不同交往——强化理论

在萨瑟兰不同交往理论的基础上，伯吉斯和埃克斯提出了不同交往——强化理论。其基本观点是，对犯罪行为的学习和实施，是一种操作性条件反射行为，这种行为在一定程度上或范围内，不仅受与他人的"社会互动"的影响，也受到过去的和现在的其所在的社会环境的影响。具体而言，该理论由七个命题构成：（1）犯罪行为是按照操作性条件反射原理习得的。（2）犯罪行为既可以在具有强化作用的或者辨别性的非社会情境中习得，也可以通过社会互动习得。在这种社会互动中，别人的行为对犯罪行为具有强化作用。（3）对犯罪行为的学习，发生在构成个人主要强化源的群体中……（7）犯罪行为的强度，是它受到强化的数量、频率和可能性之间的一种直接的函数。在与吸毒人群的访谈中，经常能听到的一个词就是"圈子"。研究表明，无论是青少年首次吸毒，还是复吸都与其朋友圈有很大的关联。作为高危边缘人群，吸毒的高复吸率是一个全球未解的难题。研究表明，从强戒所出来后，吸毒人员的复吸率高达95%以上。其实，吸毒者在强戒所可以达到生理意义上的戒毒目的，完全可能回到社会正常地生活。其复吸的根源在于"心瘾"。据景军所做的个案调查分析，（青少年吸毒者）从"里面"放出来之后，这些人接触吸毒同伴后往往不能克服心理上对毒品的渴望，往往不能压制吸毒朋友的诱惑。朋友关系的不同和重新纳入朋友圈的情境不同，决定着重新吸毒经历的差异。有些人被戒毒所放出来之后立刻吸毒，有些人慢慢地被吸毒的朋友拉拢而重新沾染毒瘾。

二　研究方法与研究结论

本研究采取定性与定量相结合的方法来收集和分析资料。本研究所使用的调查数据源包括新型毒品滥用者和海洛因吸食者两个部分。前者的调查样本，是从 2009 年 10 月至 2010 年 4 月 T 市 3 个社区戒毒康复中心和 5 个强制戒毒所收戒的青少年新型毒品滥用者名单中随机抽取的。后者的调查样本，直接从 T 市 5 个强制戒毒所全部在册的青少年海洛因吸食者名单中随机抽取。本文分析所使用的样本量为 970 人，其中 482 人滥用新型毒品，488 人吸食海洛因。笔者还走访了 T 市 3 个社区戒毒中心和 5 个强制戒毒所，对 32 名禁毒干警进行了访谈，并对 20 名青少年海洛因吸食者和 23 名青少年新型毒品滥用者进行了深度访谈。本研究重点从人口特征、行为模式、社会身份与关系网络等方面对滥用新型毒品和传统毒品两类吸毒人员进行比较研究。

（一）人口特征的比较

T 市吸毒人员构成在总体上呈现出男性多、35 岁以下青少年多和社会闲散人员多的"三多"特点。在我国毒品滥用从海洛因向新型毒品演变的背景下，近年来 T 市冰毒、麻古、k 粉等新型毒品滥用者在青少年吸毒人群中所占比例尤为突出。

1. 性别状况

T 市吸毒人员动态管控网被上网入库的 35 岁以下吸毒人员中，男性海洛因吸食者 1312 人，女性 421 人；男性新型毒品滥用者 949 人，女性 581 人。

从性别构成来看，青少年海洛因吸食者和新型毒品滥用者都呈现出男多女少的特点，男性在两类吸毒人员中所占比例都达到了 60 % 以上。调查显示，女性青少年滥用新型毒品者所占比例高于海洛因吸食者近 14%；近年来 T 市青少年女性吸食新型毒品者呈上升趋势。2010 年 7 月，笔者在 T 市 WDDJ 社区戒毒中心调研发现，2009 年以来该中心接管的 8 名吸食新型毒品的社区戒毒对象中有 7 名是 25 岁以下的青年女性。另据笔者对 T 市禁毒干警的访谈调查，"冰女"即女性吸食冰毒等新型毒品者，最小的14岁，绝大多数是青少年，其普遍存在以淫养毒现象，通过卖淫获取高额毒资占女性吸毒者的80%以上。T市女子劳教所女警官ZXF说，她所接触的几十个"冰女"，几乎个个卖淫，尤其是已感染艾滋病病毒的"冰女"的性乱及高比例的卖淫行为，成为艾滋病从吸毒人群向正常人群扩散的桥梁。

2. 年龄状况

T市吸毒人员动态管控网被上网入库的吸毒人员中35岁以下的青少年占51.4%。在海洛因吸食者中，青少年所占比例为51%，而在新型毒品滥用者中，青少年所占比例接近60%。如表2所示，从以10岁分组的两类吸毒人员的年龄分布来看，相对于海洛因吸食者而言，新型毒品滥用者的年龄结构更加年轻（见表2）。

表2　T市两类吸毒人员的年龄分布

单位：%

年龄分段	新型毒品滥用者所占比例	海洛因吸食者所占比例
20岁及以下	10.9	3.2
21—30岁	35.9	31
31—40岁	28.7	35.2
41—50岁	23.7	26.8
51岁及以上	0.8	3.8

3. 婚姻和性行为状况

T市强制戒毒所收戒的吸毒人员中，55%的海洛因吸食者曾有婚史（包括已婚、离婚和丧偶），56.6%的新型毒品滥用者处于未婚阶段。青少年吸毒人员中，大多数没有婚史；新型毒品滥用者比海洛因吸食者的性行为更活跃、更混乱（见表3）。使用新型毒品会刺激人性方面的欲望和冲动，这种特殊的效应对海洛因而言却是不大具备的。有32.6%的新型毒品滥用者报告会产生性冲动，但在海洛因吸食者中这一比例仅为8%。而且，与新朋友在一起吸毒并随之与他们发生性关系的现象，在新型毒品滥用者中也比在海洛因吸食者中表现得更为严重，前者的平均人数为1.34人，后者的平均人数为0.88人。此外，新型毒品滥用者比海洛因吸食者更有可能导致群体性的乱交性行为：前者的发生概率为 11.03%，后者的发生概率为 3.49%。

表 3　T 市两类青少年吸毒人员在被收戒前最近三次性
行为中的对象情况统计

单位：%

	新型毒品滥用者所占比例	海洛因吸食者所占比例
同一个人	75	86
两个人	15	8
三人以上	10	6

4. 文化程度

调查结果显示，新型毒品滥用者的受教育水平略高于海洛因吸食者。其一，海洛因吸食者中仅具有初中及以下学历的人员比重达 65% 以上，比新型毒品滥用者高 8.7%；其二，具有中专、大专、大学等较高文化程度的新型毒品滥用者所占比例高出海洛因吸食者 3.5 个百分点。

(二) 行为模式的比较

1. 其他越轨行为

所谓越轨，是指某一社会群体的成员被判定是违反其准则或价值观念的任何思想、感受或行动。笔者在调研中发现，多数研究对象不仅吸毒，还有赌博、卖淫、打架、小偷小摸等其他越轨行为。诸多越轨行为有的发生在吸毒行为之前，有的交织在吸毒行为的过程中，有的在吸毒行为出现以后。调查结果显示，新型毒品滥用者和海洛因吸食者的越轨行为模式具有很大程度上的相似性，"打架""小偷小摸""借钱不还""撒谎骗钱""赌博""女性卖淫/坐台"等行为的发生率都比较高（见表 4）。

表 4　T 市两类青少年吸毒人员是否有过其他越轨行为

单位：%

	海洛因吸食者		新型毒品滥用者	
	没有	有	没有	有
打架	52	48	60	40

续表

	海洛因吸食者		新型毒品滥用者	
	没有	有	没有	有
撒谎骗钱	68	32	80	20
借钱不还	70	30	79	21
小偷小摸	65	35	71	29
赌博	77	23	76	24
女性卖淫/坐台	69	31	61	39

2. 吸毒行为

（1）吸毒原因

吸毒原因因人而异，"满足好奇心/追求时尚""同伴影响""空虚无聊""缓解烦恼或抑郁情绪"等因素对两类青少年吸毒人员走上吸毒道路影响均较大。相比较而言，新型毒品滥用者吸食新型毒品还存在另外两个十分重要的原因："环境和场所影响"以及为了"沟通和交流感情"的需要，而这两个因素对海洛因吸食者的相对重要性并不十分明显（见表5）。

表5　T市两类青少年吸毒人员的吸毒原因

单位：%

	占研究对象总人数的比例	
	海洛因吸食者	新型毒品滥用者
满足好奇心/追求时尚	69	67
同伴影响	64	60
空虚无聊	40	41
追求欣快刺激	32	36
缓解烦恼或抑郁情绪	35	29
环境和场所影响	18	38
沟通和交流感情	6	20
满足对药物的渴求感	7	9
被诱骗/胁迫	9	7
被冷落或歧视	4	5

（2）吸毒方法

虽然烫吸方法在两类吸毒人员中都被广泛地使用，但海洛因吸食者更多使用静脉注射方法，而新型毒品滥用者的吸毒方法更具多样性，如鼻吸、口服、溶解饮用等。由于新型毒品滥用者很少使用注射方法吸食毒品，因此其与他人共用注射器的发生率比海洛因吸食者低得多，因与他人共用注射器而感染艾滋病的概率也相对低得多（见表6）。

表6　T市两类青少年吸毒人员的吸毒方法

单位：%

	新型毒品滥用者	海洛因吸食者
烫吸	68	70
鼻吸	33	1
香烟吸	5.7	4
口服	23	3
静脉注射	9	58
皮下注射	3	7
烟枪吸	4.5	0.6
溶解饮用	12	0.3

（3）吸毒地点

虽然娱乐场所、私人住房和宾馆等构成了两类青少年吸毒人员吸食毒品的主要地点，但是新型毒品滥用者和海洛因吸食者对吸毒地点的选择差异性也是显而易见的：前者以娱乐场所为主，后者以私人住房为主（见表7）。

表7　T市两类青少年吸毒人员的吸毒地点

单位：%

	首次吸毒地点		经常吸毒地点	
	新型毒品滥用者	海洛因吸食者	新型毒品滥用者	海洛因吸食者
娱乐场所	51	5	50	2
私人住房	32	69	34	83
宾馆	16	22	15.9	11
其他	1	4	0.1	4

3. 吸毒反应

调查发现，海洛因和新型毒品吸食者在吸毒后的反应具有差异性：前者感觉特别舒服和轻松的居多，而后者以兴奋/激动、性欲增强者所占比例较大（见表8）。

表8　T市两类青少年吸毒人员吸毒后的反应

单位：%

	新型毒品滥用者	海洛因吸食者
兴奋/激动	56	19
性欲增强	37	8
很轻松	26	58
感觉特别舒服	24	68
感觉难受	19	4
没有特别反应	16	14

4. 吸毒成瘾性

调查显示，海洛因吸食者的成瘾性明显高于新型毒品滥用者。76%的海洛因吸食者和12%的新型毒品滥用者承认自己在生理上有瘾，86%的海洛因吸食者和35%的新型毒品滥用者承认自己在心理上有瘾（见表9）。

表9　T市两类青少年吸毒人员的吸毒成瘾性

单位：%

	生理成瘾性		心理成瘾性	
	新型毒品滥用者	海洛因吸食者	新型毒品滥用者	海洛因吸食者
有瘾	12	76	35	86
无瘾	84	22	60	13
说不清	4	2	5	1

（三）社会身份及其关系网络的比较

1. 社会身份

在海洛因和新型毒品两类青少年吸毒人员中，社会闲散人员占据了相当大的比重，个体工商户/私营企业主和娱乐场所等商业服务业员工所占比例也比较大。相比较而言，海洛因吸食者在工人这一传统职业群体中所占比例偏大（见表10）。

表 10　T 市两类青少年吸毒人员的社会身份状况

单位：%

社会身份类型	新型毒品滥用者	海洛因吸食者
农民	0.86	0.75
工人	4.5	12.7
个体工商户/私营企业主	22.5	18
娱乐场所等商业服务业员工	12.5	13
专业技术人员	3.3	2.5
自由职业者	9	7
办事人员	1.8	2.5
学生	0.9	0.1
社会闲散人员	44.64	43.45

2. 家庭关系

笔者选择两大类八个变量（父母健在感情好，父母健在感情不好，父母离异、父母一方或双方去世；与父母关系很好，与父母关系比较好，与父母关系一般，与父母关系不好）测量 T 市两类青少年吸毒人员的家庭关系与滥用毒品的相关性。结果显示，家庭关系各变量与两类青年吸毒人员是否滥用毒品没有显著的影响效应。通过深入访谈，笔者发现，父母对于子女的养育方式不当，如对子女过分溺爱、过于严厉、听之任之等因素对于 T 市两类青年吸毒人员走上吸毒道路的影响很大；其次，很多家庭父母一方或双方有酗酒、赌博等不良成瘾恶习，其子女受其负面影响较大（见表11）。

表 11　T 市两类青少年吸毒人员的家庭状况（个案汇总）

个案	吸食毒品类型	父母职业	家庭养育状况	父母的成瘾习性
1	海洛因	父母：工人	奶奶带大，家人溺爱	父亲酗酒
2	海洛因	母亲：美容院老板	父母离异，母亲带大	母亲爱跳舞

个案	吸食毒品类型	父母职业	家庭养育状况	父母的成瘾习性
3	海洛因	父亲：公务员；母亲：律师	姥姥带大，父母管教严厉	
4	海洛因	幼时父母双亡	没人管，在社会上瞎混	
5	海洛因	父母：工人	父亲管教严厉	母亲嗜赌
6	海洛因	父亲：建筑业老板	父母离异，奶奶带大	
7	海洛因	父母：个体老板	父母管得松，溺爱	父亲嗜赌；母亲爱上网"偷菜"
8	海洛因	母亲：家政服务	父母分居，母亲带大	
9	海洛因	父母：无业	父母管得松	父亲酗酒；母亲爱跳舞
10	海洛因	父母：开饭店	父母管得松，溺爱	
11	海洛因	父母：工人（下岗）	母亲管教严厉	父亲吸毒（海洛因）
12	海洛因	父亲：已故；母亲：做服装生意	姥姥带大，溺爱	
13	海洛因	父母农民，到南方打工	奶奶带大，管得松	
14	海洛因	父母：干部	父亲管教严厉	
15	海洛因	父母：个体老板	家人溺爱	父亲嗜赌
16	海洛因	父母：工人	父亲管教严厉	
17	海洛因	母亲：已故；父亲：开饭馆	奶奶带大	父亲酗酒
18	海洛因	父母：工人	父母管得松	母亲嗜赌
19	海洛因	父母：在外地做买卖	姥姥带大，溺爱	
20	海洛因	父母：工人（下岗）；做小买卖	父亲管教严厉；母亲溺爱	
21	新型毒品	父亲：公务员	父母离异，奶奶带大	
22	新型毒品	父亲：工人	父母管得松	
23	新型毒品	父母：个体老板	母亲比较溺爱	母亲嗜赌
24	新型毒品	父母：无业	父母溺爱	
25	新型毒品	父亲：文艺工作者	父母忙，管得松	父母吸毒（冰毒）
26	新型毒品	父母：工人（下岗）；做服装生意	姥姥带大，溺爱	
27	新型毒品	父母：工人	父亲管教严厉	
28	新型毒品	父母：开饭店	父母管得松	父母嗜赌
29	新型毒品	父亲：在外地做生意	父母离异，奶奶带大，溺爱	

续表

个案	吸食毒品类型	父母职业	家庭养育状况	父母的成瘾习性
30	新型毒品	父亲：当官；母亲已故	姥姥带大，管得松	
31	新型毒品	母亲：开饭店	父母离异，姥姥带大	母亲嗜酒，交际广
32	新型毒品	父亲：个体老板	父母忙，管得松	父亲嗜赌
33	新型毒品	父母：工人	父母管教严厉	
34	新型毒品	父母：工人（下岗）	奶奶带大，管得松	父亲酗酒；母亲嗜赌
35	新型毒品	父母：做服装生意	父母忙，管得松	
36	新型毒品	父亲：个体老板	父母离异，奶奶带大	
37	新型毒品	父母：工人	溺爱	父亲酗酒
38	新型毒品	父母：公务员	父母管教严厉	
39	新型毒品	父亲贩毒入狱；母亲改嫁	没人管，在社会上瞎混	
40	新型毒品	父母：工人（下岗）	父亲管教严厉；母亲溺爱	父亲嗜赌
41	新型毒品	父母：工人	溺爱	
42	新型毒品	父母：开饭店	父母忙，管得松	
43	新型毒品	父亲：开棋牌室；母亲：无业	父母分居，没人管，在社会上瞎混	母亲爱跳舞

3. 朋友圈

众所周知，吸毒与人际网络和朋友交往之间的关系十分密切，许多青少年正是受他们所交往的"坏学生"或"不良分子"的影响尝试并沾染上毒瘾的。调查发现，64%的青少年海洛因吸食者和60%的青少年滥用新型毒品者表示，"同伴影响"对其走上吸毒道路的影响较大。两类吸毒人员中的大多数表示，"我比较容易受朋友言谈举止的影响""我会模仿好朋友的言行""我会因朋友的评价而改变自己"等。与海洛因吸食者相比，滥用新型毒品者的朋友圈子规模更大，前者的朋友圈规模在2—3人，而后者的朋友圈规模在10人左右。

调查显示，五成以上的滥用新型毒品者没有因为吸毒而与原来的朋友疏远，而仅有13%的海洛因吸食者没有因为吸毒而与原来的朋友疏远；20%的海洛因吸食者因为自己吸毒而遭到原来朋友的抛弃，5%的滥用新型毒品者因为自己吸毒而遭到原来朋友的抛弃。因此，与青少年滥用新型毒品者相比，青少年海洛因吸食者的朋友圈子的人际关系网络相对脆弱。

另据笔者的个案访谈资料，与海洛因吸食者相比，滥用新型毒品者更倾向于相约一起吸毒，其聚会在一起吸毒的频率相对较高。这与新型毒品作为"俱乐部药物"（club drug）所具有的"群体性使用"和"娱乐性使用"特点有关。

三 结语与展望

调查发现，当前 T 市海洛因等传统毒品的供应和需求有所遏制，但冰毒等新型毒品蔓延趋势未得到有效控制，吸食新型毒品的人数持续增长。尤其值得关注的是，相对于海洛因等传统毒品而言，吸食摇头丸、K 粉等新型毒品的人群正呈现出低龄化趋势，以青少年所占比重较大，并有迅速蔓延、日趋复杂的发展态势。据 T 市禁毒公安干警介绍，在查处毒品违法犯罪时，他们曾经查处过的吸食新型毒品的青少年，年龄最小的只有 13 岁。可以预见，吸食传统毒品的人群将由于新增人群的减少而降低增长幅度，滥用新型毒品的青少年将成为未来吸毒人群的主体。而不少青少年错误地认为，摇头丸、K 粉等不是毒品，吸食新型毒品不会上瘾，不会对人体造成任何伤害。当前，如何防范毒品特别是新型毒品对青少年的危害已成为禁毒工作的热点、难点问题。

刍议青少年暴恐犯罪新动态[*]

在当今的互联网时代，暴力恐怖组织思想发动所涉及的主要是青少年群体。本·拉登曾经在接受采访的时候公开表示，我们"正在物色15至25岁之间的年轻人。作为组织的普通战士来说，他们是最有价值和最容易调教的"。青少年群体大多具有一定的计算机技能和文化知识，但涉世不深，政治辨别力和敏锐性不强，心智尚不成熟，容易被蒙骗产生偏激思想和冲动情绪，甚至在不明真相、不辨是非的情况下参与或实施暴恐犯罪。

一 青少年黑客被利用成为暴恐犯罪组织成员

个案1："伊尔哈比007"（Irhabi007）

"伊尔哈比007"凭着高超的网络黑客技术迅速崛起，成为网络恐怖世界里的"精神领袖"。他被"基地"组织视为无价之宝，其主要"任务"：①在线招募"圣战"分子。②在线培训。③传输和宣传恐怖主义。④组织和策划恐怖事件。⑤从网上搜集军事基地线索。⑥充当网络管理员和网络黑客。自2004年，美国情报部门通过各种途径对其进行追踪调查。

---

* 本文原载于《青少年犯罪问题》2015年第6期。

2005年10月，英国警方从波斯尼亚警方获得重要情报，得知英国西伦敦谢泼兹布什区一栋四层楼的联排公寓楼内的一名男子尤尼斯·特苏里（Younis Tsouli，移居英国的摩洛哥人，被捕时22岁）正与其团队联系并策划在欧洲中心实施一起恐怖爆炸事件。19日，英国警方在该公寓楼特苏里的房间里对其进行了抓捕。在这之后，"伊尔哈比007"突然在网络上消失了，经过英美情报部门的信息核对，认定特苏里就是"伊尔哈比007"。

2008年2月，英国《泰晤士报》首次披露了"伊尔哈比007"的身世："2001年，特苏里跟随身为摩洛哥外交官的父亲来到伦敦，在一所不出名的大学里学习IT技术。由于人生地不熟，特苏里几乎没有朋友，整日沉溺于互联网的虚拟世界之中。网上，伊拉克战争的种种场景令年轻的特苏里极为震撼，他的思想开始变得极端。"从2003年起，特苏里不仅加入网络论坛发布"黑客速成指南"等大赚人气，而且在"伊斯兰支持者论坛上"浏览并传播暴恐视频和图片。他不仅浏览这些图片，还用"伊尔哈比007"这个网名，在互联网空间进行传播，因此引起了"基地"组织领导人的关注。2004年，特苏里决定为"基地"组织效劳，他先是让"基地"组织发来能让他下载这些视频文件的链接，将这些视频转化为各种格式，包括能在手机中观看的格式，然后将这些视频上传到被他"黑"了的网站上。这些网站的管理者根本没有意识到，自己正在为恐怖主义做宣传。特苏里甚至在美国阿肯色州政府的官方网站上放置了本·拉登的视频。参与审讯特苏里的网络反恐专家埃文·科赫尔曼说，"'伊尔哈比007'拥有营销方面的天赋，以及专业的知识和技能，他将'恐怖材料'放在网上不能被轻易删除的地方，大量网民可以从那里下载、观看和保存这些材料。"2005年8月，特苏里"荣升"为网络论坛"安萨尔"（AL-Ansar）的管理员，该论坛对4500名注册用户开放，教授"如何制造爆炸物"和"黑客技术"等，并帮助有志从事极端恐怖活动的人和"基地"组织取得联系。特苏里的黑客"天赋"迄今无人能及，在其被捕后，基地组织不得不用多个小组去完成特苏里一个人就能完成的工作。

作为一个当时年仅22岁的青年，他和大多数黑客一样有着炫耀的心理。在恐怖分子那里获得的认可使得他一步步迈向了恐怖主义的深渊。特苏里的黑客特征和成长为恐怖分子的事实说明，在一定条件下，黑客是有可能转化为网络恐怖分子的。有网络黑客加盟的暴恐组织犹如插上双翼的猛虎，无疑使其隐蔽性更高、危险性更大、攻击力更强。青少年黑客利用熟练掌握的信息网络科技实现了暴恐犯罪技术含量的"升级"，颠覆了"暴恐犯罪人"只会刀砍斧杀、人体炸弹、驾车劫机等恐怖袭击的"野蛮暴徒"形象。他们针对和利用计算机信息系统进行的"黑客"违法犯罪，导致商业机密被窃取、公共交通指挥失灵、网络瘫痪、国家机密泄露等危害信息安全以及危害政治经济、社会管理秩序等严重后果，引起一定程度的社会恐慌。

具体而言，青少年黑客实施暴恐犯罪的主要途径：其一，利用计算机病毒对网络基础设施进行攻击。通过利用黑客技术设计的病毒程序，销毁、篡改或者复制信息和数据，破坏银行业、军事机构、电力系统、金融系统、交通系统以及水力系统等基础设施以及政府的网络基础设施设备的某个或者各个"节点"，使计算机丧失信息处理以及控制的功能。其二，针对网络应用进行攻击。针对电子邮件、电子商务、社交网络等常用的互联网应用进行攻击，阻塞网络应用的运行，使其陷入瘫痪。针对网络应用进行攻击，不仅会给网站运营商和网络应用提供商造成经济损失和商誉损害，而且通过入侵大型网站，恐怖组织会发布大量的虚假信息，混淆视听。其三，为恐怖组织打造"传道授业"的虚拟课堂。通过建网站传授爆炸物和生化武器的制造方法，提供攻击目标的图片、说明、密码和使用炸弹的技术细节。还有一些网站专门介绍有关爆炸物的信息，如毒气弹、沙林毒气、汽车炸弹等爆炸物的杀伤力和使用方法等。其四，为恐怖组织在网上招兵买马。为促进暴恐组织的发展壮大，青少年黑客通过网络赌博等非法渠道帮助暴恐组织募集资金。除了资金外，暴恐组织还通过在网上宣传极端思想和"圣战"教义，对关注暴恐活动的黑客进行"洗脑"，并鼓励其参与极端主义宗教活动集会，同时对有培养前途的人员伸出"橄榄枝"，将其发展成为暴恐组织成员。如"9·11事件"的劫机者艾哈迈德·加姆迪、哈姆扎·加姆迪、纳瓦夫·哈兹米，都是在海外留学期间通过网络与恐怖分子结识被吸纳进入组织，并参加"劫机撞楼培训"。

近年来，恐怖组织开始从利用网络转向攻击网络，极端激进分子、青少年黑客与暴恐犯罪人之间的界限越来越模糊。叙利亚电子军（Syrian Electronic Army）是一个支持叙利亚领导人巴沙尔·阿萨德的黑客组织。阿萨德在2011年的一次演讲中曾提到这些匿名的在线战士："该军由叙利亚公民兄弟们组成……在这个阶段，年轻人扮演着重要角色，因为他们已经证明了自己是一股活跃力量。这就是电子军队，虚拟现实中的一支真正的军队。"叙利亚电子军的发言人，只愿意向法新社透露自己的网名——Th3Pr0，他声称该军团拥有数千名成员，多数是年轻人，都居住在叙利亚，而且都是志愿加入。2013年4月，叙利亚电子军窃取了美联社的Twitter账号，然后发布白宫遇袭、奥巴马受伤的假消息，导致美国股市暴跌。2013年，叙利亚电子军还先后攻击《华盛顿邮报》、《时代周刊》、法新社、哥伦比亚广播公司和英国广播公司等多家西方媒体的网站，指称这些媒体同情叙利亚反对派。在2014年的感恩节，《纽约时报》《芝加哥论坛报》《福布斯》等美国媒体网站，《每日电讯报》《独立报》《标准晚报》等英国新闻媒体网站，以及加拿大广播公司（CBC）遭到黑客袭击。访问这些网站的用户会收到弹出消息："你已被叙利亚电子军团入侵。"事发后，叙利亚电子军团在Twitter上称，该袭击是主要针对美国感恩节发动的黑客攻击。"黑客"的加盟使暴恐组织各方面的"战斗指数"得到提升。正如"伊尔哈比007"的被捕纯属偶然，青少年黑客参与暴恐犯罪的"黑数"难以估量，他们为什么会走上网络恐怖主义犯罪的道路，值得深入研究。

我国刑法第285、第286和第287条等条款规定的计算机犯罪包括非法侵入计算机信息系统罪和破坏计算机信息系统罪等罪名及其刑罚。虽然我国已经初步形成防控计算机网络犯罪的刑事法律制度，但是相关法律的滞后性和可操作性不足在一定程度上纵容了青少年黑客的逍遥法外。有学者指出，只有抢占技术制高点，才有可能威慑犯罪，并对已经实施的犯罪加以有效打击。技术预防是防控青少年黑客犯罪的最有力的武器。为侦查青少年黑客实施的暴恐犯罪，并为提存相关证据提供有力的技术支持，建议进一步加强我国网络安全技术的研究，创新发展与计算机网络相关的行业产品，如网络扫描监控技术、数据信息恢复技术等。在学校教育和家庭教育中，还要注重正确引导有计算机学习兴趣的青少年，在普及计算机和网络应用教育的同时，应当加强安全意识教育，开展网络安全、防范网络犯罪以及网络伦理道德方面的教育和法律素养教育。

二 花季少女在亲友的唆使下积极参与暴恐犯罪

个案2："3·01"昆明火车站暴恐案

2014年3月1日21时20分左右，在云南省昆明市昆明火车站发生的一起以阿不都热依木·库尔班为首的新疆分裂势力一手策划组织的严重暴力恐怖事件。该团伙共有8人（6男2女），4名被公安机关现场击毙，帕提古丽·托合提（女，16岁）被民警开枪击伤并抓获，其余3名落网。此案共造成31人死亡、141人受伤。2014年9月12日，"3·01"昆明火车站暴恐案一审宣判，据公诉人宣读帕提古丽·托合提供述："我用短刀，刀尖朝上，捅了两个女人的肚子，我连捅了十五六个人。警察过来用灭火器喷我们，我们还是举刀往前走，这时警察向我们开枪了，倒地后我还把手中的短刀向警察扔去。有人从后面打了我的头部，我就晕倒了，醒来后发现自己在医院。我一共砍杀了三十多个人。"被告人伊斯坎达尔·艾海提、吐尔洪·托合尼亚孜、玉山·买买提死刑，剥夺政治权利终身；被告人帕提古丽·托合提无期徒刑，剥夺政治权利终身。据昆明中院通告，帕提古丽·托合提犯罪情节特别恶劣，罪行极其严重，鉴于其在羁押时已怀孕，属于依法不适用死刑的情形，被判处无期徒刑，剥夺政治权利终身。

进入新世纪以前新疆的恐怖活动甚至非法宗教活动中极少看到女性的身影，女性成员的逐渐增多是从"伊扎布特"国际宗教极端组织渗入新疆并逐步将高校女性作为其渗透的主要对象之一之后。自从2008年，受国际恐怖组织、极端组织积极发展伊斯兰世界女性成员的影响，我国南疆地区的"三股势力"通过推进"母亲工程"计划，积极发展女性成员参与暴恐活动。他们利用穆斯林女性易感情用事、易受到极端思想和心理训练控制的特点，不择手段拉拢女性，尤其是大中专院校的青年女学生已成为其发展、壮大队伍的主要目标。而这些年轻的穆斯林女性淳朴的宗教情感，经过宗教极端思想的"洗脑"后被民族仇恨和宗教狂热所取代，极易形成狂热和偏执心理，成为暴恐犯罪组织成员。除了"3·01"昆明火车站暴恐案的帕提古丽·托合提以外，2008 年一名 19 岁的维吾尔女子制造了"3·07"炸机未遂案，两名青年女性身着可装炸弹的自杀式马甲参与实施了库车"8·10"严重暴力恐怖案件。新疆女子监狱在押女犯中涉及暴力恐怖活动人数也逐年增多。

从目前参与暴恐犯罪的我国少数民族青年女性来看，大多数来自较为封闭的南疆农村。南疆地区宗教氛围浓厚，加之近年来非法宗教活动屡禁不止，成为散布和传播宗教极端主义思想的主要地区。调查发现，大部分信仰伊斯兰教的青年女性暴恐犯罪人是受到亲人、朋友的蛊惑和拉拢先参与非法宗教活动，而后接受极端思想，进而参与暴恐犯罪组织活动。暴恐组织利用宗教激进主义所倡导的"行善"与"服从"等核心伦理道德观来发展女性成员，其选择青年女性成为团伙成员主要基于以下两点考虑：一是利用女性弱势群体的社会角色得到公众的信任，提高暴恐犯罪的成功率；二是在暴恐事件后，利用公众的角色认同心理转移大众传媒新闻报道的关注点，达到扩大社会影响力的目的。通过调查近几次有女性参与的暴恐事件，可以发现，这些女性参与暴恐事件并不明确事件的真正目的，而是受丈夫或哥哥的指派参与进来的。比如，"3·01"昆明火车站暴恐案和"3·07"炸机未遂案的两个花季少女都是在与其形成"尼卡"婚姻的男朋友的唆使下成为"亡命之徒"。从上述典型个案不难发现，"三股势力"正是看中信仰伊斯兰教的年轻女性易感情用事、易受到极端思想控制的特点，不择手段拉拢其走"安拉"之路，随时做好为安拉牺牲的准备。大多数青年少数民族女性参与实施的暴恐活动是在亲友的唆使下的共同犯罪或团伙犯罪。鉴于此，建议加强反恐国际合作，与上海合作组织成员国等相关国家不定期沟通我国境内外恐怖组织及其亲属的动态情报数据库，必要时可对高危和重点可疑人员及其组织开展跟踪调查，适时对涉世不深的参与"地下讲经点"活动的青年少数民族女性开展转化工作；对逃匿在外或长期服务于暴恐组织的青年女性成员，要加大政策攻心力度，争取其主动脱离暴恐组织。

有观点认为，"没有先验的恐怖主义者，也没有天然的反恐怖分子。政治、经济、文化和其他因素可能是恐怖主义的根源，也可能成为反恐力量的来源"。多年来我国实施的西部大开发、内地对新疆对口支援等促进少数民族地区发展的政策，是有利于瓦解极端恐怖主义进一步蔓延的战略举措。当前，我国新疆地区少数民族青年女性参与暴恐犯罪与其性别角色、社会角色以及边缘化的社会地位有关。笔者认为，当前除了有效防范和严厉打击女性暴恐犯罪外，还要通过加强西部贫困地区的妇女工作，特别是要针对目前宗教极端思想的意识形态化，加强对青年少数民族女性"去民族极端化"的宣传教育和转化工作，并千方百计地为其提供技术培训和就业机会，使其从接受"神的点化"和对男性的认知服从中实现自我独立。通过不断改善少数民族女性的社会地位，从根本上铲除青年少数民族女性参与暴恐犯罪的土壤。

三　青少年被暴恐音视频洗脑走上暴恐犯罪道路

"9·11"事件之后，国际反恐的新形势压缩了恐怖组织的传统生存空间，全球各地的恐怖组织都在不同程度上加快了网络化生存的步伐，越来越多的恐怖组织利用互联网招募人员、传播暴恐思想、传授暴恐技术、筹集恐怖活动资金、策划恐怖袭击活动。2014年5月25日凌晨，新疆警方开展的零点抓捕行动中，一共抓获涉暴力恐怖犯罪的嫌疑人200余名，其主体年龄段基本为80后、90后，而且90后占相当大的比例。他们大多通过互联网和多媒体卡等载体观看暴恐音视频，传播宗教极端思想，学习"制爆方法"和"体能训练方式"，借助QQ群、短信、微信以及非法讲经点等交流制爆经验，宣扬"圣战"思想，密谋袭击目标等。

个案3：6·15新疆和田棋牌室暴恐案

2014年6月15日17点45分许，以阿布多扎伊尔（18岁）为首的3

人团伙持刀冲入和田市迎宾路一家棋牌室，对正在下棋的群众进行砍杀。新疆武警迅速赶到现场，与群众合力将3人制服。2名团伙成员（一个18岁，一个19岁）重伤不治死亡，木尔扎提（19岁）受伤被抓获。

木尔扎提："他们跟我讲关于'圣战'的事情，说只要进行'圣战'而死，死后就可以不受'审判'直接进入天堂。"

木尔扎提："看到（暴恐视频）这个光盘之后，我有点产生了搞'圣战'的思想。"

个案4：青少年杀害居玛·塔伊尔大毛拉案

2014年1月，努尔买买提·阿比迪力米提（19岁）到新疆和田参加非法讲经点活动，拜了一个所谓的宗教导师，名叫艾尼·艾山（18岁）。7月，阿比迪力米提根据艾尼·艾山的指示回到喀什，伙同图尔贡·吐尔逊（23岁）、买买提江·热木提拉（22岁），密谋杀害喀什市艾提尕尔清真寺居玛·塔伊尔大毛拉。2014年7月30日，塔伊尔大毛拉主持完艾提尕尔清真寺晨礼后被阿比迪力米提等3名暴徒杀害。警方侦破查明，图尔贡·吐尔逊、买买提江·热木提拉、阿比迪力米提3名暴徒受宗教极端思想影响，预谋通过"干大事"提高影响力。30日中午，3名暴徒持刀斧砍杀公安民警拒捕，民警果断处置，击毙2人，努尔买买提·阿比迪力米提被捕。

努尔买买提·阿比迪力米提："'圣战'这个词，我是到和田看了视频以后，才第一次知道的。以前脑子里没有这个概念。杀人干大事，是在参加了地下讲经班后才有的念头。"

努尔买买提·阿比迪力米提："自从看了视频了解了'圣战'之后，我开始迷茫，接着参加了非法地下讲经后。"

自2014年以来，"东突"等分裂势力在境外网站发布的暴恐音视频数量较往年大幅增加，并不断通过各种渠道传入中国境内。这些音视频大肆宣传"圣战"等暴力恐怖和极端宗教思想，煽动性极强。这两个新疆暴恐案主犯木尔扎提和阿比迪力米提被捕时都是19岁，初中文化程度，通过观看暴恐视频受到极端宗教思想影响之后，很快走上暴恐犯罪道路。2014年6

月 24 日，我国国家互联网信息办公室召开新闻发布会，发布《恐怖主义的网上推手——"东伊运"恐怖音视频》电视专题片。从破获的昆明"3·01"、乌鲁木齐"4·30"、"5·22"等多起暴恐犯罪案件来看，暴恐分子都曾收听、观看过暴恐音视频，最终制造暴恐案件。互联网已成为暴恐组织开展活动的主要工具和犯罪空间，网上暴力恐怖音视频已成为当前暴恐案件多发的重要诱因。2014 年 3 月 31 日，新疆高级人民法院、人民检察院、公安厅、文化厅和工商行政管理局联合发布《关于严禁传播暴力恐怖音视频的通告》，其第 3 条明确规定，"严禁利用互联网网站、微博、语音聊天室、网盘以及 QQ、微信等浏览、下载、存储、复制、转发、发布、上传暴力恐怖音视频以及相关网址链接"。2015 年 8 月 29 日，全国人大常委会审议通过的刑法修正案（九）（以下简称刑九）增加规定了以制作、散发宣扬恐怖主义、极端主义的图书、音频视频资料，或者通过讲授、发布信息等方式宣扬恐怖主义、极端主义的，或者煽动实施恐怖活动的犯罪。刑九之前，在司法实践中处理宣扬恐怖主义思想、煽动暴力恐怖活动案件大多以组织、参加恐怖组织罪，煽动分裂国家罪，煽动民族仇恨、民族歧视罪等罪名处理。皮勇等学者认为，并非所有的煽动恐怖活动都以分裂国家为内容，有些是以排斥"不清真"或者"圣战"为内容，对这些行为难以适用上述三罪。为打击宣扬恐怖主义思想、煽动暴力恐怖活动，刑九吸收了专家学者的立法建议，通过完善刑事立法，扩张刑法的边界，实属我国当前反恐斗争所必需。

此外，这一立法需求也得到了《反恐怖主义法（草案）》的回应。《反恐怖主义法（草案）》第 2 条规定："国家反对和禁止一切形式的恐怖主义。任何人宣扬、煽动、教唆、帮助、实施恐怖主义，不分民族、种族、宗教信仰，一律依法追究法律责任"；第 24 条规定："国家反对一切形式的极端主义，禁止实施下列极端主义行为：（一）制作、传播、持有宣扬极端主义的物品，或者以其他方式宣扬极端主义的……"将宣扬恐怖主义思想、煽动暴力恐怖活动入罪，不仅是解决我国反恐司法困境的需要，而且也顺应了国际反恐立法潮流。联合国安理会 2005 年 9 月通过针对煽动恐怖主义的第 1624 号决议，要求各国将煽动恐怖主义纳入法律惩治框架；第 1963 号决议、第 2129 号决议和第 2133 号决议要求成员国采取措施防止网络恐怖活动。鉴于此，我国从完善刑法和出台《反恐怖主义法》等方面将煽动恐怖主义纳入法律惩治框架，以法律的威慑力防控青少年被暴恐音视频洗脑，从而在意识形态领域有效遏制恐怖主义思想、极端主义思想的宣扬、传播、煽动，防控恐怖思想和恐怖活动的产生。

四 个别"高危"青少年通过实施"独狼"恐怖活动报复社会

近年来，西方"独狼"恐怖活动的高发态势和严重危害引起了国际社会和各国政府的高度警觉和担忧。与有组织的恐怖活动相比，"独狼"恐怖袭击突发性强，防范难度大；多数"独狼"无前科，虽与外界接触不多但仇视社会，通常行事低调，并非警方重点监控对象；"独狼"恐怖分子作案动机复杂，大多通过杀戮、枪击、爆炸等残忍的手段制造社会恐慌，报复社会。2011 年挪威青年布雷维克在首都奥斯陆和附近的于特岛制造了震惊世界的爆炸和枪击恐怖事件，造成 77 人死亡；2012 年美国青年詹姆斯·霍姆斯在奥罗拉市一家电影院首映影片《蝙蝠侠：黑暗骑士崛起》时开枪射杀 12 名观众，打伤 58 人；2014 年焦哈尔·萨纳耶夫（21 岁）和其哥哥塔梅尔兰（在逃亡过程中被警方击毙）在波士顿马拉松赛终点线附近制造爆炸事件，造成 3 人遇害，260 余人受伤。

个案 5：

2015 年 10 月 2 日下午 4 时 30 分左右，一名 15 岁男性少年（伊拉克库尔德族人，出生在伊朗，无前科）在澳大利亚新南威尔士州警察局总部大楼门口开枪打死一名正准备下班回家的文职警员。他杀人后，没有离开，而是挥舞手枪，呼喊宗教口号。3 名警员闻讯赶来，这名少年凶手在与警察交火中被击毙。澳大利亚警方根据现有证据，认定凶手有"政治动机"，构成恐怖主义行为。

这种以个人为唯一策划、执行者的恐怖活动形态，并非凭空出现，这些恐怖分子的行为模式和人格心理特质，也有一定的轨迹可循，了解这样的模式，就有进一步预防、因应的空间。发动上述"独狼"恐怖袭击的青少年表面上看独来独往，但警方后来对他们个人背景和生活方式的调查显示，他们有一些共同点：失业或失学，多数是"沮丧的宅男"；沉迷于上网浏览暴恐活动，并认同激进的意识形态；在互联网社交媒介上发表激进主义言论，反西方、反政府、反白人是其经常讨论的话题。社会生活方式的个体化和碎片化将有社会孤立倾向的边缘青少年个体推向充满暴力和极端思想的互联网世界，他们通过互联网获取使其变得愈发激进极端的意识形态，并最终走向暴恐之路。诸多典型个案研究表明，"独狼"恐怖分子的蜕变过程大多有赖于互联网。以波士顿爆炸案为例，塔梅尔兰、焦哈尔兄弟二人均在互联网上受到伊斯兰极端主义的蛊惑，塔梅尔兰在"YOUTUBE"视频网站的个人主页上上传宣扬伊斯兰原教旨主义和暴力"圣战"的视频。他们参照互联网上发布的《"圣战"战士个人行动手册》制作炸弹装置，在波士顿马拉松赛终点线附近制造了震惊世界的爆炸事件。热衷于"独狼"恐怖行动的青少年通过互联网不断接受"组织教化"，如经常上网观看恐怖袭击案例，学习如何制造或获取武器、恐怖袭击的技巧等，都会"极化"其对现实社会的反叛、报复，以及炫技等畸形心理，从而走向不归路。

鉴于"独狼"多为社会"高危"边缘青少年，"离群索居"和"单打独斗"的行为方式使其在对袭击目标踩点、作案工具获取过程中容易暴露意图。一些国家政府已经着手建立社会防范措施，关心那些有疏离社会倾向的青少年，通过发挥"人民防线"的作用防患于未然。为强化基层社区防范恐怖主义的能力，美国于2011年8月出台了《依靠地方伙伴力量防范国内暴力极端主义国家战略》，并于同年12月出台了配套的具体落实计划。美国国土安全部还发起"发现可疑活动就报告"行动（"'If You See Something, Say Something？' Campaign"），鼓励民众发现可疑情况立即报告警方。美国的应对措施已初见成效，不少"独狼"案件在其策划阶段即被破获。在借鉴国外经验做法的同时，我国防范"独狼"式恐怖袭击还应当依托当地的宗教、村（居）委会、社区、学校等组织机构，社区警察在充分了解所在区域边缘青少年动态的基础上，加强对潜在"独狼"恐怖分子的甄别。

为有效防控"独狼"恐怖主义事件的发生，公安网监部门要通过提高网络监控技术和改进互联网活动自动追踪监控系统，加强对潜在"独狼"互联网活动踪迹的侦测。"独狼"多通过互联网观看暴恐视频、学习暴恐技术、浏览和发布激进言论等，因而加强对社交网站、聊天工具、电子邮箱等网络平台的监控十分必要。网络运营商提供着网络社会的生存平台，其反恐责任义不容辞，对于纵容极端主义、激进主义和恐怖主义意识形态宣传、煽动活动的运营商，应当依法承担法律责任。对于国外网络运营商，既要探索和形成国际合作，也要建立有针对性、有实效性的惩罚国际网络运营商的制裁措施体系，避免让网络成为威胁国家安全的恐怖活动组织的"栖息地"和"欢乐谷"。笔者认为，在当下信息时代，应用大数据平台对（潜在）"独狼"的行踪和动向进行锁定监控，重视网络反恐情报的收集和研判分析具有十分重要的意义。

中国青少年嗨K：时尚还是犯罪？[*]

近几年来，我国吸食新型毒品的青少年群体开始不断"发展壮大"。从天津市公安局禁毒办统计的数据分析得知，2007年以来，天津市破获的较大的毒品案件中，新型毒品案件占了81.4%。2008年，天津市破获的1000克以上的毒品案件中，全部都是新型毒品；在警方收缴的各类毒品中，新型毒品占据84.2%，70%以上的吸食新型毒品者都是35岁以下的青少年。他们将自己吸食新型毒品的行为统称为"嗨K"。作为疯狂、狂欢的代名词，嗨（high）代表时尚，代表青春，代表前卫。被青少年美其名曰"嗨K"的行为，在犯罪学视角中被称为青少年吸食新型毒品犯罪。

一 嗨K无害？

在调研中，笔者发现，90%以上的新型毒品吸食者认识不到其危害性。他们否认自己是在吸毒，认为那只是自己的一种乐趣，是缓解压力的手段。嗨K无害论在某些青少年群体中得到认同，新型毒品被其视为"娱乐消遣品"。

相对于海洛因、大麻和可卡因等传统毒品而言，新型毒品主要是指人工合成的精神类毒品，是由国际禁毒公约和我国法律法规所规定管制的一

---

* 本文原载于《中国犯罪学学会第十八届学术研讨会论文集》（中册）。

类药品（毒品）。与传统的鸦片类毒品相比，新型毒品主要通过化学合成，因为其滥用多发生在娱乐场所，所以又被称为"俱乐部毒品""休闲毒品""假日毒品"。根据新型毒品的毒理学性质，可以将其分为四类：冰毒，即甲基苯丙胺，外观为纯白结晶体，吸食后对人的中枢神经系统产生极强的刺激作用，能大量消耗人的体力和降低免疫功能，严重损害心脏、大脑组织甚至导致死亡，吸食成瘾者还会造成精神障碍，表现出妄想和好斗等情况。摇头丸，属于具有明显致幻作用的苯丙胺类中枢兴奋剂。由于滥用者服用后可出现长时间难以控制随音乐剧烈摆动头部的现象，故称为"摇头丸"。其外观多呈片剂，形状多种多样，五颜六色，用药者常表现为认知混乱、行为失控，其常常引发集体淫乱、自伤与伤人，并可诱发精神分裂症及急性心脑疾病。K 粉，学名氯胺酮，属于静脉全麻药，临床上用作手术麻醉剂或麻醉诱导剂，具有一定精神依赖性潜力。K 粉外观上是白色结晶性粉末，无臭，易溶于水。滥用氯胺酮会导致十分严重的后遗症，轻则神志不清，重则可以使中枢神经麻痹，继而丧命。此外，它还使人产生性冲动，导致许多少女失身，所以又称之为"迷奸粉"或"强奸粉"。三唑仑，又名"三唑氯安定""海乐神"，是一种新型的苯二氮卓类药物，具有催眠、镇静、抗焦虑和松肌作用，长期服用极易导致药物依赖。因这种药品的催眠、麻醉效果比普通安定强 45 至 100 倍，口服后可以迅速使人昏迷晕倒，故俗称迷药、蒙汗药、迷魂药。三唑仑无色无味，可以伴随酒精类共同服用，也可溶于水及各种饮料中。

新型毒品与海洛因等传统毒品的主要区别在于以下五点：一是新型毒品系人工合成的化学类毒品，制造成本低、周期短、风险小。海洛因系原植物加工合成类毒品，制造成本高、周期长、风险大。二是吸食冰毒、摇头丸、K 粉、麻黄素片等新型毒品后，吸食者兴奋、狂躁、易性乱、抑郁、易怒，且连续三四天不吃不睡，出现幻觉、错觉、猜疑、恐慌等精神病症状，其极易在吸毒后的幻觉中对社会和他人产生攻击行为。而吸食海洛因后，吸食者则绵软无力、昏睡，在毒瘾发作时，其有可能为筹毒资而攻击亲人或他人。三是新型毒品吸食方式多以饮料瓶做成水烟筒吸食，也有的为追求综合效果，将海洛因和冰毒等新型毒品掺在一起吸食或注射。四是吸食者对传统毒品会产生强烈的生理依赖，而长期服用新型毒品会产生很强的精神依赖。五是新型毒品具有群体性吸食的特点，吸毒者少则三五人，多则几十人在一起聚众吸毒，并且在超强、超重的重金属音乐刺激下才能有助于药效的发挥，所以一些练歌房专门设有供吸毒者使用的房间，叫"嗨房"。在一些娱乐场所，还有专门陪"嗨"的服务小姐，这种人也有一个专有名称："嗨妹"。她们向客人推销摇头丸和 K 粉，以招揽顾客，赚取钱财。

在青少年吸食新型毒品人群中，其所谓的"嗑药"就是吃摇头丸，"打 K"就是吸食 K 粉，"溜冰"则是吸食冰毒。上海社科院公布的关于新型毒品实证研究报告显示，初次使用新型毒品者的年龄以 21—30 岁年龄组占首位，占 40.6%；20 岁及以下年龄组占 17.4%，其中年龄最小的仅 12 岁。其中相当一部分是受过良好教育的中上层社会人群。很多低龄吸毒者的"第一口"都是在同学聚会、蹦迪等活动中尝试的。多数吸食新型毒品者对嗨 K 的危害知之甚少，有的人最初竟出于"不吸没面子"的动机而沾染上毒品。特别令人忧虑的是，一些年轻的白领和企业高管成为吸食新型毒品的高危人群。在调研中，笔者曾对吸毒成瘾被送往戒毒所强制戒毒的 A（男，27 岁）进行访谈。这名吸毒者有自己的生意，但就是有"嗨"的爱好，他常常牵头组织吸食者一起"嗨"。有一次，他过生日召集了近 30 名"志趣相投"的"嗨友"一起娱乐，那一晚上的毒品消费额达到了 20 万元以上。在某房地产公司担任销售主管的 D（女，25 岁），是在一个朋友的生日 Party 上第一次嗨 K 的。其间，有人拿出嗨粉让大家嗨，D 不肯，两个身材苗条的女子就劝 D，说嗨粉可减肥，不用吃药饿肚子，还能让自己开心，D 因此动心。一次两次的嗨，体重是有些下降了，但她从此不嗨 K 就由不得自己了。

天津禁毒办的 B 警官告诉笔者，新型毒品的可怕之处更在于它的致幻性，吸食后很容易使人产生幻觉，有的吸食者称"嗨大"后"要什么有什么，想要别墅，别墅就在眼前了；想开宝马，自己就在宝马车里了"，而这些幻觉会成为一些暴力、强奸案件的诱发原因，极易导致刑事犯罪案件的发生。2009 年 3 月 24 日晚上 11 点半，笔者在天津某酒吧灯光幽暗的嗨房里，在震耳欲聋的低音炮音响的轰击下，嗨女 C 一边疯狂地扭动身体，一边兴奋地叫着，"哈，我看到一个柜子打开，捆扎好的钞票一沓一沓地往下流，直到流成一座小山……"（C 嗨出的幻觉）她又"打"了一条 K 粉，其神智渐渐迷茫，身体燥热，她索性把衣服脱了，上身赤裸着跳舞、唱歌、喝酒，而浑然不觉。C 逐渐清醒后，笔者问她，"如果不泡吧，晚上做什么？"沉默片刻，她从牙缝中挤出两个字："无聊。"C 的周围已形成一个个圈子，彼此互称"嗨友"，他们在很多"嗨场"秘密聚会，通宵跳舞，狂欢畅饮，甚至发生性行为。

在调研中，笔者发现，许多吸食新型毒品者对新型毒品的危害没有充分的认识。B 警官告诉笔者，他所接触过的新型毒品吸食者中只有一人承认长期吸食摇头丸和 K 粉导致了记忆力减退。据 B 警官介绍，在"嗨"的特定环境下，正常人待上半个小时就会感觉耳膜疼，并且精神上会受不了。而吸食新型毒品的人在重金属音乐中来回蹦跳，摇头达数小时之久，这样，他的心脏长时间处于高度超负荷工作状态，其损害可想而知。而吸食者并不将摇头丸、K 粉等视为毒品的原因在于，人体对摇头丸、K 粉等新型毒品的生理依赖性相对较少，不在特定的环境中，短期内吸食者不会有特别再想吸食的感觉，从而使吸食者认为不会上瘾。因此，相当一部分吸食者尤其是青少年对新型毒品的认知度不够，甚至产生了"无害"的印象。而实际上摇头丸和 K 粉等新型毒品均属于我国规定管制的精神药品，长期吸食容易引起高血压、心脏病、精神分裂等疾病，无节制地吸食还会危及生命，其他的副作用还有诸如记忆力减退、精神萎靡、食欲不振等。长期服用新型毒品会产生很强的精神依赖，服药后感觉不到疲倦，但药效消失后身体极度疲乏。大量吸食这类新型毒品还会严重损伤心、脑，甚至导致死亡。

二　嗨 K 无罪？

受国际国内涉毒因素的影响，近几年制贩冰毒等新型毒品的活动日益猖獗。一些不法分子在歌舞娱乐场所大肆销售新型毒品，少数歌舞娱乐场所经营主暗地纵容、容留吸贩毒活动，各地歌舞娱乐场所吸贩新型毒品的问题也日益严重。随着新型毒品的泛滥，青少年已经日益明显地成为最容易受这类毒品侵害的高危人群之一。由于年轻人精力充沛、追求新奇、寻找刺激，非常容易受到这类新型毒品的诱惑和俘虏。歌舞厅、迪吧等娱乐场所是青少年群体乐于消费的地方，同时也是新型毒品泛滥的场所。青少年嗨K族大都因为猎奇和寻求刺激选择了新型毒品，而新型毒品漂亮的伪装又使他们不认为自己是在吸毒，而认为这是一种时尚。"摇头万岁，嗨药无罪"是"嗨哥""嗨妹"中的流行语。

依据我国《刑法》，其所规定的毒品犯罪包括以下12项子罪名：非法提供麻醉药品、精神药品罪；容留他人吸毒罪；强迫他人吸毒罪；引诱、教唆、欺骗他人吸毒罪；非法买卖、运输、携带、持有毒品原植物种子、幼苗罪；非法种植毒品原植物罪；非法买卖制毒物品罪；走私制毒物品罪；窝藏、转移、隐瞒毒品、毒赃罪；包庇毒品犯罪分子罪；非法持有毒品罪；走私、贩卖、运输、制造毒罪。我国《刑法》第357条规定："本法所称的毒品是指鸦片、海洛因、甲基苯丙胺（冰毒）、吗啡、大麻、可卡因以及国家规定管制的其他能够使人形成瘾癖的麻醉药品和精神药品。"这一规定从外延和内涵两个方面明确了毒品的概念。由此可见，我国刑法对新型毒品的犯罪圈也予以了划定，并明确走私、贩卖、运输、制造毒品，无论数量多少，都应追究刑事责任，予以刑事处罚。同时，我们也应当看到，我国刑法并没有将吸毒确认为犯罪，相关法律只是将其定位为一般违法行为，对其采取强制戒毒的处罚措施。但是，我们绝不能对吸毒这一违法现象掉以轻心。因为大多数青少年的毒品犯罪都是由吸毒引起的。可以说，吸毒是毒品犯罪的重要源头之一。本文所谓毒品犯罪不仅仅局限在制毒、贩毒、运输毒品等直接以毒品为犯罪对象的传统意义上的毒品犯罪，还包括由于毒品引起的抢劫、盗窃、卖淫、走私枪支等犯罪行为。

案例一：2009年2月6日下午，贵阳市飞山街发生一起劫持人质案件，一名男性疑犯持刀劫持一名少女，但未提出任何要求。云岩警方经过一个多小时的工作，成功处置这一案件，生擒犯罪嫌疑人张某，并将被劫持人质安全解救。在将张某抓获后，公安机关立即着手对其进行审查，了解其作案动机等情况。但面对民警的讯问，张某语无伦次、答非所问。由于在张某身上搜出疑是吸毒所用的锡箔纸，警方依法对其进行尿检。经检验，张某案发前曾吸食新型毒品。同时，通过对清醒后的张某进行审查，警方得知，案发前，张某过量吸食新型毒品从而引起精神错乱，导致其幻想有人要加害于他，进而实施劫持人质犯罪。目前，公安机关已将张某依法刑事拘留。

案例二：2007 年 5 月 27 日，卖淫女严某（1987 年出生）在江宁金元宝大酒店"陪溜"，因吸食冰毒过量而死亡。目前，新型毒品大量出现在宾馆、夜总会、麻将馆和地下赌场。一些不法分子为了获取高额利益，以新型毒品可以提高性欲为诱因，积极在个体足疗保健中心和宾馆等场所向嫖客和卖淫女兜售，有的宾馆甚至开展"嗨哥""嗨妹"开房"陪溜"业务。卖淫女在宾馆开房"陪溜"一次可获 1000 元甚至更多。部分卖淫女在高额利益的诱惑下，纷纷上阵"陪溜"。

案例三：江西省景德镇市公安机关侦破的"2004·9·19"十八桥伊路网吧伤害致死案，系张国平、汪国辉黑恶势力犯罪团伙所为。警方已抓获该团伙成员 35 名，其中骨干成员 12 人，致伤 30 人，致死 1 人，缴获各类枪支 12 种，子弹 50 余发，新型毒品 K 粉 780 余克，麻果 300 余粒，摇头丸 67 粒。近年来，受国际毒品犯罪暴力化、有组织化不断加剧的影响，一些毒品犯罪分子为了争夺在娱乐场所贩卖新型毒品的控制权，相互持刀、持枪砍杀。毒品犯罪的暴力化程度不断增加，给缉毒工作带来了更大的风险。

三 法社会学视角下青少年嗨 K 的原因

在法社会学视角下，社会控制和自我控制的弱化是当下青少年嗨 K 的主要原因。用社会控制理论来解释，人与其所生活的社会之间，是依赖着一种被称为"社会链"（bond）的东西加以维系着的。当人和社会之间的维系程度薄弱乃至破裂时，个人就会无所拘束，从而产生越轨甚至犯罪行为；而当人和社会之间的维系程度紧密牢固时，来自自我的本能冲动、欲望因受到社会联系的控制，导致越轨和犯罪行为被阻断，从而产生顺从社会规范的行为。而依据自我控制理论，犯罪正是自我控制弱化再加上恰当机会的产物。其基本观点是：自我控制弱化的人之所以犯罪是为了直接满足瞬间的欲望，其很少考虑长远利益（自我控制水平高的人能够延迟满足，做事有计划性）；自我控制弱化的人之所以选择犯罪是因为能够从焦虑中得到解放（自我控制弱化的人缺乏忍耐力，好冲动，动辄以暴力解决冲突）。笔者通过对 46 名天津吸食新型毒品的青少年进行访谈发现，在吸食新型毒品的青少年人群中，大多数人在吸毒之前对"人活着就是要及时享乐"的观念认同程度相当高，对"只要会混，读书不好照样可以赚大钱""凭感觉做事，没必要活得太认真""在社会上混不可能一点违法的事也不做"等主流文化所反对的价值观持认同态度。在性行为方面，半数以上则表现为性行为的低龄化和多性伴倾向。

个案 1：甲男（1987 年生）："我爸妈都在狱里。我十几岁就在社会上'混'。我帮助老大拉拉场子，有时候出去压阵，事情成功后就可以分到很多钱。一般说来我每月收入少则五千，多则八千一万。这样的收入，不但够吸毒，还可以找小姐。"在毒品黑社会中，甲男这样的青年会被视为有能力、有本事的角色。他在非主流文化群体中获得了归属感和满足感，自认为能实现自身价值。

个案 2：甲女（1985 年生）："我觉得 K 粉是人没有办法去抗拒的，诱惑力太大了。如果想远离，首先你结交的朋友圈子得不是这个圈子，身边没有在娱乐场所玩的人，因为人是跟着环境走的，人必须去适应环境，不是环境适应人。如果所有人都不嗨，就你一个人嗨，还有什么意思！大家都嗨，我也跟着嗨……我的自控能力不强，我估计我要是回去再接触这个圈子的人，我可能还会嗨。"

个案 3：乙男（1983 年生）："你可能对我们这个圈子里的人并不是很熟悉，现在的年轻人，特别是在外面玩的，一般都能接受一些新潮思想，大家在一起玩，如果放不开，不可能玩开心。像一夜情这种事情，我们大家都不在意。女孩子来这边嗨的，很多都是空虚无聊，想体验一些刺激和快感。"

在以往的研究中，青少年吸毒的原因大都被简单地归结为好奇、精神空虚和结交不良朋友。但需要进一步追问的是，青少年为什么会对毒品产生好奇？为什么会丧失生活目标、精神空虚？为什么会结交举止不端的朋友？萨瑟兰提出的差异交往理论指出，一个人的行为主要是由他的社会交往所决定的，一个人犯罪行为的形成，主要是同有犯罪行为的人交往的结果。如前所述，新型毒品具有群体性吸食的特点，许多嗨 K 族都是在朋友聚会上第一口吸食新型毒品的。根据萨瑟兰的理论，青少年吸食新型毒品是在与其他人的交往过程中，经过互动而学会的，这种学习的过程往往完成于关系密切的群体中。在这样的群体中，青少年所受到的影响远远大于在其他环境中所受的影响。可以解释这一现象的还有犯罪亚文化理论。在某种意义上，新型毒品亚文化群体，就是娱乐场所的亚文化圈子。吸毒亚文化对青少年吸食者的影响，以及使其实现高度的文化认同是近年来青少年嗨 K 蔓延的主要根源。从笔者对天津 46 名吸食新型毒品青少年个案的访谈资料分析来看，新型毒品亚文化的价值观念是西方"前卫、时尚、狂欢、刺激"的高峰体验理念。新型毒品亚文化迎合了青少年崇尚个性张扬、叛逆家庭与社会、追求人生享乐的心理。

个案 4：乙女（1986 年出生）："我们都是时尚达人，……所以玩新型毒品的多数还是像我们这样喜欢挑战、喜欢追求刺激、喜欢走在社会最前沿的新潮人。"

在一个新型毒品亚文化群体中，个体在从初次接触摇头丸、K 粉、冰毒、麻果到彻底成为新型毒品吸食者的过程中，群体亚文化氛围对其起着推波助澜的作用。尤其是当青少年群体成员聚集在酒吧、歌舞厅、夜总会等特殊化的社会情景中时，新型毒品亚文化氛围会被加速渲染。特殊的音乐节奏、疯狂的舞蹈、鼓点，均会激起年轻人对吸食新型毒品的参与冲动，而这些新型毒品就成为他们疯狂摇摆和寻求刺激的兴奋剂。

个案 5：丙女（1988 年出生）："而且摇头丸这个东西，如果你不听到音乐、不去那个场合还好，也不会太想；但是如果经常出入酒吧这样的娱乐场所，在那个气氛下听到那种音乐，人就会特别想嗨。"

综上，笔者认为，青少年嗨K的原因链如下：冲动性人格（目光短浅，具有麻木性和非理性倾向，乐于冒险，缺乏忍耐力）→自我控制弱化（以自我为中心，家庭教养不良）→社会联系薄弱（因不认同社会主流价值观，而融入亚文化群体）→犯罪机会（闲暇时间充裕，经常出入娱乐场所，能够得到毒品）→吸食新型毒品。当前，青少年嗨K蔓延不仅关系到青少年的健康成长，而且直接关系到国家的兴衰和民族的存亡。因此，如何通过加强对青少年的反毒防毒知识教育，加强对青少年正确的人生观、价值观的引导，以及营造适合青少年健康成长的社会环境，提升社会主流文化对青少年群体的吸引力，使青少年爱惜生命、自觉远离毒品，也是需要进一步研究的问题。

IV 毒品犯罪研究

我国毒品问题实证研究概览

毒品问题是社会消极因素的综合反映，是危害社会治安的源头问题，是影响社会和谐稳定的一大隐患。近年来，我国毒品问题研究不断深入，其中的一些实证研究成果引起广泛关注。本文通过查阅相关文献资料，对我国毒品问题实证研究做如下梳理：

一　关于吸毒人群的调查研究

改革开放后，中国内地在 20 世纪 80 年代开始出现吸毒现象，吸毒引发的社会问题逐渐显现。为了获得大量吸毒人群的实证资料，国内学者通过问卷调查和个案访谈的社会调查方法搜集资料，进行相关实证研究。但由于此类研究人员不多，因此相关研究成果有限。陈小波、夏国美、韩丹等学者开展的吸毒人群调查比较具有代表性。

国内较早进行的针对吸食海洛因人群的大型调查是陈小波等对云南、浙江、甘肃三省的九城市强制戒毒所戒毒人员进行的 1200 份问卷调查。①该调查讨论了海洛因吸食者的人口学特征、初次吸毒情况、复吸情况、吸食行为分析和吸毒者的社会网络状况。他们提出的很多关于吸毒人群状况的描

---

① 　陈小波、王卉：《中国海洛因市场研究》，《中国人民公安大学学报》2005 年第 4 期。

述在相关研究中具有一定代表性,如男女性别比接近 2∶1;无业者中的青年是主体;受教育程度低;复吸率高等。而针对云南、甘肃、湖北、浙江、四川、贵州、新疆、广东、北京等省份的其他问卷调查研究结果与这项调查研究的结果接近,这也从一个侧面说明,国内在吸食海洛因人群的描述及观点上有基本的共识,即吸毒人群具有"男性为主""年轻""无业"等特征。

2006 年 8 月至 2007 年 6 月,上海市社会科学院艾滋病社会政策研究中心主任夏国美研究员组成课题组,对上海 730 名新型毒品使用者进行了问卷调查,完成了"新型毒品滥用的现状、发展趋势和应对策略"的研究报告,这是全国首份关于新型毒品的实证研究报告。调查发现,冰毒、摇头丸、K粉等是当前上海市最为流行的几种新型毒品,其中冰毒是目前上海市滥用最为严重的新型毒品。新型毒品使用者具有五大基本特征:男性"势众"、女性"速疾"的性别差异;低龄浪潮涌现的年龄结构;"低等"密度高、"高等"势迅猛的学历分布;非稳定就业占据半壁江山的职业状况;四成"分崩离析"的婚姻状况。① 该研究还分析了上海新型毒品使用人群的"群体性"特点,提出群体心理导致个体理性泯灭的观点。2007 年 3 月,沈康荣通过对苏州市戒毒所接受戒毒的 85 名新型毒品吸食人员的全面调查发现,新型毒品吸食者群体呈现如下特征:男性占据绝对多数,但女性吸食者增长趋势明显;低学历者多;青少年多;个体职业者多。② 由此可见,新型毒品使用人群具有"年轻化""集群化"等特点。

江苏南京学者韩丹以吸毒人群为访谈对象,深入访谈了 71 位吸毒者,其中新型毒品吸食者 22 位,海洛因吸食者 49 位,整理口述资料达 25 万字。③ 其出版的《吸毒人群调查》采用个案访谈的研究方法,深入吸毒个案的生存世界,集中描述了吸毒人群的人口学特征、生活世界及吸毒状况、戒毒状况、回归社会状况,是一本具有代表性的定性研究成果。在此基础上,韩丹于 2008 年出版《城市毒瘾——吸毒行为的社会学研究》一书,探讨

---

① 《国内首次新型毒品大型调查报告》,《社会观察》2007 年第 6 期。
② 沈康荣:《新型毒品吸食者的调查报告——以苏州市戒毒所戒毒人员为例》,《社会学》2007 年第 3 期。
③ 韩丹:《吸毒人群调查》,江苏人民出版社,2007。

了城市吸毒人群走上吸毒道路及成瘾的社会成因。该研究选择了南京的石佛寺强制戒毒所中的吸毒人群作为个案，对他们进行了深入的无结构访谈，借助生命历程研究方法，根据录音访谈记录整理出他们的生活史和吸毒史。[1]

夏国美研究员还采用定量（问卷调查）与定性（个案访谈）相结合的研究方法，选取上海市拘留所、戒毒所和社区的吸毒人员为调查对象，对吸食海洛因人群和滥用新型毒品者进行群体特征比较研究。其调查样本量为1431人，其中726人滥用新型毒品，705人吸食海洛因。[2] 通过对两类吸毒人员群体进行比较研究发现，新型毒品与海洛因在国内的滥用流行具有相当大的差异性：就人际传播过程而言，新型毒品比海洛因具有更为明显的扩张效应，对包括主流社会在内的社会各阶层的渗透力更强；就吸毒行为模式而言，新型毒品比海洛因具有更为明显的娱乐性使用、群体性使用和社交性使用特质，在成瘾程度上虽然不及海洛因但丝毫不容忽视；就性行为与艾滋病风险而言，新型毒品更为显著地增加了吸毒者经由性传播途径感染艾滋病病毒的可能，而这与海洛因吸毒者主要是由血液途径（静脉注射导致的）感染艾滋病病毒的现状形成了鲜明的对比。

二 关于毒品经济规模的调查研究

大量吸毒者的存在使得毒品拥有广大的市场和高额的利润。毒品经济在非法经济中占有重要的比重。我国的毒品经济规模究竟如何？这是一个值得深入探讨的问题。毒品经济规模研究的基础是毒品消费量估算。而涉及毒品消费量估算的要素有三：毒品的价格、毒品使用者人数、人均最低维持消费量。据胡训珉等学者的估算，我国海洛因的年消费量在80—100吨，相当于全球海洛因产量的1/8—1/5；全国毒品经济规模巨大，按照最保守的估计，其市场规模至少有200亿—300亿元人民币，实际可能规模是最小估计数的2.5—4倍，即1000亿元以上。[3] 近年来我国毒品消费市场监测数据显示，

① 韩丹：《城市毒瘾——吸毒行为的社会学研究》，东南大学出版社，2008。
② 夏国美：《社会学视野下的新型毒品》，上海社会科学院出版社，2009。
③ 胡训珉、田硕、李晓珊：《重估毒品经济》，《检察风云》2007年第4期。

由于堵截和打击力度加大，2006年以来，国内海洛因来源减少，大部分地区海洛因价格普遍上涨80%—100%，同时零号海洛因纯度明显降低，出现了滥用替代的现象。海洛因消费市场逐步萎缩，吸食海洛因人员年均增长幅度已从高峰期的30%降至5.6%。而滥用冰毒、氯胺酮等新型毒品的人数增长较快，在公安机关新发现的吸毒人员中滥用新型毒品的占47.8%，滥用新型毒品人员以35岁以下青少年为主体，并逐步由社会闲散人员向企业员工、个体老板、演艺人士等各阶层发展蔓延。[①]

陈小波等人所做的中国海洛因市场调查，在中国大陆的东中西部地区选择了海洛因问题比较严重的省和城市（云南省的昆明、大理和保山；浙江省的杭州、绍兴和温州；甘肃省的兰州、临夏和武威）进行了典型抽样调查。调查对象是各地强制戒毒所中的吸毒人员。该调查编制了《吸毒问题调查表》，其包括了吸毒人员情况、吸毒活动情况、毒品市场情况三个方面共计102项指标。在调查中，共发出问卷1200份，回收有效问卷1095份，有效率为91.3%。问卷回收后，采用EpiData2.0进行数据录入，采用SPSS11.5进行数据分析。陈小波等人在对海洛因吸食者第一次吸食海洛因的情况、成瘾期间海洛因吸食情况、购买和吸食行为分析、吸毒者的社会网络等方面进行实证分析的基础上，对毒情进行了评估，对海洛因吸食人数、每天的海洛因消费数量、海洛因消费总量、海洛因消费值等进行了估计。

受NIH国际合作项目和云南省软科学重点项目资助，骆华松对云南省流动人口与毒品扩散进行了实证研究。云南省因地处特殊的地理位置和吸毒者的集中分布，成为全国主要毒品通道和毒品消费市场。仅以海洛因吸食者为例，按保守计算每一位吸毒者每天吸食海洛因0.5克，云南省现有在册吸毒者43944人，每天需要消耗21972克，一年需消耗8019.78千克。若以国际推算标准，每一位注册吸毒者背后有5位隐性吸毒者计算，则每年要消耗的海洛因高达4吨。云南吸毒人口的不断增长，为毒品泛滥提供了稳定的消费市场。在毒品扩散过程中，流动人口因受职业、收入、人口自然结构、文化素质、社会环境背景的影响，受强大经济利益的诱惑，较常住人

---

① 《中国登记吸毒人员121.8万，新型毒品滥用增幅减》，http://www.chinanews.com.cn/gn/news/2009/10 - 23/1928094.shtml，最后访问时间：2010年10月25日。

口更易从事吸毒和贩毒活动。调查显示，流动人口与毒品扩散在数量上具有明显的相关性；吸毒人口与流动人口在空间分布上具有较强的相关性。[①]

从现有研究来看，关于毒品经济规模的调查研究成果十分有限，中国海洛因市场调查是其中为数不多的典型，陈小波、胡训珉等人通过运用定量和定性研究相结合的方法，抽样调查样本量较大，对海洛因消费市场进行了科学估算。近年来，我国海洛因消费规模逐步萎缩，新型毒品消费市场呈扩大之势。面对我国毒品消费市场的新变化，对新型毒品消费市场及其经济规模的研判分析一直没有破题。有学者指出，毒品问题是一个应该深入研究的重要问题，在关于消费品的理论体系中，理所当然地是应该使毒品类消费品的研究占有一定位置的，毒品问题不应该而且不能够是消费品理论研究中的一个"盲区"。[②]

三 关于毒品犯罪的犯罪学研究

1997 年刑法修订以后，我国毒品犯罪研究再掀新高潮，特别是毒品犯罪的犯罪学研究异军突起。该领域较早的研究成果有郭翔主编的《中国当前的毒品问题与治理对策》（中国青年出版社 1997 年版，论文集）。世纪之交比较有分量的著作是崔敏主编的《毒品犯罪发展趋势与遏制对策》和郭建安主编的《吸毒违法行为的预防与矫治》。前者政策指导性较强；后者对吸毒者的人口统计学特征及吸毒史、吸毒的原因、价值观与吸毒行为的预防、复吸的原因、吸毒成瘾者的医学治疗与心理治疗康复、戒毒体制现存问题等作了详尽研究，在资料运用、论证方式、实证数据分析等方面都有独到之处。褚宸舸和彭凤莲等学者还对我国毒品犯罪研究进行了学术史考察。[③] 站在犯罪学角度，关于毒品犯罪的研究热点集中在以下几个方面：

---

① 骆华松、董静：《云南省流动人口与毒品扩散的实证分析》，《云南师范大学学报》2005 年第 2 期。
② 李伯聪：《毒品消费问题是一个应该深入研究的问题》，《自然辩证法研究》2004 年第 9 期。
③ 褚宸舸：《当代中国毒品犯罪研究学术史和方法论述评——兼论毒品犯罪的知识社会学研究视角》，《青少年犯罪问题》2006 年第 1 期；彭凤莲：《成就与问题：毒品犯罪研究学术史述评》，《河北法学》2008 年第 3 期。

一是全国毒品犯罪的实证研究。梅传强等学者认为，我国现阶段毒品犯罪的形势依然十分严峻，毒品犯罪在向全国大部分地区蔓延的同时，呈现出犯罪数量居高不下且逐年增长的态势，新型毒品犯罪案件快速增长。在毒品犯罪的实施者中，农民和无业人员居多，女性和青少年毒品违法犯罪呈上升趋势。同时，毒品犯罪的手段和方式隐蔽性较强。就我国毒品犯罪的发展趋势而言，其高发态势短期内不会改变，而且还会呈现出其他新的发展特点。为此，必须切实贯彻《禁毒法》确定的禁毒方针，从阻击境外毒品流入、萎缩国内毒品消费市场等方面入手，有效防治我国毒品犯罪的进一步发展和蔓延。[①]

二是某个地区毒品犯罪的实证研究。我国某个地区毒品犯罪实证研究的代表著作有林辉等著《为了这片净土：福建禁毒斗争的历史、现状和对策》、赵翔等著《毒品问题研究：从全球视角看贵州毒品问题》等。特别值得一提的是，我国毒品重灾区云南省的省委书记白恩培 2004 年到云南德宏、保山地区进行了云南毒情实地调查，并将调查情况写成了一份报告。这份调查报告揭示出云南当地十分严峻的毒品形势，毒品不仅直接危害人们的生命健康，还导致艾滋病的流行，诱发刑事犯罪，造成治安问题，影响民族团结和社会进步。这份调查报告引起了胡锦涛总书记的高度重视，总书记立即做出批示，要在这些地方，真正打一场禁毒和防止艾滋病的人民战争。根据总书记的指示，2005 年 4 月全国拉开"开展一场禁毒人民战争"的序幕。

国家社会科学基金项目《西部地区毒品犯罪对全国禁毒工作的影响研究报告》由甘肃政法学院和甘肃省公安厅、重庆市公安局、昆明市公安局、贵阳市公安局共同完成。该研究报告指出，中国严峻的禁毒形势主要是受到西部地区毒品违法犯罪问题的严重影响。要根治中国毒患，解决西部毒品问题是关键。报告分析了我国西部地区毒情的特点：1. 吸毒人员多，涉毒案件多。2002 年，西部诸省区累计收戒吸毒人员（未统计西藏自治区）超过全国吸毒人数的 52%；西部诸省区破获毒品刑事案件占全国破获案件的 43%；西部地区缴获的毒品海洛因占全国缴获总量的 84%。2. 走私出境

---

① 梅传强、胡江：《我国毒品犯罪的基本态势与防治对策》，《法学杂志》2009 年第 3 期。

麻黄素和其他易制毒化学品活动猖獗，一些地区沦为毒品过境和消费的集散地、中转站。3. 内蒙古、新疆、云南、四川、甘肃等省区非法种植罂粟、大麻等毒品原植物的情况都非常严重。报告提出解决西部毒品问题的对策建议：加强西部地区与周边国家的禁毒合作；构建西部地区禁吸戒毒网络；加强西部各省区的禁毒协作，加大惩治力度；落实"禁种、禁制"工作。[1]

三是青少年毒品犯罪的实证研究。梅传强、蔡春艳于2003—2005年对贵州省25周岁以下的青少年毒品违法犯罪进行了专题调研。调查发现，2003—2005年贵州省青少年毒品违法者的人数总体上一直呈持续上升势头，每年净增吸毒青少年近万人，青少年毒品违法者低龄化的趋势越来越明显；吸毒的青少年绝大部分为社会闲散人员。但是自2004年以来，农民、工人、公务员吸毒者的人数也持续上升，在公司、企业、事业工作，年龄在25周岁以下的"白领"吸毒问题日趋严重。贵州省因吸毒而诱发的刑事案件、治安案件持续增多，因吸毒而感染艾滋病的人数比例不断上升。2003—2004年，贵州省公安机关共侦破重特大贩毒案件387起，抓获贩毒犯罪嫌疑人641名，其中107名为贩毒青少年嫌疑人，贩毒青少年中农民和社会闲散人员占总人数的99.1%。贵州省青少年毒品犯罪呈现以下特点：（1）青少年零包贩毒突出；（2）外流贩毒青少年增多且出现多元化、智能化趋势；（3）贩卖新型毒品现象突出。[2]

杨正明对广州市检察院1994年至1998年审查起诉的169宗243人15岁至25岁的青少年毒品犯罪情况做实证分析。调查显示，青少年参与毒品犯罪的人数从1996年开始逐年增加，并出现低龄化趋势；小学和初中文化程度的青少年从事毒品犯罪的占相当大的比重，没有发现大学本科以上文化程度的青少年从事毒品犯罪；新疆、云南、宁夏、甘肃等地外来青少年流动人口所占的比例最大，各占18.7%、16.8%、12%、6.3%，平均高出其他省份5至7个百分点；青少年毒品犯罪中，绝大多数是无职业或待业人

---

[1] 李波阳：《西部毒品犯罪研究报告分析：消除中国毒患的关键》，http://www.law.com.cn：8080/lcs/program/html/news_content.php？ItemID=1632564558&ID=766，最后访问时间：2017年7月1日。

[2] 梅传强、蔡春艳：《贵州省青少年毒品违法犯罪的实证研究》，《青少年犯罪问题》2007年第6期。

员；以贩卖毒品海洛因的贩毒罪起诉的案件占毒品犯罪案件绝大多数；青少年毒品犯罪中，有吸毒史的占 80%，由吸毒而引发的毒品犯罪占整个青少年毒品犯罪案件的 30%—40%；参与团伙犯罪是青少年毒品犯罪的普遍现象，这些团伙犯罪通常又以同乡亲属关系为纽带。①

冯锦彩分析了山西省青少年毒品犯罪的特点：1. 青少年是毒品犯罪的主力军。2001 年山西省抓获的毒品案件作案成员中，25 岁以下的占 46%，35 岁以下的占 91%，其中还有 2% 不满 18 岁的少年。2. 以贩养吸特征明显，从事贩毒活动的青少年文化程度不高。2006 年山西省抓获的贩毒犯罪嫌疑人中，具有高中及高中以上文化的仅占 5.6%，初中及初中以下文化的占到了 94.4%。3. 青少年毒品犯罪有团伙作案趋向。犯罪分子为牟取暴利，逃避打击，相互勾结，形成贩、供、销一条龙作业，构成一个层次分明、紧密联系的贩毒网络。②

四是女性毒品犯罪的实证研究。阮惠风对云南女性毒品犯罪人员进行抽样调查，得到 207 份有效问卷。通过实证调查，分析了女性毒品犯罪人员的基本状况、经济条件、个人心理、社会影响、犯罪的组织形式等，总结出了女性毒品犯罪的成因、特点。调查显示，女性毒品犯罪人数主要集中在 25—45 岁，其累计百分比为 74.7%，35 岁以下的累计百分比达到 66.8%；女性毒品犯罪人员文化程度明显要高于云南平均水平；从职业上看，女性毒品犯罪人员主要集中于在家务农、经商农民、进城务工农民、城市无业人员、城市个体户等群体内，累计百分比接近 87%；女性毒品犯罪人员犯罪之前属贫困的现象较普遍；女性毒品犯罪人员对毒品危害的认知程度较高，在全部女性毒品犯罪人员中，有 68%—80% 的人员明明知道毒品对自身和社会的危害却仍然从事毒品犯罪；大多数女性毒品犯罪人员犯罪时，家里人并不知情。由于调查的对象大都涉及女性走私或运输毒品罪，所以阮惠风设计了走私或运输毒品的数量、走私或运输毒品的方式、贩毒的组织形式和毒品犯罪的交易方式这四个指标进行专项调查。调查显示，女性毒贩走私或运输毒品的数量在

---

① 杨正明：《广州地区青少年毒品犯罪问题调查与分析》，《青少年犯罪研究》2000 年第 2 期。
② 冯锦彩：《山西省青少年毒品犯罪的成因及防控对策》，《山西警官高等专科学校学报》2007 年第 4 期。

300 克以下居多,大宗贩毒现象也日益突出,贩毒隐蔽性较强。①

　　谢晶对四川省凉山彝族自治州毒品犯罪发展趋势中的"女性化"特点进行了实证分析。1997—2006 年,凉山彝族自治州毒品犯罪案件中女性人数都多于男性。从事毒品犯罪的女性年龄最大 65 岁,最小 13 岁,以农村彝族妇女为主。凉山州女性毒品犯罪方式呈现以下特点:1. "化整为零"的毒品交易形式,女性毒品犯罪者多半"以贩养吸",她们最常用的贩毒方式是"零包贩毒";2. 利用女性特殊条件进行毒品运输,如,将毒品藏于胸罩内,将毒品吞入腹中;3. 故意怀孕后进行毒品犯罪;4. 利用特殊地理环境、民族风俗进行毒品犯罪,如,由家支组成的毒品犯罪团体组织严密,通常男性为指挥者,女性为运输毒品的工具,一旦有成员被捕,成员之间相互包庇,绝不供出同伙;5. 凉山州女性毒品犯罪的另一显著特点是流窜性,即很多犯罪分子为外来、流动人员。②

　　此外,刘晓梅以 2008 年 1 月至 2010 年 3 月 T 市公安机关破获的四川省凉山州彝族吸贩毒盗窃团伙中的 53 名男性 HIV + 吸毒者为研究对象,采用深入访谈、观察法和文献研究等质性研究方法对团伙成员的犯罪原因进行了实证分析,提出加强对 HIV + 吸毒者管控工作,改善针对其社会处境的对策建议。③

　　综上所述,我国毒品问题实证研究虽然已取得了一些研究成果,但是相当多的著述没有能够跳出"现象—原因—对策"三段论叙事模式,缺乏科学实证的研究方法。在未来的研究中,要根据国内外毒情的变化,与时俱进地加强毒品问题的实证研究,问题突出的专题性研究。尤其值得重视的是:毒品犯罪的刑事政策、毒品问题的社会政策研究的空白亟待填补。毒品刑事政策、社会政策的研究在国外是热点问题,但国内的相关研究仍然不足。毒品问题涉及政策、社会、文化、伦理等多方面,具有复杂性,所以毒品问题的刑事政策、社会政策的研究值得我们进一步深入挖掘。

---

①　阮惠风:《女性毒品犯罪的实证分析》,《云南民族大学学报》(哲学社会科学版) 2007 年第 1 期。

②　谢晶:《凉山彝族自治州女性毒品犯罪对策研究》,《江苏警官学院学报》2009 年第 1 期。

③　刘晓梅:《HIV + 吸毒者的困境与出路——基于 T 市 7 个吸贩毒盗窃团伙的调查》,《青少年犯罪问题》2010 年第 5 期。

国外吸毒成瘾问题实证研究综述[*]

吸毒成瘾是世界性难题。从国外现有研究成果来看，以社会学和生物学视角对吸毒成瘾问题进行实证研究的成果比较集中。本文通过介绍国外相关研究成果，以期对我国吸毒成瘾问题研究有所借鉴。

一 吸毒成瘾问题的社会学考察

有学者将青少年吸毒的风险性因素概括为以下五个方面：（1）从个人角度来说，自我控制能力比较弱、脾气性格比较差、具有早期的攻击性行为等方面因素是其后期吸食毒品的风险性因素，而随着青少年渐渐长大，受到父母、学校和社会的良性影响，可以降低其后期毒品滥用的风险；（2）从家庭角度来说，如果青少年缺少与父母的沟通，缺少父母照顾，父母照顾不恰当或者监护人存在吸食毒品问题等是青少年吸食毒品的风险性因素；（3）家庭以外的影响性因素，包括课业表现不好、学习成绩不好、社会交往闭塞，以及交往对象存在吸毒问题等也对青少年滥用毒品及进行违法行为有较为直接的影响；（4）毒品供给和毒品市场的存在也是青少年吸食毒品的风险

性影响因素之一；（5）生活环境窘迫、生活态度不端正、对毒品问题认识错误是影响青少年吸食毒品的又一风险因素。① 2003 年，萨斯曼（Steve Sussman）等在控制与 1050 个高危青少年样本相关的 12 项人格障碍指数和 4 项人口统计特征（白种人、拉丁族裔、社会经济地位、男性）的前提下，采用 10 个指标来评估人的社会自我控制能力与吸食毒品及其他物质使用之间的关系。结果发现，在控制这些变量的前提下，社会自我控制能力与 30 天内吸烟、饮酒、吸食大麻及其他硬性药物的使用情况密切相关。对吸毒最直接且一致的预测因素就是：男性、反社会的人格障碍以及社会自我控制能力。这些结果强调，社会自我控制作为一项独特、一致的因素，在预测吸食毒品方面具有重要的意义，因此，关注社会自我控制能力训练在药物滥用预防计划中具有重要的作用。② 2007 年，萨斯曼等还通过对普通高中和非主流高中③的年轻人进行抽样调查来进行关于社会自我控制与吸毒之间预期关联性的研究。他们在研究中首先提出两个假设：第一，假设在控制毒品吸食基准和人口统计特征的前提下，无论在哪种类型的学校，社会自我控制能力较差的年轻人将更有可能在一年后吸食毒品。因为他们认为，那些社会自我控制能力比较弱的学生可能与其他同学关系疏远，但却可能与那些更能容忍一些异常行为（比如吸毒）的同类人有联系。第二，假设在控制社会自我控制基准和人口统计特征的前提下，毒品吸食基准将不能预测一年以后的社会自我控制情况。围绕着这两个假设，他们从加利福尼亚州南部的两个县的九个学区招募研究对象。为了符合研究条件要求，选择的学区包括了至少一个普通高中和一个非主流高中，从每种类型的高中中抽取 50—2000 个学生。从每一个学区中选择一个普通高中、一个非主流高中，即 9 对高中。所有的学生都是从随机挑选的班级中随机抽取的，并且

---

① "Preventing Drug Abuse among Children and Adolescents Second Edition-In Brief", http://www.nida.nih.gov/prevention/risk.html, last visit Sep. 10, 2010.

② Sussman S, McCuller WJ, Dent CW, "The association of social self-control, personality disorders, and demographics with drug use among high-risk youth", Addict Behav, 28 (6), 2003, pp. 1159—1166.

③ Regular and continuation (alternative) high school, 非主流高中在加利福尼亚主要提供给那些由于特殊原因不能留在主流教育系统内受教的年轻人，比如有逃学、信用缺失、吸毒等情况的学龄人员。

均取得了被调查学生家长的同意。最后，总共选取了 3908 个高中生进行调查。对其中 2751（占 70.4%）个学生（1902 个普通学校学生，849 个非主流学校学生）进行预调查。在这些完成了预调查的学生中，2081 个学生接受了随后长达平均 16.5 个月的问卷调查，其中普通学校的 1529 个，非主流学校的 552 个。对这 2081 个学生的调查构成了分析的样本。在前期研究的基础上，随后对其中 65% 的高中生进行了后续调查。根据调查取得的数据，利用种族指标、性别、父母教育指标进行了人口数据统计。沿用其先期研究提出的十种社会自我控制项目来对物质滥用行为进行测度，经验研究的结果与假设基本相一致。虽然在统计结果上不是非常显著，但是调查能显示社会自我控制与吸烟和吸食毒品存在相关性。这样的实证研究发现具有重要的政策意义，即在关于青少年吸毒预防的政策中需要强调家庭干预和学校教育，通过这些手段来加强青少年社会自我控制能力。①

还有学者围绕自我控制能力与吸毒成瘾问题进行了大量的实证研究。自我控制能力弱与毒品问题具有重要的相关性，在理论上赫希（Hirschi）等学者早已做出论述。自我控制包含多个维度的内容。青少年自我控制能力弱，在行为上通常表现为酗酒、吸烟、吸毒以及犯罪。学者在这个领域的研究大量采用自我报告的方法。比如，2006 年威尔斯（Wills）等从行为自我控制和情绪自我控制方面研究其与青少年吸毒的相关性。他们抽取了 489 个中学生和 602 个高中生数据样本。为每个自我控制域设定多指标，应用验证性分析来检验假设中的测量结构。结果显示，行为自我控制和情绪自我控制域在统计上有显著差别，两者均与青少年吸毒有关。行为控制弱与离经叛道的集体行为直接相关，而情绪控制能力弱与产生吸毒的动机有直接的关系。② 还有学者将自我控制分为良好的自我控制（比如做事有计划）和较差的自我控制（比如做事比较冲动）来进行研究。2002 年威尔斯

① Pallav Pokhrel, Steve Sussman, Louise Ann Rohrbach & Ping Sun, "Prospective associations of social self-control with drug use among youth from regular and alternative high schools", *Substance Abuse Treatment*, *Prevention*, and Policy, Vol. 2, 2007, p. 22.
② Wills TA, Walker C, Mendoza D, Alnette MG, "Behavioral and emotional self-control: relations to substance use in samples of middle and high school students", *Psychol Addict Behav*, 20 (3) 2006, pp. 265 – 278.

等从六年级学生中抽取 1526 个样本进行评估研究，随后每年进行跟踪评估研究，一直到九年级。潜在成长模型分析显示，脾气性格特点与其早期吸食毒品情况有相关性，其影响效应是通过概括的自我控制能力实现的。时间变化对毒品吸食增长率的影响在那些自我控制能力比较弱的人身上表现得更突出，而对那些自我控制能力良好的人则影响较小。

　　基于自我控制能力与毒品相关性的考察，有学者进一步提出，毒品依赖是尝试进行自我调整的一种行为，是为了调整人际关系、自尊感、紧张情绪以及强制性或冲动性行为而作出的特殊的防御性适应行为。威尔逊（Wilson）等的研究表明吸毒成瘾者在自我调节方面明显比正常人差。[1] 但是也有学者研究提出了相反的意见。2009 年施瓦兹（Schwartz）等对西班牙裔青少年群体进行抽样分组，并利用个人内在风险和生长环境风险评估系统来进行比较性评估，结果发现，生长环境风险对于导致终身吸毒及超过 90 天以上的吸烟及吸毒行为作用更大。[2] 有学者研究提出不同种族群体之间由于生长环境不同等因素，在毒品的流行性、分布态势、对毒品的敏感度以及吸毒结构等方面都有显著的区别。因此，有学者对不同种族人群的吸毒问题进行了大量对比性研究。1993 年齐默尔曼（Zimmerman）等以美国流行病研究所对青少年吸毒问题的基础问卷调查数据为基础，对古巴人、西班牙裔人、黑人和白种非西班牙裔人中六年级和七年级青少年学生调查数据进行二元和多元风险因素分析，结果发现这些人群在吸毒等问题上存在重要的群体差异。有 10 种风险因素与滥用毒品之间存在单调关系，其中个人风险因素在各群体间的作用不成比例，对毒品的敏感度及吸毒的结构状况在各种族样本间也呈现较大差别。因此，其得出的结论是风险因素的累积传播与吸毒之间存在单调关系，风险因素在种族间存在差异，这意味着种族间文化差异对各种族人群吸毒情况存在不同的预测价值。[3] 2005 年约

---

①　Lowinson JH, Ruiz P, Millman RB, et al., *Substance abuse: a comprehensive textbook*, 4th ed. Philadelphia, Penes: Lippincott Williams&Wilkins, 2004, pp. 97 – 109.

②　Guillermo I. Prado, Seth I. Schwartz, et al., "Ecodevelopmental × Intrapersonal Risk: Substance Use and Sexual Behavior in Hispanic Adolescents", *Health Educ Behav*, 36 (2009), pp. 145 – 161.

③　W A Vega, R S Zimmerman, G J Warheit, E Apospori & A G Gil, "Risk factors for early adolescent drug use in four ethnic and racial groups", *Am J Public Health*, 83 (2), 1993, pp. 185 – 189.

翰·华莱士（John M. Wallace）等基于 1991—2002 年"美国监测未来研究"在全国范围内调查数据，选取八年级的西班牙裔学生为代表性样本进行研究，比较分析在美国的墨西哥青年、波多黎各青年、古巴青年及其他拉丁美族后裔在吸食大麻、使用可卡因等方面呈现的趋势及相关性，结果发现西班牙裔各族群中青少年吸毒结构模式存在一定的相似性，也存在一定的异质性。在各族群中，没有和父母生活在一起的所有的男性青少年几乎都存在比较严重的吸毒问题。而民族母语不同、父母教育程度不同、城市化程度不同以及居住区域不同，会导致其毒品吸食情况存在显著差别。[①] 哈勒尔和克利福德 2009 年选取全美国代表样本中 4882 个案例进行多因素 logistic 回归分析，发现年龄较小、受教育程度较低，存在酗酒、吸食大麻及其他违法行为问题的青少年存在滥用处方药的问题。在白人中，影响处方药滥用的因素包括年龄、酗酒、吸食大麻和其他违法行为等。而在西班牙裔年轻人中，违法行为和缺乏母爱则在更大程度上与处方药滥用呈正相关关系，吸食大麻则与处方药滥用呈负相关关系。在黑人青少年中，参加宗教活动与滥用处方药呈负相关关系。[②] 2000 年戴维·霍金斯等应用生存分析（Survival analysis）和互补性对数回归（complementary log-log regression）方法构建风险率和初始病源与时间变化协变量模型（model hazard rates and etiology of initiation with time-varying covariates），对 808 个儿童进行了从 10 岁到 16 岁或 18 岁的纵向研究。研究得出以下结论：（1）开始吸毒的风险在青少年成长的整个阶段都是存在的；（2）周围存在吸毒人员的青少年早期开始吸毒的风险更高；（3）父母的爱护和保护能够有效帮助儿童避免过早吸食毒品；（4）家庭教育和管理标准严格对于保护儿童避免过早接触酒精和大麻具有重要的作用。[③]

---

① Jorge Delva, John M. Wallace et al., "The Epidemiology of Alcohol, Marijuana, and Cocaine Use Among Mexican American, Puerto Rican, Cuban American, and Other Latin American Eighth-Grade Students in the United States: 1991—2002", *American Journal of Public Health*, 4 (2005), pp. 696 – 702.

② Zaje A. T. Harrell & Clifford L. Broman, "Racial/ethnic differences in correlates of prescription drug misuse among young adults", *Drug and Alcohol Dependence*, 104, 3 (2009), pp. 268 – 271.

③ Rick Kosterman, J. David Hawkins, Jie Guo, Richard F. Catalano & Robert D. Abbott, "The dynamics of alcohol and marijuana initiation: patterns and predictors of first use in adolescence", *Am J Public Health*, 90 (2000), pp. 360 – 366.

　　有学者提出在吸毒风险因素中，存在一个"门槛效应"（gate effect），即开始接触酒精、香烟、大麻类毒品等物质就等于跨过了一个门槛，会增加其以后使用危害性更大的毒品的风险，诸如海洛因和可卡因等。丹妮丝·坎德尔（Denise Kandel）等学者通过经验研究进行验证。1992 年课题组抽取了一组 15—35 岁人群为代表性样本，进行了一项纵向队列调查，研究其在酒精或香烟、大麻、其他非法药品和精神科医生处方药品使用的时间阶段序列。结果发现一种演进替代模式，即先后出现四个使用阶段：合法药物、酒精或香烟；大麻；其他非法药品；精神科医生处方药。对男性来说，先期对酒精的依赖发展演进到后期对非法药品使用的依赖；对女性来说，吸烟或酒精依赖是后期大麻使用的必经阶段。[①] 1993 年丹妮丝·坎德尔等对纽约州公立和私立学校十二年级学生中抽取的 1108 个代表性样本的分析也得出了相类似的结论。1993 年穆罕默德·塔拉比（Mohammad R. Torabi）和威廉·贝利（William J. Bailey）等以印第安纳州防治资源中心进行的全州性调查数据为基础，采用三阶段整群抽样方法抽取了 20629 名五年级到十二年级印第安纳州学生为代表性样本，检验吸烟对酗酒和其他毒品使用的预测程度。研究得到的交叉表列数据反映，吸烟行为与酗酒及非法毒品使用行为之间存在显著的相关性及剂量依赖关系。每天即兴吸烟 3 次的学生更可能出现酗酒问题；7 次的学生更可能使用无烟烟草（smokeless tobacoo）；10—30 次的学生更可能使用非法毒品。[②] 2000 年戴维·弗格森（David Fergusson）和约翰·霍伍德（John Horwood）对 1265 个新西兰儿童进行了长达 21 年的纵向调查，基于调查数据对以下变量进行分析：（1）15—21 岁年龄段青少年使用大麻和其他非法毒品的频率；（2）15 岁以前群体成员的家庭、社会、教育和行为背景；（3）青少年生活方式变量。结果发现：（1）近 70% 的群体成员在 21 岁时曾使用过大麻，近 26% 曾使用过其他非法

---

①　Denise B. Kandel, Kazuo Yamaguchi, Kevin Chen, "Stages of progression in drug involvement from adolescence to adulthood: further evidence for the gateway theory", *J. Stud. Alcohol*, 53 (1992), pp. 447 – 457.

②　Mohammad R. Torabi, William J. Bailey, Massoumeh Majd-Jabbari, "Cigarette smoking as a predictor of alcohol and other drug use by children and adolescents: evidence of the gateway drug effect", J. Sch. Health, 63 (7), 1993, pp. 302 – 306.

毒品;(2)所有被调查对象在使用非法毒品前都曾经使用过大麻;(3)每年超过50个场合使用大麻会增加140次其他非法毒品使用的风险;(4)在调整包括儿童因素、家庭因素和青少年生活方式因素等协变量之后,大麻使用仍然和开始使用其他非法毒品有很强的相关性。这些研究发现都支持了"门槛效应"。①

但也有学者提出反对意见。2002年斯蒂芬(Stephen)从1998年至1999年青年生活调查数据中抽取生活在英格兰和威尔士的12岁到30岁的青年人为代表性样本进行研究,对"门槛假设"(gateway hypothesis)进行检验。应用一系列统计技术将不可观察因素的作用分离出来以后,研究发现"门槛"效应是非常小的。也就是说,不能够由一个人之前曾经有过吸食软性毒品的经历而推测出其使用硬性毒品的事实,这其中有很多社会和心理因素作用同时影响着吸食软性毒品和使用硬性毒品。社会、经济和家庭环境等因素才是影响年轻人吸食毒品以及犯罪行为的关键影响因素。解决当地贫困和家庭破裂问题的间接性政策应该至少和那些直接反毒品和反犯罪的政策一样得到重视。

二 吸毒成瘾问题的生物学考察

有学者研究发现,吸毒成瘾不仅受环境因素的影响,同时也受遗传因素的影响。莱昂(Lyons MJ)和迈耶(Meyer JM)等研究结果显示,大麻、镇静剂、兴奋剂、致幻剂和海洛因等多种成瘾物质依赖既有共同的遗传易感性,也有特定的遗传易感性。② 其中海洛因依赖的特定遗传易感性最明显,因此,寻找海洛因依赖的易感基因已成为近年来的研究热点。霍罗威茨(Horowitz)等对38个海洛因依赖的核心家系的研究发现,海洛因依赖者的COMT基因Val158Met多态性的高活性等位基因val显著增加,而基因型

---

① David M. Fergusson, L. John Horwood, "Does cannabis use encourage other forms of illicit drug use?", *Addiction*, 95 (2000), pp. 505 – 520.

② Tsuang MT, Lyons MJ, Meyer JM, et al., "Co-occurrence of abuse of different drugs in men", Arch Gen Psychiatry, 11 (1998), 967 – 972.

val/val 的频率也有增加的趋势。① 西班牙的一项关联研究显示，5－HTR2A 的－1438A 等位基因与海洛因依赖易感性有关，并发现在对海洛因依赖的易感性上，该多态性可能与 5－HTTLPR 多态性发生协同作用。在基因因素分析中，对不同种族人群的基因进行对比性研究是比较有价值的。2004 年意大利的杰拉（Gerra）和加罗法诺（Garofano）指出，西欧人、高加索人的男性海洛因依赖者的低活性 5－HTTLPR 基因型 SS（短长度）频率较正常对照组高，推测 S 等位基因与海洛因依赖易感性有关，并通过对各组样本攻击性的评分及比较，认为 S 等位基因对海洛因依赖易感性的作用，在具有攻击性和冲动性的个体中尤其明显。② 2004 年里科特曼（Lichtermann D）等针对中德两地人群的研究显示，DRD2 基因的一个单倍型片段中，携带 TaqIB1 等位基因的单倍型 A 与中国人海洛因依赖的易感性有关。而接近 SNP6 的再重组"热点"区的两个子单倍型可能是德国人海洛因依赖发生的保护性因素。因此认为，DRD2 基因可能是中国人海洛因依赖的易感基因，而对德国人而言并非如此。③ 意大利的一项研究显示多巴胺转运体基因（SLC6A3）多态性与海洛因依赖患者的反社会行为有关，其外显子 15 靠近 3′端的 VN-TR 多态性的 9 次重复序列可能促使海洛因依赖患者拥有反社会行为倾向。2008 年，尼尔森（Nielsen）巴拉尔（Barral）等通过病例对照报道，在西班牙人群中 TPH1 的 rs1799913 多态性与 TPH2 的 rs7963720 多态性相互影响，并作用于海洛因成瘾。而且发现，TPH1 的 rs1799913 多态性也与 TPH2 的 rs4290270 多态性相互影响并作用于海洛因成瘾。而在非裔美国人，TPH2 基因的一个特定的单体型明显与海洛因成瘾相关。④ 2007 年佩雷斯（Pcrez de

---

① Horowitz R，Kolter M，Shufman E，et al.，"Confirmation of an excess of the high enzyme activity COMT val allele in heroin addicts in a family based haplo type relative risk study"，*Am J Med Genet*，96（2000），pp. 599－560.

② Gerra G，Garofano L，Santoro G，et al.，"Association between low-activity serotonin transporter genotype and heroin dependence: behavioral and personality correlates"，*Am J Med Genet B Neuropsychiatr Genet*，126（1），2004，pp. 37－42.

③ Xu K，Lichtermann D，Lipsky RH，et al.，"Association of specific haplotypes of D2 dopamine receptor gene with vulnerability to heroin dependence in 2 distinct populations"，*Arch Gen Psychiatry*.，61（6），2004，pp. 597－606.

④ Nielsen DA，Barral S，Proudnikov D，et al.，"TPH2 and TPH1: Association of Variants and Interactions with Heroin Addiction"，*Behav Genet*，38（2），2008，pp. 133－150.

los Cobos J）等针对西班牙人群的病例对照研究显示，DRD2 受体基因 TaqI A 多态性的基因型与海洛因依赖相关，而其单个等位基因则仅与男性患者有关。[①] 2008 年尼耳森等从白种人群体中抽取了 104 个已经重度海洛因成瘾的人和 101 个非成瘾人对照组，抽取他们的 DNA 以微阵列技术进行人类全基因组关联研究，识别出那些影响海洛因成瘾的基因。在等位基因频率上，位于 Unigene cluster Hs147755 的多态性位点 rs965972 和多态性位点 rs1986513 与海洛因依赖有较强相关性。而在基因型频率上，rs1714984、rs965972 和 rs1867898 多态性与海洛因依赖有较强相关性，基因型 AG-TT-GG 的个体易于成瘾，并且对成瘾人群中 27% 的个体成瘾起促发作用。基因型 GG-CT-GG 是成瘾的保护性基因因素，该基因型的个体不易成瘾，而缺乏该基因型对成瘾人群中 83% 的个体成瘾起促发作用。同时，证据表明，有 5 个基因对海洛因成瘾起作用，它们分别是编码 μ-阿片受体（OPRM1）、代谢型谷氨酸受体 6 亚型（mGluR6）、代谢型谷氨酸受体 8 亚型（mGluR8）、核受体第 4 亚家族，A 组，2 号（NR4A2）和生物钟基因隐花色素-1（cryptochrome 1）。[②]

关于基因在决定和影响吸毒成瘾的作用机制方面，学者也有进一步的研究。2005 年尼尔森等研究发现：遗传基因变异在一定程度上可能会影响人的个性及生理特征，比如冲动的性格、冒险的精神、压力的反应性等，同时在一定程度上对容易染上毒品并吸毒成瘾有着实质影响。受基因变异影响的个性及生理特征，可能分别影响着吸毒的不同阶段——开始吸食毒品、有规律地吸食毒品、吸毒成瘾及戒毒后毒瘾复发阶段。[③] 沃尔科夫（Nora D. Volkow）等学者 2004 年研究发现，吸食毒品会改变脑部神经元结构，从而破坏人的自我控制能力。席尔瓦（Silva A J）和扬·D（Young D）等学者发现，吸

---

① Perez de los Cobos J, Baiget M, Trujols J, et al., "Allelic and genotypic associations of DRD2 TaqI A polymorphism with heroin dependence in Spanish subjects: a case control study", *Behav Brain Funct*, 3（2007）, p. 25.

② D A Nielsen, F Ji, V Yuferov, A Ho, A Chen, O Levran, J Ott & M J Kreek, "Genotype patterns that contribute to increased risk for or protection from developing heroin addiction", *Molecular Psychiatry*, 13（2008）, pp. 417 – 428.

③ Mary Jeanne Kreek, David A Nielsen, Eduardo R Butelman & K Steven LaForge, "Genetic influences on impulsivity, risk taking, stress responsivity and vulnerability to drug abuse and addiction", *Nature Neuroscience*, 8（2005）, pp. 1450 – 1457.

食毒品会导致人脑中与学习记忆相关的脑区异常变化，通过作用于相应的受体引发一系列分子事件最终突触的可塑性，甚至导致神经元形态结构的改变，从而导致成瘾记忆的长期存在。

天津市强制隔离戒毒人员
调查分析[*]

为了解天津市强制隔离戒毒人员滥用毒品的有关情况及其人口学、行为学等方面特征，为强制隔离戒毒场所戒毒矫治工作提供依据，笔者于2011年3月以天津市青泊洼、板桥、女子强制隔离戒毒所收戒的743名强制隔离戒毒人员为研究对象开展了问卷调查，并对其中的52例强制隔离戒毒人员进行了个案访谈。

一　人口特征

1. 性别状况

男性611人，占总人数的82.23%；女性132人，占总人数的17.77%。

从性别构成来看，虽然男性在强制隔离戒毒人员中占八成以上，但是近年来女所的强制隔离戒毒人员逐年增多。另据笔者对T市禁毒干警的访谈调查，"冰女"即女性吸食冰毒等新型毒品者，最小的14岁，绝大多数是青少年。其普遍存在以淫养毒现象，通过卖淫获取高额毒资占女性吸毒

---

　*　本文为本书作者与陈岩合作完成，原载于《犯罪与改造研究》2011年第6期。

者的80%以上。女子强制隔离戒毒所女警官 ZXF 说，她所接触的几十个"冰女"，几乎个个卖淫，尤其是已感染艾滋病病毒的"冰女"的性乱及高比例的卖淫行为，成为艾滋病从吸毒人群向正常人群扩散的桥梁。

2. 年龄状况

天津市吸毒人员中35岁以下的青少年占61.45%。相对于海洛因吸食者而言，新型毒品滥用者的年龄结构更加年轻（见表1）。

表1 天津市强制隔离戒毒人员年龄分布

年龄（岁）	人数（人）	占总人数的比例（%）
50 以上	10	0.13
36—49	271	36.47
19—35	456	61.37
16—18	6	0.08

3. 文化程度

小学及以下182人，占总人数的24.5%；

初中405人，占总人数的54.5%；

高中（含中专）140人，占总人数的18.84%；

大专及以上16人，占总人数的2.16%。

调查结果显示，新型毒品滥用者的受教育水平略高于海洛因吸食者。其一，海洛因吸食者中仅具有初中及以下学历的人员比重达65%以上，比新型毒品滥用者高8.7%；其二，具有中专、大专、大学等较高文化程度的新型毒品滥用者所占比例高出海洛因吸食者3.5个百分点。

4. 省籍状况

天津籍587人，占总人数的79%；外省籍156人，占总人数的21%；

5. 少数民族状况

维吾尔族48人，彝族37人，其他少数民族21人。

6. 婚姻状况

55%的海洛因吸食者曾有婚史（包括已婚、离婚和丧偶），56.6%的新型毒品滥用者处于未婚阶段。

二 吸毒行为特征

1. 吸食毒品类型

68.64%的人使用海洛因等传统毒品，31.36%的人使用冰毒等新型毒品。

2. 戒毒次数

489人仅一次被公安强制戒毒或劳教戒毒，231人曾两次被公安强制戒毒或劳教戒毒，23人曾三次被公安强制戒毒或劳教戒毒。

3. 吸毒方法

虽然烫吸方法在两类吸毒人员中都被广泛地使用，但海洛因吸食者更多使用静脉注射方法，而新型毒品滥用者的吸毒方法更具多样性，如鼻吸、口服、溶解饮用等。由于新型毒品滥用者很少使用注射方法吸食毒品，因此其与他人共用注射器的发生率比海洛因吸食者低得多，因而与他人共用注射器而感染艾滋病的概率也相对低得多（见表2）。

表2　天津市强制隔离戒毒人员吸毒方法调查

单位：%

	新型毒品滥用者	海洛因吸食者
烫吸	68	70
鼻吸	33	1
香烟吸	5.7	4
口服	23	3
静脉注射	9	58
皮下注射	3	7
烟枪吸	4.5	0.6
溶解饮用	12	0.3

注：在对研究对象的问卷调查中此题为多项选择题。

4. 吸毒地点

虽然娱乐场所、私人住房和宾馆等构成了吸毒人员吸食毒品的主要地点，但是新型毒品滥用者和海洛因吸食者对吸毒地点选择的差异性也是显而易见的：前者以娱乐场所为主，后者以私人住房为主（见表3）。

表3　天津市强制隔离戒毒人员吸毒地点调查

单位：%

	首次吸毒地点		经常吸毒地点	
	新型毒品滥用者	海洛因吸食者	新型毒品滥用者	海洛因吸食者
娱乐场所	51	5	50	2
私人住房	32	69	34	83
宾馆	16	22	15.9	11
其他	1	4	0.1	4

5. 吸毒反应

调查发现，海洛因和新型毒品吸食者在吸毒后的反应具有差异性：前者感觉特别舒服和轻松的居多，而后者以兴奋/激动、性欲增强者所占比例较大（见表4）。

表4　天津市强制隔离戒毒人员吸毒后反应的调查

单位：%

	新型毒品滥用者	海洛因吸食者
兴奋/激动	56	19
性欲增强	37	8
很轻松	26	58
感觉特别舒服	24	68
感觉难受	19	4
没有特别反应	16	14

注：在对研究对象的问卷调查中此题为多项选择题。

6. 吸毒成瘾性

调查显示，海洛因吸食者的成瘾性明显高于新型毒品滥用者。76%的海洛因吸食者和12%的新型毒品滥用者承认自己在生理上有瘾，86%的海洛因吸食者和35%的新型毒品滥用者承认自己在心理上有瘾（见表5）。

表5   天津市强制隔离戒毒人员吸毒成瘾性的调查

单位：%

	生理成瘾性		心理成瘾性	
	新型毒品滥用者	海洛因吸食者	新型毒品滥用者	海洛因吸食者
有瘾	12	76	35	86
无瘾	84	22	60	13
说不清	4	2	5	1

7. 吸毒原因（见表6）

表6   天津市强制隔离戒毒人员吸毒原因调查

吸毒原因分类	占总人数的比例（%）
满足好奇心/追求时尚	67
同伴影响	61
空虚无聊	40
追求新奇刺激	35
缓解烦恼或抑郁情绪	32
环境和场所影响	25
沟通和交流感情	18
满足对药物的渴求感	8
被诱骗/胁迫	7
被冷落或歧视	6
其他	1

三　生存状况

1. 社会身份

在天津市强制隔离戒毒人员中，社会闲散人员占据了相当大的比重，个体工商户、私营企业主和娱乐场所等商业服务业员工所占比例也比较大。（见表7）。

表 7　天津市强制隔离戒毒人员的社会身份状况

单位：%

社会身份类型	新型毒品滥用者	海洛因吸食者
农民	0.86	0.75
工人	4.5	12.7
个体工商户/私营企业主	22.5	18
娱乐场所等商业服务业员工	12.5	13
专业技术人员	3.3	2.5
自由职业者	9	7
办事人员	1.8	2.5
学生	0.9	0.1
社会闲散人员	44.64	43.45

2. 伴有成瘾习性 （见表8）

表 8　天津市 52 例强制隔离戒毒人员成瘾习性汇总

成瘾习性	受访个案
蹦迪	24 例
赌博	17 例
打游戏机（包括电脑游戏）	6 例
其他（酗酒、乱性等）	5 例

3. 其他越轨行为

笔者在调研中发现，多数研究对象不仅吸毒，还有赌博、卖淫、打架、小偷小摸等其他越轨行为。诸多越轨行为有的发生在吸毒行为之前，有的交织在吸毒行为的过程中，有的在吸毒行为出现以后。调查结果显示，新型毒品滥用者和海洛因吸食者的越轨行为模式具有很大程度上的相似性，"打架""小偷小摸""借钱不还""撒谎骗钱""赌博""女性卖淫/坐台"等行为的发生率都比较高（见表9）。

表9　天津市强制隔离戒毒人员是否有过其他越轨行为调查

单位：%

	海洛因吸食者		新型毒品滥用者	
	没有	有	没有	有
打架	52	48	60	40
撒谎骗钱	68	32	80	20
借钱不还	70	30	79	21
小偷小摸	65	35	71	29
赌博	77	23	76	24
女性卖淫/坐台	69	31	61	39

注：在对研究对象的问卷调查中此题为多项选择题。

4. 朋友圈

众所周知，吸毒与人际网络和朋友交往之间的关系十分密切，许多青少年正是受他们所交往的"坏学生"或"不良分子"的影响尝试并沾染上毒瘾的。[1] 调查发现，大多数强制隔离戒毒人员表示，"我比较容易受朋友言谈举止的影响""我会模仿好朋友的言行""我会因朋友的评价而改变自己"等。与海洛因吸食者相比，滥用新型毒品者的朋友圈子规模更大，前者的朋友圈规模在2—3人，而后者的朋友圈规模在10人左右。另据笔者的个案访谈资料，与海洛因吸食者相比，滥用新型毒品者更倾向于相约一起吸毒，其聚会在一起吸毒的频率相对较高。这与新型毒品作为"俱乐部药物"（club drug）所具有的"群体性使用"和"娱乐性使用"特点有关。[2]

5. 家庭关系

笔者选择两大类八个变量（父母健在感情好，父母健在感情不好，父母离异、父母一方或双方去世；与父母关系很好，与父母关系比较好，与父母关系一般，与父母关系不好）测量天津市强制隔离戒毒人员的家庭关系与滥用毒品的相关性。结果显示，家庭关系各变量与强戒人员是否滥用毒品没有显著的影响效应。通过深入访谈，笔者发现，父母对于子女的养

---

① 夏国美、杨秀石等：《社会学视野下的新型毒品》，上海社会科学院出版社，2009，第108页。
② 王荣华：《上海社会报告书》，上海社会科学院出版社，2009，第561页。

育方式不当，如对子女过分溺爱、过于严厉、听之任之等对于吸毒人员走上吸毒道路的影响很大；其次，很多家庭父母一方或双方有酗酒、赌博等不良成瘾恶习，其子女受其负面影响较大（见表10）。

表 10　天津市强制隔离戒毒人员的家庭状况（个案汇总）

个案	吸食毒品类型	父母职业	家庭养育状况	父母的成瘾习性
1	海洛因	父母：工人	奶奶带大，家人溺爱	父亲酗酒
2	海洛因	母亲：美容院老板	父母离异，母亲带大	母亲爱跳舞
3	海洛因	父亲：公务员；母亲：律师	姥姥带大，父母管教严厉	
4	海洛因	幼时父母双亡	没人管，在社会上瞎混	
5	海洛因	父母：工人	父亲管教严厉	母亲嗜赌
6	海洛因	父亲：建筑业老板	父母离异，奶奶带大	
7	海洛因	父母：个体老板	父母管得松，溺爱	父亲嗜赌；母亲爱上网"偷菜"
8	海洛因	母亲：家政服务	父母分居，母亲带大	
9	海洛因	父母：无业	父母管得松	父亲酗酒；母亲爱跳舞
10	海洛因	父母：开饭店	父母管得松，溺爱	
11	海洛因	父母：工人（下岗）	母亲管教严厉	父亲吸毒（海洛因）
12	海洛因	父亲：已故；母亲：做服装生意	姥姥带大，溺爱	
13	海洛因	父母农民，到南方打工	奶奶带大，管得松	
14	海洛因	父母：干部	父亲管教严厉	
15	海洛因	父母：个体老板	家人溺爱	父亲嗜赌
16	海洛因	父母：工人	父亲管教严厉	
17	海洛因	母亲：已故；父亲：开饭馆	奶奶带大	父亲酗酒
18	海洛因	父母：工人	父母管得松	母亲嗜赌
19	海洛因	父母：在外地做买卖	姥姥带大，溺爱	
20	海洛因	父母：工人（下岗）；做小买卖	父亲管教严厉；母亲溺爱	
21	新型毒品	父亲：公务员	父母离异，奶奶带大	
22	新型毒品	父母：工人	父母管得松	
23	新型毒品	父母：个体老板	母亲比较溺爱	母亲嗜赌

个案	吸食毒品类型	父母职业	家庭养育状况	父母的成瘾习性
24	新型毒品	父母：无业	父母溺爱	
25	新型毒品	父母：文艺工作者	父母忙，管得松	父母吸毒（冰毒）
26	新型毒品	父母：工人（下岗），做服装生意	姥姥带大，溺爱	
27	新型毒品	父母：工人	父亲管教严厉	
28	新型毒品	父母：开饭店	父母管得松	父母嗜赌
29	新型毒品	父亲：在外地做生意	父母离异，奶奶带大，溺爱	
30	新型毒品	父亲：当官；母亲已故	姥姥带大，管得松	
31	新型毒品	母亲：开饭店	父母离异，姥姥带大	母亲嗜酒，交际广
32	新型毒品	父母：个体老板	父母忙，管得松	父亲嗜赌
33	新型毒品	父母：工人	父母管教严厉	
34	新型毒品	父母：工人（下岗）	奶奶带大，管得松	父亲酗酒；母亲嗜赌
35	新型毒品	父母：做服装生意	父母忙，管得松	
36	新型毒品	父亲：个体老板	父母离异，奶奶带大	
37	新型毒品	父母：工人	溺爱	父亲酗酒
38	新型毒品	父母：公务员	父母管教严厉	
39	新型毒品	父亲贩毒入狱；母亲改嫁	没人管，在社会上瞎混	
40	新型毒品	父母：工人（下岗）	父亲管教严厉；母亲溺爱	父亲嗜赌
41	新型毒品	父母：工人	溺爱	
42	新型毒品	父母：开饭店	父母忙，管得松	
43	新型毒品	父亲：开棋牌室；母亲：无业	父母分居，没人管，在社会上瞎混	母亲爱跳舞

四　小结与建议

总体上看，天津市强制隔离戒毒人员的构成呈现出男性多、35岁以下青少年多和社会闲散人员多的"三多"特点。调查显示，因为受到社会情境和社会文化环境的影响，多数人出现了自我认知偏差，认为自己低人一等，受到了社会的歧视。从个人层面来看，改善吸毒者的社会处境必须从矫正自我认知出发。矫正自我认知除了需要其自身的努力外，还需要在社会层面构建社会支持网络，鼓励其走出阴影，促使其积极投身社会生活之中。只有改善吸毒者的社会处境，才有可能预防其违法犯罪。首先，要坚持社会舆论的正确导向，尽最大努力消除对吸毒者的社会歧视、污名化等不利于其社会处境的消极因素。其次，要因人而异地对吸毒者给予物质性支持、情感性支持、信息性支持和同伴性支持等不同性质的社会支持。最后，应当把握社会支持的度。从研究对象的心理和行为特征可以看出，大部分吸毒者对于生活没有明确的打算，对于未来没有明确的希望，生活中走一步算一步，其生存的信心和动力明显不足。笔者认为，有效的社会支持必须把握一个度，不足和过度都不理想。不足则不能解决其生存的需要，过度则会造成依赖，使其丧失自救自助的动力。

天津女性滥用毒品调查分析[*]

根据调查显示，天津市男女吸毒比例为 3 : 1，也就是 4 个吸毒人员中就会有一位女性。^① 近年来，天津市女性吸毒者迅速攀升，且呈低龄化趋势。近几年的相关研究表明，某些女性吸毒者在吸毒之前就是隐性或潜在的精神病患者，其人格方面存在缺陷；女性吸毒者的人格缺陷主要表现为叛逆性、嬉戏性、冲动性、报复性、自控力差、精神空虚等。笔者通过对天津市 132 例女性吸毒者进行调查，发现其 SAS、SDS、SCL - 90 与中国常模比较，均高于中国常模均分（差异有显著性），并试图通过心理咨询帮助抑郁情绪戒毒康复者调整认知观念，消除抑郁情绪，取得了一定的疗效。

（一）132 例女性吸毒者的基本情况（见表 1）

表 1　天津 132 例女性吸毒者的基本情况

因素	人数（位）	百分比（%）
年龄（岁）		
< 18	86	6.06
18—25	48	36.36
26—35	70	53.03
> 35	6	4.54

---

* 本文原载于《犯罪与改造研究》2013 年第 3 期。
① 《津城"毒情"调查报告》，《每日新报》2004 年 6 月 26 日。

续表

因素	人数（位）	百分比（%）
文化程度		
初中及以下	76	57.58
高职及高中	54	40.91
大专及以上	2	1.52
婚姻状况		
未婚	59	44.70
已婚	42	31.82
离婚	31	23.48
职业		
有	53	40.15
无	79	59.85
户籍地		
本市	14	10.61
外地	118	89.39
合计	132	

1. 未婚者居多

目前国内绝大多数吸毒女性年龄偏低且未婚。据卫生部的一份专家调查报告，女性吸毒者平均年龄在22—27岁，比男性平均年龄小三四岁，高中以下文化的居多，一半以上的未婚。天津市的实际情况大体相似。她们面临着成家和生育的问题，对家庭和后代的危害可想而知。更令人担忧的是，女性吸毒者普遍存在"以淫养毒"现象，通过卖淫获取高额毒资，这一比例高达一半以上。由此产生的恶果是，吸毒女性特别是已感染艾滋病病毒女性的性乱及高比例的卖淫行为，使艾滋病病毒从吸毒人群向正常人群扩散。

2. 外来流动人口居多

与男性吸毒者以当地常住人口为主不同的是，女性吸毒者中外来流动人口约占九成。受社会资源匮乏、文化水平较低、社会经验不丰富的限制，外来妹在就业和社会活动中较之男性处于劣势，大多只能在洗头房、洗浴中心、练歌房等服务性行业打工。她们置身于灯红酒绿、纸醉金迷的娱乐服务行业，面对巨大的贫富落差，极易被"及时享乐""笑贫不笑娼"等颓废观念感染。加之，女性有虚荣心强等弱点，当她们对物质方面的要求超过其自身合理收入的范围时，或者是不能用合理的方式来满足自己对物质的欲望时，一旦经人诱惑或受朋友圈的影响，便会激起对吸食毒品的参与冲动。也就是说，女性吸毒正是自我控制弱化再加上外部诱因的产物。

3. 以无业人员为主

据司法部预防犯罪研究所"吸毒违法行为预防与矫治"课题组对 1200 名吸毒劳教人员（其中女性吸毒者 400 名）的调查，女性吸毒者中仅 19—35 岁的无业和待业人员的比例就高达 46%，高于平均比例数，也明显高于男性组的同项指标。吸毒女性的其他较高群体是个体户、打工者与公司职员，这三类人分别占被调查女性吸毒者比例的 18.75%、10%、8.5%。[①]

本调查中，无业的女性吸毒者约占六成。在有固定职业的人员中娱乐场所从业人员占多数。与辛苦打工相比，吸毒女在娱乐场所"陪嗨"，无疑是一种既轻松而又收入高的生计。这种与享乐主义相契合的拜金主义生活，为吸毒女性打造出一座可随意进行娱乐消费、充分自由地享乐和狂欢的海市蜃楼，它不断地激发女性吸毒者去满足物质享受、缓解身心压力、在虚幻中极度宣泄的享乐主义的欲求。这种实用主义金钱观、奢靡化消费取向和职业取向所产生的伦理问题和精神污染，成为吸毒女性难以在主流社会体系中自食其力的思想障碍，也是她们难以走出毒品世界的重要原因。

（二）132 例女性吸毒者的心理健康状况调查分析

女性吸毒行为的被动性特点十分明显，[②] 其中最主要的危险人物是吸毒女性的男朋友、丈夫、性伴侣等角色。特别是在女性初次接触新型毒品时，尽管她们大多会表现出某种程度的戒备心理，但在追随、顺从男性的传统意识影响下，她们多会被吸毒场所醉生梦死的氛围所诱惑，产生好奇想尝试的心理。在朋友"不上瘾"的劝说下，她们多会因为面子（从众依附）

---

① 郭建安、李荣文主编《吸毒违法行为的预防与矫治》，法律出版社，2000。
② 刘晖、刘霞：《女性吸毒特质诱因的社会学述评——以新型毒品为解释视角》，《学术界》2011 年第 6 期。

或冲动无知，从而走上盲从、被动吸毒直到最终成瘾的道路。据调查，女性被男朋友或丈夫忽悠吸毒的占四成左右。

个案：

晶晶（女，17岁），因为高考成绩不理想，没有考上大学。逛街时被"星探"大星（男，27岁，北京某文化传媒公司员工）发现，参加北京某职业模特培训班，而后成为模特。为报答大星的知遇之恩，加之他的甜言蜜语，晶晶和大星未婚同居，成为密友。19岁时，晶晶未婚生子（其父是大星）。在晶晶怀孕期间，大星曾因吸毒（冰毒）被警方拘留，后被释放。晶晶生子后四个月，将儿子留给父母照顾，自己又开始天南地北走台。大星为使晶晶长期为自己挣钱提供毒资，忽悠她说，"吸食冰毒既能够提神，又能够减肥，还不会上瘾"。晶晶信以为真，踏上吸毒这条不归路。

在被调查的吸毒女性中，第一次吸毒的原因主要有三种类型。第一种类型是好奇和被吸毒氛围所吸引。在我们的调查中，有56%的女性是出于好奇吸毒，近12%的女性是因为朋友劝说吸毒。第二种类型是精神空虚，寻求刺激。一些女性难以找到生活的发展方向，感觉不到自己的存在价值，陷入精神空虚和迷惘状态，从而走上吸毒道路。激烈的社会竞争、婚姻家庭矛盾也会使女性产生与精神空虚相同的情感，成为女性涉足吸毒的原因。还有一种类型是被诱骗。有的女性确实是因对毒品的危害和严重后果的无知而被误导、引诱，最终染上毒品。还有的女性在面对负性生活事件时因无力改变现实而产生苦闷和悲观绝望等不良情绪，为了释放和缓解心理压力，而尝试用吸毒来缓释内心的焦虑和抑郁情绪。例如，有的女性吸毒者染毒的原因是和屡劝不改的吸毒丈夫赌气，还有的是为加强或保持和吸毒伴侣的亲密关系等。

个案：

小旭（女，1976年出生，户籍地黑龙江省）自幼父母离异，在东北某矿山艺术职业高中（舞蹈专业）学习期间，与年长其7岁的大宋早恋，遭到其父粗暴干涉。后来，大宋参与群殴出了人命，小旭与大宋一起逃亡。1993年，大宋被判刑16年。十七岁的小旭只好跟随学姐来到天津，在夜总会伴舞时，认识了津南一干工程的老板小宋。小宋虽然是个有妻子孩子的"瘾君子"，但他对小旭情有独钟，小旭成为小宋包养的"二奶"。在与小宋同居的八年里，前四年小旭帮助他四处求医戒毒。后来为了给他做榜样，小旭以身试毒，也成了"瘾君子"。二人"鸳鸯吸"后因为钱紧常因生活琐事吵架。为报复小宋在KTV找"小姐"，小旭离开小宋，在某歌舞厅做台，"以淫养吸"。

本研究调查发现，132例女性戒毒人员SAS、SDS、SCL–90与中国常模比较，均高于中国常模均分，并且差异有显著性（见表2）。在SCL–90中，各因子有阳性症状的概率是100%，几乎每个人都存在一定的心理障碍，存在较明显心理问题的前3个因子是精神病性、强迫和抑郁。存在严重心理问题的概率是21.8%，前4个因子是抑郁、敌对、偏执和躯体化，抑郁因子是吸毒人员普遍存在且最严重的心理障碍。笔者认为，通过心理治疗可解除女性吸毒者的心理障碍，帮助她们打开"心结"，提高她们的社会适应能力和对事件的应对能力，帮助她们重塑自我，不断增强自立、自强意识。

表2　天津132例女性吸毒者心理健康状况与成人常模的比较

测评项目	女性吸毒者	成人常模	t
SDS	49.30 ± 11.06	41.88 ± 10.57	7.71
SAS	42.34 ± 9.05	33.80 ± 5.90	10.84
SCL–90	1.76 ± 0.40	1.44 ± 0.43	9.19
躯体化	1.73 ± 0.57	1.37 ± 0.48	7.26
强迫症状	2.02 ± 0.58	1.62 ± 0.58	7.92
人际关系	1.78 ± 0.48	1.65 ± 0.51	3.11
抑郁	1.99 ± 0.57	1.50 ± 0.59	9.88
焦虑	1.72 ± 0.63	1.39 ± 0.43	6.02
敌对	1.76 ± 0.79	1.48 ± 0.56	4.07
恐怖	1.38 ± 0.41	1.23 ± 0.41	4.20

续表

测评项目	女性吸毒者	成人常模	t
偏执	1.88 ± 0.68	1.43 ± 0.57	7.60
精神病性	1.57 ± 0.40	1.29 ± 0.42	8.04

（三）一例抑郁情绪女性戒毒康复者的心理咨询案例报告

1. 一般资料

（1）人口学资料

求助者：LL，女，40 岁，高中文化程度，未婚，无业，与父母同住。

（2）个人成长史

独生女，足月顺产，母亲身体健康，孕、产及哺乳期未服用特殊药物。上学后学习成绩一般，一直比较贪玩。上高二时因与班主任老师因琐事产生矛盾而转学。1990 年高中毕业没考大学。在深圳打工期间，因结识吸毒朋友开始吸毒，1993 年曾因吸毒被送到看守所，3 个月被释放。之后，曾先后在豪华游轮上做服务员，在深圳、广州、汕头等地酒店做公关。2001 年，因容留他人吸毒被判四个月。2009 年，因帮人拿货（毒品）被公安抓获，被送到女子劳教所强制隔离戒毒，2011 年 10 月强制隔离戒毒期满转社区康复戒毒。

（3）精神状态

求助者衣着整洁，精神萎靡，神情略显紧张。

（4）身体状态

求助者自幼身体健康，未患过重病，其他家庭成员无精神病遗传史和吸毒史。

（5）社会功能

强制隔离戒毒期满回家后近一个月来失眠，不愿与他人交往，基本能够进行日常生活。

（6）心理测验结果

EPQ 测试结果显示，E50；P75；N65；L40。提示求助者行为特点古怪；内外向介于内向和外向之间；情绪不稳定；倾向于朴实。

SDS 测试结果显示，SDS 标准分为 56 分，提示轻度抑郁症状。

2. 主诉和个人陈述

主诉：

求助者从强戒所出来后对能否自食其力，在生活中摆脱毒瘾没有信心。近一个月经常失眠，伴有抑郁情绪，在母亲的劝说下前来接受心理咨询。

个人陈述：

我折腾这么多年，自己岁数也大了，父母也老了。要不是我，父母不用年纪这么大还要辛辛苦苦地操劳。我恨我自己，我太不孝顺了。一日吸毒终生戒毒，您说这回出来我真的能戒得了吗？我也想找个适合自己的正经工作，这年头挣钱哪有容易的？我觉得活得没意思，近五个月经常失眠，做噩梦，半夜惊醒，全身没力气，什么都不想做。

3. 咨询师观察和他人反映

咨询师观察到该求助者无精打采，憔悴，倦怠；身材中等，消瘦，衣服整洁，说话谈吐清晰，无明显的生理缺陷；意识清楚，行为举止正常；表达能力、理解能力均较强，掩饰性不高，基本配合较好。

求助者母亲反映，LL 曾有吸毒、赌博等不良嗜好。从强戒所回家后心事重重，近一个月来沉默少言、孤独，睡眠差，常有头痛、全身酸痛感，对周围的事情反应淡漠。

4. 评估与诊断

（1）心理状态评估

求助者从强戒所回家后对在现实生活中摆脱毒瘾，自食其力没有信心，导致了近期情绪低落，并影响睡眠，主动寻求咨询师的帮助摆脱不良情绪的困扰。求助者是在客观存在的"事件"刺激下而主观上情绪紊乱，心理活动协调一致，且对症状及其产生的因果关系有很好的自知和理解并主动求治。因此求助者的情绪变化是主导症状，按照郭念锋正常与异常心理"三原则"判断，属于正常心理变化，可排除精神病性问题。

（2）诊断与诊断依据

诊断为一般心理问题（抑郁情绪）。诊断依据如下：

A. 有睡眠不好的症状，经进一步了解，排除器质性病变；

B. 有自知力，主动求医；

C. 心理、生理、社会功能受到影响，但不良情绪反应仍在相当程度的理智控制下，始终能保持行为不失常态，维持基本正常生活；

D. 病程在一个月左右；

E. 自始至终，不良情绪的引发仅仅局限于最初事件，没有泛化。

F. 心理测验结果提示，求助者有轻度的抑郁情绪症状。

（3）鉴别诊断

A. 与精神病相鉴别

精神病患者的特点是知情意不统一，没有自知力，一般也不主动就医，常常有幻觉、妄想、逻辑思维紊乱及行为异常等症状。该求助者的知情意协调一致，有自知力，主动求治，无逻辑思维混乱，无感知觉异常，无幻觉、妄想等精神病症状，因此可以排除精神病。

B. 与抑郁症相鉴别

该求助者存在明显的抑郁情绪，心境低落，兴趣缺失，意向下降，但皆因内心冲突引起，且程度不严重，也无自杀倾向等，未严重影响社会功能和逻辑思维，因此可以排除抑郁症。

C. 与抑郁性神经症相鉴别

求助者虽然存在抑郁、猜疑等症状，但持续时间短，内容未泛化，未严重影响社会功能和逻辑思维，且求助者的心理冲突带有明显的道德色彩，与神经症的心理冲突的变形不同，因此可以排除神经症。

5. 咨询目标

该求助者主要存在以下两个问题：一是对"一日吸毒终生戒，所以不如不戒"而产生错误认知；二是其错误认知导致了抑郁情绪和行为。结合主要问题，根据咨询目标有效性的七个要素（具体、可行、积极、双方可以接受、属于心理学性质、可以评估、多层次统一），与 LL 共同协商达成如下咨询目标：

（1）近期与具体目标：改变求助者错误的认知方式；缓解求助者的抑郁情绪。

（2）长远及终极目标：帮助求助者学会自我心理调控，重建正确的认知模式，增强自我调适能力和社会适应能力，最终达到促进其心理健康、人格完善的目标。

6. 咨询方案的制定

（1）主要咨询方法与原理

A. 方法的选择

求助者的心理问题主要是在社区戒毒康复期间产生强烈的自责、失落、悲观、抑郁情绪，其根源在于错误的认知与自动化思维，因此在咨询实践中选择了针对性较强的认知行为疗法，运用了产婆术式辩论、语义分析、行为矫正等技术。

B. 原理

认知行为疗法是一组通过改变不良认知，达到消除不良情绪和行为的短程的心理治疗方法。认知行为疗法强调家庭作业的作用，赋予求助者更多的责任，让他们在治疗之中和治疗之外都承担一种主动的角色，同时注意吸收各种认知和行为策略来达到改变的目的。

贝克与雷米的认知疗法（CT）是一种强调识别和改变消极想法与适应不良信念的领悟疗法。贝克认为，认知产生了情绪及行为，异常的认知产生了异常的情绪及行为。认知是情感和行为的中介，人们早期经验形成的"功能失调性假设"或称为图式，成为支配人们行为的准则，而不为人们所察觉，即存在于潜意识中。一旦这些图式为某种严峻的生活实践所激活，就会有大量的"负性自动想法"在脑中出现，即上升到意识界，进而导致情绪抑郁、焦虑和行为障碍。他的理论假设是：（1）通过内省可以触及人们的内部信息；（2）求助者的信念带有高度的个人意义；（3）这些意义可以被求助者发现而不是被咨询师所传授或解释。CT的基本理论认为，要想理解一个具体的情绪体验或困扰的实质，就必须关注个体对不良事件反应的认知内容或一系列想法，其目标是改变求助者的思维方式。为达到这一目标，咨询师首先通过求助者的自动化思维发现他们的核心图式，然后开始引进图式重组的观念，强调改变认知从而产生情感和行为方面的改变，意为通过改变求助者对己、对人、对事的看法与态度，以改善其所呈现的心理问题和行为问题。

本案例中求助者出现情绪困扰的实质正是源于其不正确的认知即图式，并因此产生了抑郁情绪和行为，缺乏有效解决问题的行为模式，与由社会因素和心理因素引发的问题行为互为因果、相互交错，加重了 LL 的负面感受，给她带来精神痛苦。咨询的重点在于运用认知行为疗法帮助求助者改变错误的思维方式。咨询师帮助求助者对自己看待问题的方式反思，学会检验自己的看法，认识负性自动想法，认识到自己不正确的观念和态度及思维方式，才是造成其再社会化出现问题的根本原因。通过心理咨询，努力改变求助者非理性的思维模式和生活态度，增强其自我控制力，使其自我认知更接近现实或实际，提高其社会适应能力。

（2）双方责任、权利和义务

A. 求助者的责任：向咨询师提供与心理问题有关的真实资料；积极主动地与咨询师一起探索解决问题的方法；完成双方商定的作业。

B. 求助者的权利：有权利了解咨询师的受训背景和执业资格；有权利了解咨询的具体方法、过程和原理；有权利选择或更换合适的咨询师；有权利提出转介或中止咨询；对咨询方案的内容有知情权、协商权和选择权。

C. 求助者的义务：遵守咨询机构的相关规定；尊重咨询师，遵守预约时间，如有特殊情况提前告知咨询师。

D. 咨询师的责任：遵守职业道德，遵守国家有关的法律法规；帮助求助者解决心理问题；严格遵守保密原则，并说明保密例外。

E. 咨询师的权利：有权利了解与求助者心理问题有关的个人资料；有权利选择合适的求助者；本着对求助者负责的态度，有权利提出转介或中止咨询。

F. 咨询师的义务：向求助者介绍自己的受训背景，出示营业执照和执业资格等相关证件；遵守咨询机构的有关规定；遵守和执行商定好的咨询方案中各方面的内容；尊重求助者，遵守预约时间，如有特殊情况提前告知求助者。

（3）咨询的时间与费用

时间：每周 1 次，每次 50 分钟，共 4 次。

费用：按照社区戒毒康复中心规定，免费服务。

7. 咨询过程

（1）咨询过程大致分三个阶段：

第一阶段：诊断评估与咨询关系建立阶段。了解求助者基本情况，确定主要问题，建立良好咨访关系。

第二阶段：心理帮助阶段。识别自动化思维，学会转换认知方式，重建正确认知，从而改善情绪，适应环境。

第三阶段：结束与巩固阶段。总结回顾以及对咨询效果的评估，结束咨询关系。

（2）具体咨询过程：

第一次咨询（第一阶段，2011 年 11 月 7 日）

A. 目标

收集资料，建立良好咨询关系，共同协商制定咨询方案和咨询目标。

B. 过程

其一，向求助者介绍心理咨询的性质、有关事项与规则。

其二，通过关注、共情理解等技术与求助者建立平等合作的咨访关系。通过摄入性会谈，了解求助者的基本情况。

其三，选择 EPQ、SDS 量表进行心理测验。

其四，综合各种临床资料，诊断求助者心理问题的性质。

其五，与求助者共同商定咨询方案和咨询目标。

其六，布置咨询作业。认真思考咨询会谈的内容，写下对吸毒、戒毒的看法和感受。

第二次咨询（第二阶段，2011 年 11 月 14 日）

A. 目标

确定问题、检验表层错误观念。确定问题，接触到求助者的认知过程及观念，通过对求助者的看法进行引导，使求助者自我审查和反省，识别自动化思维，使求助者认识到其不良情绪和行为的认知基础，并对这些体验重新加以评价，使求助者发现自己的认识过程的错误根源。

B. 过程

其一，通过反馈咨询作业，找出求助者关于吸毒、戒毒的看法中错误的认知。

其二，寻找证据论证这一认知的逻辑错误。

咨询摘要：

求助者：其实，吸毒没有太多很神的幻觉，至少我没有那种体验。溜冰（吸食冰毒）很容易打发时间而已，没事可做，只有靠溜冰来消磨时间。现在很多白领、老总、明星都溜冰、打 K。吸毒是高消费，穷人是吸不起的，所以吸毒是高档人的生活方式。

咨询师：高消费和高档人是不是一个概念？

求助者：在当今社会，能够高消费的人，才是高档人。

咨询师：有许多科学家、文学家等名人志士都不吸毒，而大部分吸毒人员都有过蹲监狱和进戒毒所的经历，请问，蹲监狱和进戒毒所也是高档人的享受吗？

求助者：我知道吸毒违法。

其三，通过反复"诘难"改变负性自动思维，放弃原有的错误认知，重建新的正确认知。

其四，布置咨询作业。日常活动安排表：每日晚为次日做计划，以小时为单位，次日对每项活动完成情况和情绪状况作出自我评定。

第三次咨询（第三阶段，2011 年 11 月 21 日）

A. 目标

①纠正核心错误观念，使求助者认识到错误认知导致其抑郁情绪。

②引导其探寻解决方案。

B. 过程

①评估咨询作业。

②语义分析技术。

咨询摘要：

咨询师：经过两次交谈，我对你情况有一个基本了解，我很理解你目前的心理处境，每一个与你类似经历的人都可能会与你有同样的感受。

求助者：刚出来，我妈看得紧，不让我出去玩儿，整天在家待着，太没意思了！我也知道应该下决心戒毒，但是有人招呼参加聚会，我也许会控制不住自己。一沾上毒品，人就没救了！一想起这事，我就郁闷。

咨询师：你怎么知道事物是永久存在，且不可改变的呢？

求助者：我以前也强戒过，在里面不吸了，回到社会上，没过多久又完了。难道这不足以说明问题吗？

咨询师：不，那只能说明这件事很难做到，你现在只不过还没能做到而已。但很难做到不等于不可能做到，除非你一直认为它不可能，并将这种想象的不可能变成了实际的不可能。

求助者：你说的有道理，让我考虑一下！

③了解平时最喜欢的业余爱好：打麻将、听音乐。建议每天的活动表中增加欣赏音乐的时间。

④布置咨询作业。增强活动性的家庭作业（帮亲戚卖服装），鼓励参加自己感兴趣的活动，每天欣赏音乐，放松愉悦自己；继续作日常活动安排表，写自我评定。

第四次咨询（第四阶段，2011 年 11 月 28 日）

A. 目标

①巩固咨询效果；②结束咨询。

B. 过程

其一，情况反馈：已开始在大胡同帮亲戚卖服装，按时完成作业。

其二，强化求助者的正确思维和积极行动。

其三，结合咨询目标和实施方案，与求助者做一次全面的总结，肯定其在咨询中的积极配合，使咨询顺利达到了预期的效果。

其四，指出继续努力的方向：积极行动，完善个性，学会有效的应对方式，增强社会适应能力。

其五，结束咨询。

8. 咨询效果评估

（1）自我评估

求助者情绪明显好转，睡眠也改善了不少，在生活中能够用理性的思维去为人处世。

（2）家人评估

求助者重新有了笑容，能够到大胡同帮忙卖服装，晚上回家后和家人一起看电视，也经常听音乐。

（3）咨询师评估

求助者情绪低落缓解，消极行为和想法基本消失，求助者在行为、认知和社会适应等方面已有明显的改进，工作和生活能力已基本恢复到正常水平。求助者学会纠正自己的负性想法，症状明显缓解。

（4）心理测验结果

SDS 标准分 50 分，已达到正常范围。提示求助者抑郁症状已缓解。

从求助者自我评估、家人评估及心理咨询师的评估和心理测验结果来看，本案例咨询效果良好，咨询目标已基本完成。

9. 咨询小结

认知行为疗法主要通过理性分析和逻辑思辨寻找并转变求助者所持有的非理性观念，并通过观念的转变解决情绪和行为上的问题。由于这种方法不过多地关注求助者的以往经验，着重探讨现在的不合理信念，因而比较适合短程的心理咨询，并且效果显著。本案例中，咨询师与求助者建立了良好的咨访关系，在咨询中得到求助者很好的配合，求助者自我的领悟能力也是咨询取得良好成效的重要基础，此案例中的长远目标有待在追踪回访中进一步完善。

笔者在上述个案咨询实践中，具体运用 ABC 理论将 LL 的不合理信念归纳为三大类：其一，对自己的不合理的要求。比如，LL 经过 TY 酒吧（以前吸毒的地方）时会出现条件反射，有一种想吸毒的冲动，便认为心瘾是无法控制的，情绪沮丧，不愿意出门，产生了"一日吸毒终生戒，所以不如不戒"错误认知。其二，对他人的不合理要求。比如，政府应当帮助我找适合自己的工作，他人要以我希望的方式对待我。一旦发现别人的言行不如自己所愿，就产生悲观厌世的消极情绪。其三，对周围环境及事物的不合理要求。LL 的不合理要求都有绝对化及过分概括化的特点，在言语表达上多用"必须""应该"等字眼。她只希望环境适合自己，自己却不能适应社会。此个案主要运用认知行为疗法帮助求助者调整认知观念，消除抑郁情绪，取得了较好效果。笔者认为，在社区戒毒康复实践中可以运用认知行为疗法使戒毒人员学会认识自己的情绪，通过改变认知方式控制不良情绪是保证他们保持操守的重要环节，使戒毒人员将自己导致不良情绪事件发生后的内化性语言写出来，如有不合理的观点，尝试加以纠正，以消除导致不良行为的负性情绪。

在社区戒毒康复实践中，心理咨询师在运用认知行为疗法进行个案心理咨询时要扮演诊断者和教育者的双重角色。心理咨询师要鼓励戒毒人员发现基本的导致其吸毒和复吸的错误认知，使其认识到自己的不合理认知是导致其不良情绪和行为的根源所在；鉴于戒毒人员常常因为复吸而自暴自弃，要帮助他们理解自我责备过程中的恶性循环，帮助他们改变不合理认知；帮助戒毒人员建立一种理性人生哲学，避免成为不合理认知的牺牲品。

Ⅴ 社区矫正研究

当前我国社区矫正研究的若干热点问题[*]

我国从 2003 年开始社区矫正试点，2005 年扩大试点，2009 年在全国全面推行。近十几年来，我国社区矫正研究备受学界关注。阮重骏、单勇通过对 2002—2014 年 CNKI 数据库检索到的 1831 篇"社区矫正"论文的历年发文情况进行统计分析发现，发表论文 10 篇以上的学者有吴宗宪、刘强、武玉红、连春亮、张凯。[①] 吴宗宪和刘强是我国社区矫正领域研究中两位公认的重量级学术人员。刘行星将其称之为"北吴南刘"。吴宗宪曾出版《非监禁刑研究》（中国人民公安大学出版社 2003 年版）、《社区矫正通论》（法律出版社 2004 年版）、《社区矫正导论》（中国人民大学出版社 2011 年版）、社区矫正比较研究（中国人民大学出版社 2011 年版）、《社区矫正法（专家建议稿）》（副主编之一，中国法制出版社 2013 年版），其发表的《社区矫正的问题与前景》（《法治论丛》2007.01）、《社会力量参与社区矫正的若干理论问题探讨》（《法学评论》2008.03）、《论社区矫正立法与刑法修正案》（《中国司法》2009.03）等论文曾被高频转引。刘强与姜爱东合作主编《社区矫正评

---

* 本文原载于《犯罪与改造研究》2015 年第 10 期。

① 阮重骏、单勇：《基于文献计量的社区矫正研究整理》，载《首届海峡两岸社区矫正论坛论文集》，2015。

论（1—4 卷）》（中国人民公安大学出版社 2011—2014 年版），出版《美国社区矫正的理论与实务》（中国人民公安大学出版社 2003 年版）、《各国（地区）社区矫正法规选编及评价》（中国人民公安大学出版社 2004 年版）、《社区矫正制度研究》（法律出版社 2007 年版）、《美国社区矫正演变史研究：以犯罪刑罚控制为视角》（法律出版社 2009 年版）、《社区矫正组织管理模式比较研究》（中国法制出版社 2010 年版），其发表的《社区矫正的定位及社区矫正工作者的基本素质要求》（《法治论丛》2003.02）、《我国社区矫正试点中的管理体制弊大于利》（《法学》2005.09）等论文曾被高频转引。

为推进社区矫正的理论与实务部门的互动交流，推动我国社区矫正立法的科学化和制度化，2015 年 4—7 月北京召开如下四个有关社区矫正的重要会议：4 月 14 日，国务院法制办邀请吴宗宪、王平等 7 位在京专家学者及中央有关部门的官员，在北京全国人大会议中心举行了社区矫正立法专家咨询会。5 月 23 日，首届海峡两岸社区矫正论坛在北京工业大学举行，来自北京大学、北京师范大学、中国政法大学、司法部预防犯罪研究所、北京工业大学、天津社会科学院、华东政法大学、浙江工业大学、台北大学、台湾大学等科研机构的学者以及两岸社区矫正实务界人士 130 余人到会参加研讨。6 月 6 日，中国社区矫正信息技术研究院成立大会暨首届社区矫正信息化建设高峰论坛在京举行，中国行为法学会名誉会长刘家琛、中国行为法学会副会长李文燕、中国行为法学会越轨预防与矫治研究会常务副会长姜爱东、中国行为法学会越轨预防与矫治研究会副会长毕景姣等 100 多名专家学者出席了会议。7 月 10 日最高人民法院、最高人民检察院、公安部、司法部在京联合召开全国社区矫正教育管理工作会议。综观上述重要会议的议题和发言，当前社区矫正研究主要集中在以下几个热点问题：

一　关于社区矫正的属性与功能定位

关于社区矫正的法律属性，国内学术界和法律界比较主流的观点是将其看作与监禁矫正相对应的一种刑罚执行方式，即行刑方式。刘强教授认为，社区矫正首先是一项刑事执法活动，是对犯罪性质比较轻微或社会危害性较小的罪犯在社区执行刑罚活动，强调刑事的惩罚性及司法或准司法性质。[1] 有学者指出，社区矫正不属于刑罚执行方式，不宜纳入刑罚体系，它应当是现有刑罚执行制度以外的一种全新的犯罪预防模式。社区矫正应当是由社区自动发起的，并由志愿者自愿参与的类似公益性的活动。[2] 还有学者指出，社区矫正是以"公共利益"为核心的公共管理活动，其重心不在于行刑，而在于社会犯罪风险的管理和控制。[3] 社区矫正与监禁矫正一样，本质上属于刑罚执行活动。与监狱采取监禁刑罚执行方式不同，社区矫正是把符合法定条件的罪犯放在社会上进行监督管理和教育改造。这一非监禁刑罚执行方式，是社区矫正的显著特征，应当综合运用社会学、心理学、教育学、法学等专业知识科学矫正社区服刑人员，为其顺利回归社会创造条件。笔者认为，社区矫正有两大宗旨：一是惩罚犯罪和保护社会；二是帮助犯罪人回归社会。因而，社区矫正具有双重属性：其一是刑罚执行方式；其二是社区矫治与社会工作。

社区矫正最为重要的一项功能就是替代监禁刑；而社区矫正替代监禁刑效果不佳是一个世界性难题。从全球范围来看，近几十年来许多国家社区矫正人数已经超过了监狱人口，但是各国监狱人口的数量也不断增加，社区矫正作为监禁刑替代措施的功能并没有得到很好的发挥。[4] 强调社区矫正的刑罚执行功能是我国理论和实务界的主流观点。有学者指出，在我国当前的司法实践中，存在着过分强调社区矫正的恢复性与教育性功能、忽视其所具有的刑罚惩罚性功能的倾向。在对待社区矫正的惩罚性和恢复性这个双重功能的问题上，不能有所偏颇，应当在肯定社区矫正恢复性功能

---

① 刘强：《社区矫正的定位及社区矫正工作者的基本素质要求》，《法治论丛》2003 年第 2 期。
② 李卓谦：《社区矫正的法律属性——对社区矫正行刑观的理性思考》，《河北学刊》2013 年第 4 期。
③ 连春亮：《社区矫正契约化论纲》，载《首届海峡两岸社区矫正论坛论文集》，2015，第 200 页。
④ 王辉：《我国社区矫正的监禁刑替代功能探讨》，载《首届海峡两岸社区矫正论坛论文集》，2015，第 131 页。

给罪犯提供回归社会的优势的同时,重视社区矫正的刑事执行的惩罚性功能。① 而台湾学者周愫娴认为,如同火车需要双轨并行一般,社区矫正只有兼具惩罚、社会防卫功能和社会复归功能,才能维持平衡;除了社区服务和社区监督等社会防卫机制外,还需要同步解决犯罪人在社区中的就业、就养(特别针对失亲、失能和年老体弱的社区服刑人员提供社会福利措施)、就医(特别针对精神疾患和吸毒酗酒等提供福利医疗)三大核心问题,通过赋权给社区服刑人员,才能提升其回归社会的能力。笔者赞同周愫娴对社区矫正功能定位的观点,并将其上述观点概括为"社区矫正功能双轨论"。

二　关于社区矫正的评估研究

建立科学的社区矫正评估体系,是我国社区矫正必须解决的基础性问题。② 当前,随着我国社区矫正工作的全面展开,有关单位和科研机构先后研发了一些评估指标体系和测评量表,各地也在积极地探索社区矫正风险评估。比较有代表性的是:北京市司法局与首都师范大学政法学院社会工作系范燕宁教授合作研发的《北京市社区服刑人员综合状态评估指标体系》;上海市司法局与上海政法学院社区矫正研究中心刘强教授合作研发的《社区矫正服刑人员风险测评表》;江苏司法厅研发的《江苏省社区矫正风险评估系统》;浙江余杭区司法局与浙江警官职业学院孔一教授合作研发的《社区矫正人员风险评估软件系统》;天津社会科学院法学研究所与市社区矫正中心合作设计的《天津市社区服刑人员风险评估测评量表(试行)》等。刚刚成立的中国社区矫正信息技术研究院将通过对社区矫正大数据的深入挖掘,建立精确的风险评估模型,并将"互联网+"国家战略与社区矫正相结合,将社区矫正信息化推向一个新的台阶。

社区矫正不仅是惩罚性的刑罚执行活动,又涉及帮扶性的社会福利,

---

① 张德军、邢占军:《恢复与惩罚:社区矫正功能的双重定位及实现路径》,《理论学刊》2013 年第 12 期。

② 狄小华:《社区矫正评估研究》,《政法学刊》2007 年第 6 期。

这些特点决定了刑法学、犯罪学、社会学和心理学研究者密切关注社区矫正风险评估领域。近年来，我国学者更多地运用经验研究方法开展社区服刑人员风险评估研究，为防控其重新犯罪提供更全面的依据。冯卫国、王超选取了美国、加拿大、英国、日本、中国等国家和地区的 30 个社区矫正风险评估问卷，通过社会网络分析软件 UCINET6.212 对社区矫正风险评估因素的网络结构进行分析，对比各评估问卷的网络密度，并将各量表所列因素逐项编码汇总后列入 SPSS17.0 统计分析软件，采用个案汇总、描述统计、频率统计、t 检验、F 检验、多重比较和聚类分析等方法构建评估因素关系模型，探究中外风险评估因素差异。该研究发现，在犯罪人基本情况、家庭居住情况和精神心理状况三个维度上，中国大陆和港台地区与外国的评估因素数目存在显著差异；在犯罪人基本情况和犯罪情况两个维度上，社区矫正人员与罪犯存在显著差异；在其他维度上未见显著差异。我国评估因素选取需科学和理性设计，并进行动态评估。[1] 李光勇运用美国爱荷华州社区矫正人员重新犯罪风险评估表课题组，于 2012 年 10—12 月对上海市 3 个区 8 个街道中的社区服刑人员进行问卷调查（课题组共发放问卷 380 份，收回问卷 380 份，其中有效问卷 356 份，有效回收率为 93.7%，在此基础上使用统计软件 SPSS18.0 进行分析）。调研结果显示，接近八成的社区服刑人员无重新犯罪风险，处于正常管理状态；接近两成的社区矫正人员风险很小；仅有 2.8% 的人有中度的重新犯罪风险。该研究对人口统计学特征、社会行为特征与社会态度特征不同的社区服刑人员之间重新犯罪风险差异进行检验分析，根据结果提出以下对策建议：预防社区矫正人员重新犯罪应重点关注存在重犯风险的社区矫正人员；解决各种生活困难；开展专业家庭辅导；培育社区社会资本；破除法律制度障碍等。[2] 刘邦惠等基于遗传算法（GA）和神经网络（BP）相结合设计了社区服刑人员危险性评估模型，并基于云计算模式构建了社区服刑人员危险性评估与矫正云平台。目前，刘邦惠教授的科研团队正在北京市朝阳区司法局的支持下，采集了

---

① 冯卫国、王超：《中外社区矫正风险评估因素结构差异研究》，《法学杂志》2014 年第 7 期。
② 李光勇：《社区矫正人员重新犯罪风险评估与预防——基于上海市三个区的问卷调查》，《中国人民公安大学学报》（社会科学版）2013 年第 5 期。

40 个司法所 450 名社区服刑人员的研究样本进行试验，并进一步修正模型。

相关研究表明，由于我国对于非监禁刑的严格把握，导致社区服刑人员群体差异性不大，其共性主要表现在以下几个方面：其一，主要是初犯，无前科；其二，在当地有固定住所，没有太大的经济压力；其三，案发后能够认罪悔罪，赔偿被害人，并自愿参与社区矫正；其四，无酗酒、吸毒、赌博等不良嗜好。另外，据官方统计，近年来我国社区服刑人员再犯率在0.2% 左右。[①] 由于我国能够进入社区矫正的"门槛"高，其极低的犯罪率也说明社区服刑人员的社会危险性并不高，因此将原本很低的危险性评估出来，较英美国家具有更大的难度。[②]

三 关于"中国特色"的社区矫正及其主要模式

司法部部长吴爱英曾刊发《坚持和完善中国特色社区矫正制度》（《求是》2012.17）一文，社区矫正是我国刑罚执行制度的重要内容，是中国特色社会主义司法制度的有机组成部分，要坚持党的领导，坚持从中国国情出发，坚持服从服务大局，始终坚持社区矫正工作的正确政治方向。孔一认为，枫桥经验作为符合社区矫正精神的本土化犯罪防控模式，人民调解作为维护社区服刑人员稳定服刑的重要手段，党的群众路线作为实施社区矫正的根本保证，加之新中国成立之初的"社区矫正"本土实践，是中国特色社区矫正形成的主要依据；中国特色社区矫正体现了中国特色社会主义的本质要求，改革开放和社会主义现代化建设的时代要求，中国国情的基本要求，"宽严相济"刑事政策的根本要求。[③] 在社区矫正的本土化探索中，我国各地的社区矫正实践各具特色。

---

① 司法部社区矫正局：《健全社区矫正法律制度完善中国特色刑罚执行制度——司法部召开健全社区矫正法律制度研讨会综述》，《中国司法》2013 年第 10 期。
② 美国每年约有 65 万监禁犯被假释后接受社区矫正，其中 67.5% 在 3 年内再次被捕，51.8% 再次入狱。美国有大量危险性相对较高的社区服刑人员，这些人在经验研究中能够提供充分的对照样本，有利于开发科学的社区矫正评估工具。
③ 孔一：《中国特色社区矫正形成的意义与根据》，载《首届海峡两岸社区矫正论坛论文集》，2015，第 321 页。

北京主要通过政府主导、集中调配资源、设定岗位等方式推进社区矫正。2003 年 7 月，市监狱局和市劳教局首批抽调 31 名监狱干警到试点区县参与社区矫正工作，并从两局抽调一名副局级领导担任市矫正办常务副主任，抽调一名正处级领导担任市司法局社区矫正工作处处长，抽调 9 名后备干部到市矫正办工作，由此确定了北京社区矫正管理机制中监狱系统的领导地位。北京市司法局下设社区矫正与帮教安置处，具体社区矫正工作由各区（县）司法局和街道（乡、镇）司法所承担，以司法所干部和抽调的监狱警察为主。目前，全市 313 个司法所，每所至少有 1 名抽调干警（社区服刑人员较多的司法所配备 2 名干警），监狱干警是北京从事社区矫正工作的专业矫正力量。各区县还成立了阳光社区矫正服务中心，其虽在名义上是民间组织，实则是由政府组建的管理机构，不仅经费由财政专款保证，且矫正社工也由政府出面聘请。为了有效地整合和拓展社区矫正服务中心的职能，2007—2011 年，北京市 16 个区县"阳光中途之家"全面投入运行（总建筑面积达 15000 多平方米），由市县司法局负责建设和管理运行，工作人员属事业编制，其主要功能是对社区服刑人员进行集中初始教育和培训、组织参加公益劳动、聘用专业心理咨询师开展心理矫治工作，以及对"三无人员"的临时性安置救助等。招聘"40、50"协管员是北京社会力量参与社区矫正的重要特色。北京的主要做法是依托社区公益性就业组织，从街道 40—50 岁失业一年以上的下岗职工中，通过笔试或面试，招聘具有一定文化程度和工作责任心，能胜任社区矫正工作岗位的人员担任协管员，协管员任职期间由司法行政机关为其支付劳动报酬。从维护首都稳定理念出发，强调社区矫正是"刑罚执行活动"，严格规范化管理，监狱干警全程参与，"40、50"协管员作为民间辅助力量，以及具有集中培训特色的"阳光中途之家"等，构成了北京矫正模式的基本特色。① 可见，北京市采取的是司法行政机关直接管理的模式。

在上海，在市委政法委的牵头下，成立了一个副厅级的社区矫正专门机构——社区矫正办公室，该办公室下设矫正处、联络处和综合处，其经

---

① 张荆：《北京社区矫正模式特色与问题点分析》，《中国人民公安大学学报》（社会科学版）2013 年第 3 期。

费由财政全额保障。2004年2月，按照"政府主导推动、社团自主运行、社会多方参与"的思路，上海市组建了具有民办非企业性质社团组织的"新航社区服务总站"（以下简称"新航"），这标志着由政府购买社团服务、社团自主运行进行社区矫正的工作模式全面展开。"上海模式"的社区矫正工作是通过政府出钱购买民办非营利社团的服务得以实现的，政府的职责就是对社团及其社工作进行指导、考核、评估。社团负责和社工签订合同、核算报酬。矫正社工依托该新航总站开展工作，社工的聘用、培训、管理均交其负责，仅在业务上接受司法行政部门指导，且政府通过购买社团服务与"新航"发生联系。与北京不同，上海则很少有监狱干警参与社区矫正，主要为社会工作者全程参与。可见，北京模式和上海模式分别侧重于政府管理和社团管理。"上海模式"与"北京模式"的本质区别在于矫正与监管孰先孰后。前者通过政府购买社工的服务企图运用社工的接纳、尊重等理念帮助矫正人员恢复正常的生活；而后者则借助行政监管的力量，通过监督、管理实现稳定社会秩序及矫正的再社会化。①

此外，天津、浙江等省市的社区矫正队伍建设也独具特色。2008年8月18日，原天津司法警官学校教工整体转制成立天津市社区矫正中心（事业编制），中心工作人员由原天津市司法警官学校教职员工组成，协助推动、督办落实天津各区县社区矫正工作的深入开展。2011年，市司法局设立社区矫正和安置帮教工作管理处。天津市各区县司法局先后建成社区矫正工作管理科，和平区等4个区县建成社区矫正管理中心，各司法所具体负责对社区服刑人员的管理监督、教育矫正和帮困扶助。2012年海宁市在浙江省建立了首个社区矫正监管（执法）大队。而后嘉兴市7个县司法局全部成立了社区矫正执法大队。2014年3月，桐乡市司法局成立社区矫正执法大队。目前浙江省已有近20个县（市、区）司法局经编制机构批准成立了社区矫正执法大队。社区矫正执法大队与市司法局社区矫正科合署办公，主要履行执行社区矫正刑罚，落实社区矫正工作相关法律法规，实施社区矫正人员接收前的社会调查评估，对社区矫正人员实施监督管理和教育矫

---

① 靳利飞：《我国社区矫正模式比较研究及思考》，《四川警察学院学报》2009年第2期。

正，协调公、检、法机关处理社区矫正人员违法违规问题，组织有劳动能力的社区矫正人员参加社区服务等职能。①

笔者认为，社区矫正的"中国特色"主要在于自上而下的政府强力推动。总体而言，社区矫正的四大社会基础——市民社会发育、公民司法参与、社会宽容心理、社区发展建设在我国都不完备，极大地阻碍了我国社区矫正制度的运行和发展。② 冯卫国、王超采用社会网络分析方法研究我国社区矫正的管控网络结构，研究发现，社区位于管控网络结构边缘，社区民众距网络中心较远；社区服刑人员的家庭中心性地位也不明显，有被边缘化的倾向。③ 中国社区矫正的发展与完善，有赖于中国市民社会的发展与完善，应当注重培植社区矫正的社会基础，充分调动社会力量参与社区矫正。

四 关于社区矫正立法

《刑法修正案（八）》将社区矫正正式写入刑法，标志着我国社区矫正法律制度的确立，为改革完善我国刑罚执行制度奠定了重要基础。党的十八届四中全会通过的《中共中央关于全面推进依法治国若干重大问题的决定》中"加强重点领域立法"部分提出"制定社区矫正法"。社区矫正法已经列入 2015 年国务院的一档立法计划。对社区矫正法的立法时机是否成熟，"北吴南刘"的看法不一：吴宗宪作为主要负责人之一参与了北京师范大学刑事法律科学研究院起草《社区矫正法（专家建议稿）》的工作，该成果已出版，并获得"2013 年中国十大影响力法学理论研究成果"。他预计 2015 年内由国务院向全国人大提交《社区矫正法（草案）》，2016 年由全国人大常委会通过《社区矫正法》。④ 而刘强认为，社区矫正法的立法时机还不完

---

① 陈岚：《社区矫正执法"浙江模式"赢来部长批示》，《浙江法制报》2013 年 11 月 26 日。
② 林乐鸣：《恢复性司法视角下中国社区矫正之社会基础的缺失》，载《首届海峡两岸社区矫正论坛论文集》，2015，第 137 页。
③ 冯卫国、王超：《中国社区矫正的管控网络研究——基于社会网络分析视角的全国及 4 省市比较》，载《首届海峡两岸社区矫正论坛论文集》，2015，第 218 页。
④ 吴宗宪：《中国大陆社区矫正法的立法进展与官民互动》，载《首届海峡两岸社区矫正论坛论文集》，2015，第 31 页。

全成熟，当前比制定社区矫正法更为紧迫的任务是修改《刑法》《刑事诉讼法》中有关社区刑罚方法和措施、执法主体以及执行程序的规定。翟中东也曾指出，"无论从全国看，还是从各地看，社区矫正的实践都是刚开始，经验谈不上丰富，理论说不到成熟，因此，归纳、建构全国性的基本经验还为时尚早。在缺乏全国性的基本经验支持的情况下，制定全国性的基本社区矫正制度——《社区矫正法》恐怕是巧妇难为无米之炊"。①

为我国社区矫正立法建言献策，是当前理论界和实务界热议的话题。被剥夺政治权利的犯罪人是否应该适用社区矫正，是争议的焦点问题之一。刘行星、田相夏等主张被剥夺政治权利的罪犯应当纳入社区矫正的适用范围。何显兵等针对管制刑在司法实践中处于被边缘化的尴尬境地，建议将其改造为社区保安处分。② 王平建议，制定《社区矫正法》应当坚持的原则是，注重各种利益的平衡，既重视对社区服刑人员的监督管理，又充分尊重和保障社区服刑人员的权利。③ 戴艳玲建议，在条件成熟时对《刑法》做进一步修改，将"前科部分报告"的适用范围扩大到社区服刑人员，但危安犯、暴力犯、强奸犯除外；通过《就业促进法》的修改，加强对社区服刑人员就业权的法律保障；在正在制定的《社区矫正法》中规定促进并保护社区服刑人员就业的基本原则、政府责任和主要支持方式、社会力量的参与方式等。④

笔者认为，尽早出台社区矫正的专门及配套法律法规势在必行。但是在这几年内立法部门对理论和实践中出现的诸多争议做出权威回应并非易事，在充分的立法调研的基础上制定《社区矫正法》方为上策。

---

① 翟中东：《中国社区矫正立法模式的选择》，《河北法学》2012 年第 4 期。
② 何显兵、张敏：《管制刑的困境与出路》，载《首届海峡两岸社区矫正论坛论文集》，2015，第 73 页。
③ 王平：《社区矫正的理想与现实》，载《首届海峡两岸社区矫正论坛论文集》，2015，第 50 页。
④ 戴艳玲：《社区矫正帮困扶助的基本实践及其发展》，载《首届海峡两岸社区矫正论坛论文集》，2015，第 397 页。

论被害人学视角中的社区矫正[*]

20 世纪后期，社区矫正在国际社会中的发展，与恢复性司法的兴起有密切的关系。^① 有学者提出，恢复性司法在我国的试行是以社区矫治和社区服务制度的试点为标志的。^② 但是，我国目前试行的社区矫正是以社区矫正对象（犯罪人）为中心或本位的，对被害人的权益保护和被害人在社区矫正工作中的参与性，普遍存在疏忽的现象。社区矫正试点工作只具有恢复性司法的部分功能，并没有把应当处于核心地位的被害人保护纳入体系之中。^③ 由于在起诉、审判阶段缺少一个被害人与加害人沟通对话的平台，加害人对于被害人的敌对情绪难以消弭，被害人在社区矫正中的参与性得不到保证，其在物质与精神上也未得到补偿。笔者认为，从被害人学视角出发，社区矫正应当引入恢复性司法的理念，关注被害人与加害人之间关系的修复。

被害人在社区矫正中应当享有的基本权利主要有以下三个方面：一是要求对加害人的公平处理权。加害人应当承担对犯罪的责任，被害人有权

---

* 本文原载于《犯罪与改造研究》2007 年第 11 期。

① 从已有文献对恢复性司法的论述来看，恢复性司法的核心理念就是强调通过会议协商的方式，使被害人与加害人以更加公正、更加满意的方式解决犯罪造成的后果。

② 吴丹红：《实现正义的另一种进路——恢复性司法初探》，载《诉讼法论丛》（第 9 卷），法律出版社，2004，第 45 页。

③ 宋燕敏：《恢复性司法实践与理念及其对我国刑事诉讼制度的借鉴》，转引自王平《恢复法论坛》（2006 年卷），群众出版社，2005，第 65 页。

对犯罪行为予以谴责，要求司法机关对加害人依法进行制裁。二是不受进一步伤害权。再次被害是一个敏感的问题。被害人在很多场合都有可能遭受再次被害。为了减轻被害人在社区矫正中再次被害的发生可能性和程度，应当允许被害人自己决定是否参与恢复性司法活动，允许被害人自己选择参与恢复性司法活动的方式。如果被害人决定参与恢复性司法活动，他既可以直接与加害人会面，也可以采取不与加害人会面的间接调解方式；可以参加有加害人的家庭成员参与的小组协商会议，也可以不参加这种小组会议而单独与加害人本人会面协商。三是获得赔偿权。被害人受害之后，往往在机体和精神上都受到很大损害，在财产上也会遭到很大的损失。加害人应当对其给被害人造成的经济损失承担责任。如果没有赔偿，被害人因犯罪行为而遭受的经济损失就得不到补偿。被害人遭受的经济损失包括很多方面，例如，医学治疗或者精神健康治疗的费用，财产损失或损害，性侵害检查，HIV 检测，参与司法过程的费用，丧葬费用等。① 获得赔偿权应当成为被害人的一项"核心"权利，它对于被害人在遭受犯罪行为侵害之后重建生活具有重要的作用。

为了保障被害人的基本权利，在我国的社区矫正试点工作中，应当充分发挥社区调委会的作用，从以下三个方面修复被害人与加害人之间的关系：一是引入被害后果陈述。被害后果陈述（victim impact statement，VIS）最早由美国首席缓刑官詹姆斯·罗兰（James Rowland）于 1976 年在加利福尼亚州弗雷斯诺县（Fresno County）使用。他认为，被害人可以在量刑前向法庭提供有价值的信息，使刑事司法系统了解犯罪行为对被害人及其家庭成员所造成的身心伤害和经济上的损失。被害后果陈述就是被害人对犯罪行为怎样影响自己及其周围人的生活的描述。被害后果陈述可以由被害人口头陈述，也可以书面陈述，还可以通过音像媒介陈述。它通常被法庭作为量刑前调查、量刑活动的组成部分，也被假释机构作为假释前调查、假释释放、撤销假释活动的组成部分。它不仅适用于个体被害人，也适用于长期遭受毒品或者帮伙活动有害影响的社区邻里，这种情况称之为"社区

① 郭建安：《社区矫正通论》，法律出版社，2004，第 317 页。

后果陈述"（community impact statement）。① 被害后果陈述既是一种帮助加害人对其犯罪行为承担责任的一种恢复性活动，也是被害人积极参与社区矫正的一种重要活动。

二是促进双方的和解会商。为了使被害人早日摆脱被害的阴影，并使加害人以积极的态度对其犯罪行为承担责任，我国的社区矫正试点工作应当在人民调解员的帮助下，由遭受犯罪影响的主要人员参加，通过会议协商的方式促进双方的和解。遭受犯罪影响的主要人员包括被害人和加害人，双方的近亲属和朋友等。人民调解员将遭受犯罪影响的各方召集在一起，讨论他们遭受犯罪侵害的情况，讨论如何修复他们所遭受的损害。所有的人都是自愿参加会议的。加害人只有在承认其犯罪行为的前提下，才能参加和解会商。如果被害人自愿参与和解会商，调解员要尽可能地保证被害人免受任何伤害。在会议开始时，通常让加害人描述犯罪事件，然后，由每个参加者描述犯罪行为对他们各自的生活所产生的影响。如果被害人愿意的话，由他首先作被害后果陈述。通过这些描述，加害人会了解到自己的犯罪行为给被害人、与被害人关系密切的人，以及给加害人自己的家庭和朋友造成的后果，被害人有机会表达自己的感情，有机会询问与犯罪事件有关的问题。在对犯罪行为造成的后果进行了充分的讨论之后，可以询问被害人（或代表被害人参加和解会商的人）希望得到的补偿，从而帮助确定加害人应当履行的义务。所有与会者都可以对加害人应当承担的责任发表意见。会议的最后，由与会者签署一份协议，协议中表明与会者的期望与义务。

三是责令有赔偿能力的加害人对被害人予以赔偿。我国刑法第三十六条明确规定，由于犯罪行为而使被害人遭受经济损失的，对犯罪分子除依法给予刑事处罚外，并应根据情况判处赔偿经济损失。在司法实践中，被害人常常得不到赔偿或得不到足够的赔偿。具体而言，被害人有权请求获得人身损害赔偿、精神损害赔偿和财产损失赔偿。人身损害赔偿是指，由于加害人侵犯被害人的生命权和健康权并因此使被害人遭受经济损失，而

---

① 郭建安：《社区矫正通论》，法律出版社，2004，第319页。

对被害人本人或其直系亲属予以经济赔偿。关于犯罪对被害人造成精神损害时加害人是否应向被害人做出赔偿的问题，我国刑法没有明确规定。在我国的刑事司法实践中，也几乎没有罪犯向被害人所受精神损害进行赔偿的判例。但是，精神损害往往对被害人及其亲属的影响非常严重。笔者认为，在我国刑法完善的过程中，应当考虑规定当犯罪对被害人造成精神损害时，加害人应当从经济上予以赔偿，以抚慰被害人所受的精神损害。据统计，在遭受犯罪侵害之后，许多被害人（占总数的73.1%）都在一定程度上损失了财产。① 在司法实践中，如果罪犯已将犯罪所得挥霍或者藏匿，司法机关无法追回犯罪所得，被害人也就无从获得赔偿。笔者认为，对于遭受财产损失的被害人应当责令有赔偿能力的加害人通过以下方式予以赔偿：一是返还被害人的财产；二是恢复被害人财产的原状；三是赔偿被害人的财产损失。

目前，我国的社区矫正尚处于起步阶段，被害人的权益尚没有得到充分保障。根据我国《刑法》和《刑事诉讼法》的有关规定，只有自诉案件可以采取和解的方式处理，在公诉案件中是不允许当事人之间进行和解的，有时即使是加害人给被害人以赔偿（附带民事部分），也不会减轻或者免除加害人的刑事处罚。笔者认为，借鉴国外的成功经验和做法，② 从我国的社会现实状况出发，构建我国的社区刑事和解制度是十分必要的。为此，笔者提出以下几点建议与设想。

1. 确立社区刑事和解的三种主要模式，即社区调停模式、转处模式与替代模式。社区调停模式发生在犯罪发生后、刑事程序启动前，由社区刑事和解机构而非司法机关进行调解，经其调解成功的案件不再进入刑事诉讼程序。这一模式适用于性质后果不严重、刑罚较轻的刑事案件及少年犯

---

① 郭建安：《犯罪被害人学》，北京大学出版社，1997，第294页。
② 从世界各国的实践情况看，在社区矫正中利用赔偿与和解措施解决犯罪问题取得了较好的效果。据美国调解与恢复性司法中心主任昂布里特博士1994年的调查，79%的被害人对被害人—犯罪人刑事和解这一司法模式表示非常满意；83%的被害人认为和解程序非常公平；87%的犯罪人对和解程序表示非常满意；89%的犯罪人认为和解程序的过程非常公正。超过90%的和解程序最终达成了赔偿被害人的协议；81%的犯罪人在和解程序结束后执行了协议规定的赔偿内容。参见张庆方《恢复性司法——一种全新的刑事法治模式》，载陈兴良主编《刑事法评论》第12卷，中国政法大学出版社，2003，第483页。

罪案件。转处模式是在刑事程序启动之后、提起公诉之前，由司法机关将情节轻微、不需要起诉的案件交由社区刑事和解机构进行调解处理，而不再通过刑事诉讼程序解决当事人之间的冲突。替代模式发生在量刑和刑事执行过程中，其基本特点是尊重被害人的意志。如果加害人在和解中满足了被害人的利益需要如经济赔偿，则经被害人的同意可以取代监禁刑的判决与执行。

2. 建立专门的社区刑事和解机构。从我国自诉案件的法官调解与当事人自行和解的司法实践来看，与恢复性司法框架下的刑事和解制度相比，最主要的差别在于：缺乏专门的中介调解机构的参与。在我国，覆盖社区的基层调解组织具有丰富的调解工作经验，是建立专门的社区刑事和解机构的重要基础。鉴于刑事和解的对象是因刑事犯罪而导致的一种性质最严重的纠纷，刑事司法机关对于调停人员专业知识的培训和业务指导是必不可少的，专门机关对其进行的司法监督与司法控制也是不可缺少的。

3. 设立专门的社区刑事和解程序。社区刑事和解程序的适用范围可以先从自诉案件开始，扩展到公诉案件中的青少年犯罪案件，成年人所为的某些轻微的刑事案件，以及情节轻微的过失犯罪案件。待条件成熟之时，再逐步扩展到其他侵犯人身权与财产权的犯罪案件。其具体步骤是：侦查、起诉、审理机关在受理案件之后，对于符合条件者应将其转交相应的社区刑事和解机构处理。如果和解达成协议，则要适时采取相应的措施来结束正式的刑事司法程序。该和解协议具有法律效力，一旦加害人不自觉履行，与民事违约的法律后果不同，经被害人申请，由刑事司法机关宣布终止和解协议的效力，恢复正常的刑事司法程序，追究加害人的刑事责任。

4. 完善刑事和解制度的配套措施，最主要的就是要健全社会性处遇措施。在我国，对刑事和解持反对意见者认为，刑事和解就是以钱免刑。这一观点虽然有其偏颇之处，但是它揭示了，缺乏刑罚的替代措施的刑事和解制度将背离社会公正的价值理念。刑事和解虽然意味着不再依照刑法的规定追究刑事责任，但是和解以后应当有相应的社会性处遇措施来代替刑罚的执行，例如社区服务。我国学者冯卫国、戴群策、何显兵等学者都提出在我国刑法中增加社会服务刑的立法建议，并发表著述论及增设社区服务刑的必要性、可行性及其主要内容。[①] 笔者认为，社区服务既可以作为一种正式制裁措施，也可以作为一种非正式制裁措施。它不仅向加害人提供一种修复自己的犯罪行为造成的损害的途径，而且向社区提供人力资源，使社区能够利用这些人力资源改善社区公共环境。早在 2001 年 5 月，石家庄长安区检察院出台的《关于实施"社区服务令"暂行规定》，及其对未成年犯罪嫌疑人下达的"社区服务令"，是我国对社区矫正对象采取社会性处遇措施的有益探索。

[①] 冯卫国：《构建我国社区矫正制度的若干思考》，《广西政法管理干部学院学报》2003 年第 4 期；戴群策：《关于我国刑法设置社会服务刑的立法构想》，《社会科学研究》2006 年第 1 期；何显兵：《社区刑罚研究》，群众出版社，2005，第 411—425 页。

日本更生保护制度及其对中国的启示[*]

在日本，对出狱人（还包括免除刑罚执行者和缓起诉者等）的社会保护被称之为更生保护，它是指对那些在刑事程序上被解除对人身自由的限制之后，在生活面临困境的人所实施的指导和援助。① 更生保护制度在日本被视为同警察、检察、审判、矫正工作相并列的重要环节之一，它是由国家主导的旨在使实施了犯罪或者违法行为的人，在平常的社会环境中作为健全的社会人，通过接受指导、帮助实现更生（新生）的制度。溯及其理念渊源，是在吸收中国《唐律》宽缓、怜囚等宽严相济的刑罚理念的基础上，兼采英美和大陆法系思想和制度之长，再结合本民族的特点，所创制出的颇具特色的司法制度。

改革开放以来，中国对出狱人的保护工作得到了很大发展，尤其是进入 20 世纪 90 年代后将出狱人保护纳入社会治安综合治理系统工程，取得了显著成效，在预防和减少重新违法犯罪、维护社会治安秩序中发挥了积极作用。但不容忽视的是，中国的出狱人保护制度还很不完善，存在的问题还很多，在以下方面尤其突出：首先，出狱人回归社会后，受歧视现象严

---

* 本文原载于《社会工作》2010 年 7 月（下）。

① 冯卫国：《行刑社会化研究》，北京大学出版社，2003，第 120 页。

213

重，他们需要承受来自社会、家庭等各方面的压力，如果其自身不能正确对待这一问题，极易产生怨恨或自暴自弃的态度，进而走上重新违法犯罪的道路；其次，随着改革开放的逐步推进，社会已进入市场经济体制，流动人口日益增多，人户分离已成为普遍现象，这造成部分出狱人回归社会后漏管失控现象的发生；最后，尽管已经出台了一系列相关法律、法规，但总体来看，这些法律法规缺乏系统性，在实践操作上也有所欠缺，与出狱人保护的法制化发展轨道不相符合。为了进一步推进出狱人保护事业的发展，应当通过借鉴日本更生保护制度，完善中国出狱人保护制度。

一　日本更生保护制度的历史沿革

（一）日本最初的更生保护设施：静冈县出狱人保护公司

明治十六年（1883 年），神道教的神职人员池上雪枝就在大阪开设了一所名为雪枝的感化院，即日本最初的非行少年感化院。而成年人出狱保护设施的先驱，则是明治二十一年（1888 年），金原明善氏设立的静冈县出狱人保护公司，专门帮助从监狱释放后回到社会的人员。

金原明善氏设立静冈县出狱人保护公司的起因是：明治时期，静冈县内的静冈监狱里关押的一名重罪囚犯。许多看守都对这个囚犯的矫正感到很棘手。然而，当时在任的副监狱长却始终坚持对该囚犯进行耐心细致的指导教育，终于收到良好的效果，使这个囚犯开始了真心的悔罪，临出狱前，他庄重地对副监狱长发誓："今后决不再犯罪"后离开了监狱。但是，这个在监狱关押了十年的囚犯，回到家乡一看，父母已经离开人世，妻子也已经改嫁他人，其他亲戚或者不给他好脸色看或者将他赶走，于是他陷入既没有住处也没有钱的困境。如果按照他过去的活法，恐怕早就重操旧业干尽坏事了。但是，他始终记着自己对静冈监狱副监狱长发过的誓言，绝望之余的他，留下了长长的遗书，便投水自杀了。当时正在静冈县负责整治山水的金原明善氏，听到这一事件后痛感："必须认真考虑在社会中如何切实保护弃恶从善的出狱者。"于是，他招聘静冈县的民间人士，同心协力，于明治二十一年设立了被称为"静冈县出狱人保护公司"这一日本最初的更生保护设施，即现在"静冈县劝善会"的前身。①

从此，保护弃恶从善的出狱者这样的运动，最初由民间，继而发展为由政府设置官方机构；最初是针对刑满释放者，继而扩展到假释人员，并逐渐在日本全国推广开来。1890年2月27日，后来的京都市市长内贵三轮主导，东本源寺和西本源寺的两法主赞助，在京都设立了京都感化保护院。1899年监狱管理由内务省改为法务省，法务大臣直接管理的出狱人保护事业也同时并入法务省。为了从未成年人和女性角度防止犯罪及违法行为的产生，作为协作更生保护事业的民间合作组织，日本还成立了被称之为"兄弟姐妹会"（BBS）的青年志愿者组织和"妇女更生保护会"。另外，为确保出狱（院）者和接受保护观察措施的人员就业，政府出台政策鼓励民间慈善家（企业家）雇佣上述人员，协助其回归社会。各地区还设置有更生保护民间法人机构，为紧急更生保护对象（出狱者等）提供为期半年左右的住宿保障。据统计，日本全国共有BBS564个，会员6024人；妇女更生保护会1343个，会员21448人；合作雇用单位5547个，其中建筑行业约占47%、制造业约占17%、服务业约占10.5%。全国共有163个更生保护法人团体。② 在某种意义上，可以说政府官员善于引导、利用民间力量支持出狱人保护事业，是日本成功创制"官民结合，以民为主"运作模式的关键因素。

（二） 第二次世界大战后日本逐步确立的更生保护制度

日本的更生保护制度是在第二次世界大战后逐步确立的。其基本法律主要有：《思赦法》《犯罪者预防更生保护法》《保护司法》《缓刑监督法》《更生保护事业法》等。

1947年的《思赦法》对思赦的权利、实施方法等有关基本事项做了规定。作为刑事政策的一个环节，该法对判处无期徒刑和假释出狱者免除刑罚的执行，恢复服刑期满者的正当权利等具有重要的意义。

1949年日本制定的《犯罪者预防更生保护法》，是罪犯社会内处遇的基

---

① 鲁兰：《中日矫正理念与实务比较研究》，北京大学出版社，2005，第174页。
② 日本法务省综合研究所编《犯罪白皮书》，平成17年（2005年），第127页。

本法律。该法规定了改造保护的机构及其权限，所管辖的事务，假释及保护观察的方法和手续，对刑满释放者的新生教育，并确立了实施保护观察的基本原则：第一，必要且相当原则；第二，个别化处遇原则；第三，相互信赖原则。[①] 该法第36条规定，可以采取以下几种保护观察措施：（1）鼓励修养情操方面的学习训练；（2）确保一定条件的医疗保健；（3）确保住所安定；（4）就业辅导、帮助就业；（5）改善调整环境；（6）帮助到适合更生的地方居住；（7）为适应社会生活进行必要的生活指导；（8）采取对帮助本人更生有利的措施。而保护观察措施最为体现福利性质的方面，在于紧急更生措施，根据该法第40条："在对象受伤或者疾病，没有适当的临时住所、没有居所或者职业，可能妨碍更生的情况下，必须让该人住进公共卫生福利设施，或者其他设施并接受医疗、食宿、职业方面的救助。"宏观而言，保护观察的主要内容，是为被保护观察者设定一定的遵守事项，并由专门机构和人员对其进行监督、辅导和援助。由于日本的缓刑和假释的适用率极高，作为缓刑和假释配套的保护观察制度，其重要意义是不言而喻的。

1950年的《保护司法》对保护司的选任产生、管理，包括培训及经费等加以规定。目前，日本全国共有保护司49003名，活动在全国904个保护区。[②] 原则上，"保护司"由地区更生保护委员会推荐，法务大臣任命，任期为2年。由保护观察官对本地区内的保护司进行业务指导及管理。每年对初任保护司的人员进行培训，内容包括如何对待保护观察对象、人际关系说、心理学、谈话技巧等。保护司协会也定期举行案例的讲解分析培训活动。保护司在协助犯罪者改善更生的同时，努力展开预防犯罪的宣传活动，以净化社区环境，促进个人和公共利益为使命。虽然保护司不获取报酬，但可以接受执行职务所花费的全部或部分费用。

1954年的《缓刑监督法》规定了根据刑法第25条第2项被判处缓刑而交付保护观察者在缓刑期间应遵守的事项，以及对这些人的保护观察方法

---

① 刘强主编《各国（地区）社区矫正法规选编及评价》，中国人民公安大学出版社，2004，第473页。
② 日本法务省综合研究所编《犯罪白皮书》，平成14年（2002年），第127页。

等。依据该法，保护观察应当充分考虑被保护观察者本人的年龄、经历、职业、身心状况，家庭、交友及其他环境因素，为其设定一定的遵守事项，并由专门机构和人员对其进行监督、辅导和援助。被保护观察者在被保护观察期间必须遵守以下事项：1. 保持善行；2. 搬迁居住地或者准备做 1 个月以上的旅行时，预先向保护观察所所长提出申请。

1995 年的《更生保护事业法》规定了从事更生保护事业的更生保护法人的设立及其组织的运行，以及国家对其的监督。此外，该法还对更生保护事业的内容及其保护对象的范围等作了规定。依据该法，日本更生保护的对象主要包括：一是被法院直接处以保护观察的人；二是被刑事法院判决执行缓刑，而需要予以保护观察的人；三是假释或者保外就医者需要予以保护观察的人；四是刑满释放或赦免出狱后，需要继续实施保护观察的人；五是其他法定规定应予保护观察的人。

在日本，法务省除了设置民事局、刑事局、人权拥护局、入境管理局、矫正局（监狱管理）之外，还设置了保护局和全国更生保护审查会。在全国 8 个高等法院所在地设置了 8 个地方更生保护委员会，其职责是审查许可假释及撤销该假释，同时监督保护观察所的工作。在全国 50 个地方法院所在地设置了 50 个保护观察所，保护观察所从属于保护局，共有为数近 1000 人的专职公务员（保护观察官）。除了这些专职的保护观察官之外，参与更生保护工作更多的则是近 5 万名的民间志愿者——保护司。志愿者的广泛参与是日本更生保护制度的显著特色。总体上，日本有近 1000 人保护观察官和近 5 万人的保护司，大约每年对 7 万人左右的更生保护对象进行保护观察处遇。

（三）21 世纪以来日本更生保护制度的完善

2002 年 5 月 29 日日本通过《更生保护事业法等部分法律修正案》，该修正案于同年 6 月 10 日开始实施。其主要修正要点如下：其一，在继续保护事业的内容中新增了"指导就业，为使其适应社会生活进行必要的生活指导"，谋求充实的在更生保护设施内能够实施的保护内容；其二，作为在更生保护事业中放宽限制的事项，临时保护事业及联络赞助事业由原来的认可制改为申报制；制定了确保事业经营透明度的相关规定。

自 2007 年 12 月 1 日起，日本开始实施"更生保护犯罪被害人施策"制度。日本更生保护制度作为一种旨在改造罪犯、预防犯罪而不剥夺罪犯自由的制度，长期以来，其重点放在了预防和减少犯罪上面，而忽略了被害人的权益保障。为了有利于社会的和谐，日本专门制定了"更生保护犯罪被害人施策"制度，以在一定程度上救济因公诉而权益受到侵犯的被害人。日本"更生保护犯罪被害人施策"制度的具体内容有：1. 意见听取制度。即被害方有权就加害人的假释陈述自己的意见。该制度规定，有权提出申请的对象包括：受到被假释或假退院的加害人的犯罪行为侵犯的人；被害人的法定代理人；当被害人死亡或身心存在重大障碍时，被害人的配偶、直系亲属或者兄弟姐妹。该制度的利用期间为，加害人的假释、假退院审理期间。2. 心情传达制度。即被害方有权将自己的情绪传达给保护观察中的加害人。该制度规定，有权提出申请的对象为：被保护观察的加害人的犯罪行为侵犯的人；被害人的法定代理人；当被害人死亡或身心存在重大障碍时，被害人的配偶、直系亲属或者兄弟姐妹。该制度的利用期间为，加害人接受保护观察期间。3. 保护观察知情制度。即被害人有权了解加害人的保护观察状况。被害人可以直接用电话等提出申请。4. 商谈、接受咨询制度。即被害方有权向专门的负责人倾诉、咨询自己的不安和烦恼。有专门的负责人向被害人或其遗族提供相关制度或手续方面的信息及相关的机关、团体信息。被害人可以直接通过电话等进行咨询、商谈。后两项制度没有期限限制。另外，在制度执行的过程中，被害人的秘密将会得到严密遵守。

近年来，日本法务省每年 7 月组织开展"使社会更加光明"这一全国性民众参与预防犯罪的活动。这是一项参加者超过 450 万人的大型国民集体活动。7 月 1 日被命名为"更生保护日"，中央和各都道府县以及街镇都设置了"使社会更加光明实施委员会"。中央实施委员会由警察、自治体、教育、产业、媒体、体育等官民双方协作的 80 多个机构组成。上述活动由以下内容组成：其一，广泛的宣传活动。主要通过制作一系列手册、大型广告牌、传单等，并张贴在各个地方公共机构设施的围墙、地铁站、公共汽车、商店、百货公司、银行、邮局等地。在各类其他集会上散发宣传品，以及制作专题片，报纸、杂志、网络、橄榄球赛场电子广告板等手段介绍该项活动宗旨及概况。其二，开展各类民间仪式。各地行政长官都举行传达法务大臣呼吁国民参加该项活动的动员仪式，与之相配合，各地保护观察所也积极开展各类宣传贯彻活动。各地教育部门积极开展研讨活动，每年征集标语口号，甚至小学生的作文也做了相关命题。总之，通过日本法务省有组织、有计划地开展号召全社会关注违法犯罪人复归社会的全国性活动，收到了极好的效果。特别是有政府官员、法律界人士的引导，这项活动得到媒体、宗教、文化、企业及民间团体的大力支持，极大地减少了因社会歧视而导致的重新犯罪现象。使日本在社会上拥有 7 万左右保护观察对象（全国监狱押犯包括未决犯和已决犯在内也是 7 万人左右）的情况下，长期保持着发达国家犯罪率最低的纪录。

二　日本更生保护制度对中国完善出狱人保护制度的启示

日本的更生保护制度源自民间，有十分坚实的公众基础，经过长期的发展，形成了"官民协作，以民为主"的运作机制。即在政府强力推动下，形成了由政府机关领导民间志愿者——保护司开展更生保护工作体系。其主要特点是：（1）机构健全。法务省设立保护局，下设与矫正管区相对应的 8 个地方更生保护委员会、50 个保护观察所，以及 5 万名从事更生保护观察的志愿者——保护司。（2）人员保障充分。一是法务省雇佣的专职官员——保护观察官，从通过了国家人事机构举办的心理学、教育学、社会学等专业的全国公务员考试的人员中录用。二是大量招募志愿者。大量社会志愿者的参与是日本更生保护制度的重要特征。保护司的职责是协助保护观察官对社区内被判处缓刑和假释的犯人进行监督和帮助。自 1950 年以来，全日本已有自愿和义务从事更生保护工作的保护司 5 万名。三是更生保护设施的建立。根据日本《更生保护事业法》建立的一定数量的司法法人，作为非营利性机构，为缓刑犯和假释犯提供膳宿等实质性的物质帮助，因而被形象地称为"中途之家"。据统计，截至 2005 年底，在日本共有 163 个更生保护法人团体，101 家更生保护设施。其中男性设施有 89 所，女子设施 7 所，男女共同的设施 5 所。① （3）经费充足。在日本，更生保护设施的经费来源 70% 由政府财政支出，其余依靠经营性收入或募捐收入。（4）从业人员有为社会公益事业做贡献的使命感和满足感。保护司全部由社会志愿者担任，没有任何酬劳。帮助他人和社会的成就感和自豪感是促使他们努力工作的动力所在。除此之外，日本更生保护制度的另一个重要特征，是受各地方更生保护委员会、保护观察所领导的保护观察官及保护司，不仅要承担当前已经在社区中的违法犯罪人的更生保护工作，还要承担所有正在监狱服刑的犯罪人的居住环境调整工作。日本的更生保护制度，无论是与西方发达国家还是与其他发展中国家相比较，都颇具特色，值得中国借鉴学习。

在中国的社会治安综合治理这一系统工程中，有一项专门帮助刑满释放人员和解除劳动教养的人员重新回归社会的工作（以下简称"安置帮教工作"）。安置帮教工作以政府为主导，调动社会各方面力量，为刑满释放和解除劳动教养的人员提供帮助，解决其落户、就业、就学等问题。作为中国社会治安综合治理系统工程的一部分，安置帮教工作包含了出狱人社会保护的一部分内容。从对象而言，安置帮教的对象包括出狱人和解除劳动教养的人员，与日本更生保护的对象基本一致。从帮助的内容而言，安置帮教工作的内容包括向出狱人和解除劳动教养人员提供生活、经济上的帮助，解决落户问题、就业问题，提供心理辅导等方面的内容。但值得注意的是，中国的安置帮教工作作为一项政府为主导，联合、调动社会力量对刑释人员的帮教行为，其着重点还是在于对刑释人员的安置、帮助和教育，是上位对下位、强者对弱者的行为。而出狱人的社会保护，除了对出狱人提供必要的物质性帮助外，更强调对出狱人合法权益的保护，与侵犯出狱人合法权益的行为及制度进行抗争。它力图为出狱人创建一种公平、无歧视的环境，使得每一个有自食其力、重新做人，或有为社会或他人做些贡献愿望的出狱人都能获得与社会上一般人一样的机会，或尽量减少不必要的阻碍。而这一点在中国的安置帮教工作中没有很好地体现出来，因

---

① 日本法务省综合研究所编《犯罪白皮书》，平成 17 年（2005 年），第 125 页。

此，仅认为中国现有的安置帮教工作就足以实现对出狱人的社会保护的观点是欠妥当的。中国出狱人的保护工作不应当只局限于安置帮教工作的范围，应当借鉴日本的更生保护制度，从以下几个方面进一步完善出狱人保护制度。

（一）制定《中华人民共和国出狱人保护法》

几十年来，中国共产党和中国政府制定了一系列法律、法规和政策性文件对出狱人保护工作进行规范。但是，中国至今没有一部专门地系统地规范出狱人保护的法律，宪法、监狱法仅有个别条款涉及出狱人保护的规定，且是原则性的。并且关于出狱人安置帮教工作的有关内容只规定在部门规章中，法律层次较低，这使得出狱人的某些权利缺乏制度性保障，有关的一些保护、援助措施难以落实。出狱人保护是一项复杂的社会系统工程，也是一项长期性工作，涉及面广，仅仅依靠上述法律、法规是不够的。所以，有必要加紧制定专门的出狱人保护法，使出狱人保护工作全面纳入法制轨道，以立法形式推进出狱人社会保障机制的完善。在2006年3月全国召开两会期间，山西人大代表韩雅琴已提出制订出狱人保护法的议案。在出狱人保护立法方面，中国已有个别地区制定了专门的地方性法规或规章，从而为将来制定全国性的相关法律提供了可资借鉴的立法经验。例如，浙江省制定了《归正人员安置帮教工作办法》，于2002年10月1日开始实施，这是中国首部保障出狱人合法权益的省级政府规章。该《办法》规定，归正人员依法享有与其他公民平等的权利，履行公民的义务，不受歧视。依法保护归正人员的生存权、工作权、受教育权及隐私权。该《办法》还对归正人员安置帮教的政府职责、情况通报、就业培训、权利保障等作了具体规定，并为归正人员指明了遇到不公正对待时专门投诉、举报的途径。笔者认为，制定一部具有中国特色、与21世纪中国社会经济形势相适应的出狱人保护法势在必行。《中华人民共和国出狱人保护法》应当由全国人大常委会通过并颁布实施，其内容应包括：保护对象、保护的提起和终结、保护期限、保护内容、保护机构、保护措施、保护责任、保护工作经费等。

(二) 建立专门的出狱人保护机构

专门的出狱人保护机构及健全的保护组织体系是出狱人保护工作的重要保障。日本更生保护组织中的保护司在保护工作中起了重要作用。保护司由热心保护事业的社会人士组成。在中国，司法行政部门，街道办事处、乡镇人民政府等基层政权组织，工、青、妇等社会团体，以及一些企事业单位承担或者参与了出狱人保护工作，但是，专门性的出狱人保护组织并未普遍建立。根据中国国情和传统文化，设置出狱人保护机构，既要有党和政府的领导，又要有群众机构的参与。笔者认为，为推动出狱人保护工作的开展，应在中国各级司法行政机关内设置专门机构，指导、协调各地的出狱人保护工作，同时发起建立"出狱人保护协会"，鼓励民间力量参与并配合司法行政机关出狱人保护机构开展工作，业务上接受司法行政机关的指导。民间组织由于没有任何权力色彩和强制因素，完全以仁爱互助之心参与出狱人保护，对于促进出狱人的再社会化发挥着特殊作用，同时也有助于弘扬宽容、博爱的社会风气，推动和谐社会的建立。

(三) 采取多样保护措施使出狱人保护的内容具体化

出狱人保护的内容是指对出狱人重返社会后，重新适应社会生活需要所不可或缺的精神条件和物质条件。如前所述，日本对出狱人进行保护的内容比较具体。[①] 目前，中国对出狱人保护的形式，则主要有安置就业、社会接茬帮教等。如：2008 年 4 月，天津北辰区双口劳教所与双口镇东堤村宏利铁艺厂联合建立双口镇安置帮教基地。该基地通过探索在教学员"所外试工"的教育、管理新模式，进一步发挥帮教基地的辐射、带动作用，不断拓展、延伸帮教工作新领域。所外试工是所内教育向社会延伸的体现，运用社会力量对在教学员进行帮教和监督，对其进行强化前途教育、就业形式教育和社会适应性教育，使他们学会正确看待回归社会后遇到的困难和处理问题的方法，增强战胜挫折的信心和勇气，实现解教人员自食其力、

---

① 夏宗素：《罪犯矫正与康复》，中国人民公安大学出版社，2005，第 250—251 页。

主动融入社会的目标,从而预防和减少重新违法犯罪的现象,促进社会和谐。联合帮教安置基地打破了封闭管理的单一教育模式,确立劳教所与社会、家属携手管理共同感化、矫治的理念,同时也对劳教所教育挽救质量进行检验,有利于进一步调动劳教人员的改造积极性。双口镇安置帮教基地"所外试工"机制的建立,将为更多处于开放式管理期间的劳教人员提供提前适应社会、融入社会的机会,为解教人员在社会上谋生和立足打造一个过渡性的就业平台。各地监狱机构在加强出狱人保护工作中也进行了一些探索性尝试。为解决出狱人的就业问题,山东省监狱在社会上一些人才中介机构和用人单位的协助下,在监狱内设立了全国首家劳动力市场,并开通就业网络,使监狱及服刑人员及时得到各种狱外用工信息。同时,山东省监狱成立了罪犯刑释就业培训指导中心,邀请专家对罪犯进行社会就业现实、就业心理、求职技巧等综合培训和指导,并帮助罪犯制定谋生就业发展计划书。福建省监狱管理局和福建省中华职业教育社联合创办的中华曙光职业学校也值得一提。这是一所集矫治罪犯恶习和职业技能培训为一体的特殊学校,学员来自全省各监狱余刑在一年以内,又无谋生技能的服刑人员。该校创建 8 年来,共培训学员 1 万余人,成效显著,被誉为给服刑人员开辟的"新生之路,曙光之路"。2006 年 11 月,天津市监狱管理局与中国民盟天津市委员会、市劳动和社会保障局、市妇女创业中心等有关部门共同开办民盟天津市女子监狱创业培训班。这是有益于女服刑人员回归社会后就业谋生的一项公益性活动。天津市女子监狱创业培训班引进了国际劳工组织专门为发展中国家妇女就业设计的就业课件,同时,对于符合创业要求、取得执照的刑满释放服刑人员还将发放小额贷款,鼓励她们进行自主创业。

在坚持长期以来各地形成的好的经验和措施的基础上,中国应在构建和谐社会的进程中进一步充实出狱人保护的具体内容。笔者建议,中国《出狱人保护法》应当规定如下保护措施:(1)辅导,包括职业辅导、就业辅导、环境调整等;(2)医疗援助措施;(3)协助寻找住所和安排临时住所(临时住所限于 90 天以内);(4)帮助就业;(5)生活扶助,对生活穷困者给予金钱、物品或贷款等方面的援助;(6)支给或借给到达居住地定居的旅费；（7）其他帮扶措施，如为无家可归者提供住宿场所、为身体有疾病者提供医疗保健、为心理负担过重者提供心理辅导、为经济困难者提供生活救济金、帮助出狱人与周围环境维持密切的人与人的关系；调整其与家族间、友人间、近邻间的关系，以及与雇主、警察和其他有关团体的关系。

（四）出狱人保护制度注重兼顾被害人的合法权益

日本更生保护犯罪被害人施策制度的施行，表明了日本刑事立法加强了对被害人合法权益的保障和对被害人受伤害心理的安抚，这对于平衡社会的终极利益并体现司法公正起到了积极的作用。中国目前的出狱人保护制度对被害人的保护和补偿还是远远不够的。中国出狱人保护制度的完善不仅仅要给被害人提供一个传达心情、发泄情绪的渠道，还要让他们了解到犯罪人并非不受惩罚，而是通过一种更为人道和文明，且更有利于其改造的方式接受惩罚，以避免受害人形成犯罪后可以不接受惩罚的错误认识。同时，对于有现实困难的被害人也应给予充分的照顾和补偿。就中国而言，正在各个省市大力推广社区矫正制度，其目的与日本的更生保护制度一样，都是以保障犯罪人的利益为出发点，帮助其在社会环境中接受教育和改造，从而预防和减少犯罪的发生。因此，日本的更生保护被害人施策制度是对中国社区矫正制度的良好借鉴和参考，中国应在保障犯罪人利益的同时，兼顾被害人的合法权益和心理感受，使该项制度能够在兼顾各方利益的条件下被更好地接受和施行。

海峡两岸未成年人社区矫正比较研究[*]

国家和社会对未成年犯罪人主要有以下几种态度：第一，予以监禁也予以矫正，待其刑满释放后，社会再予接纳；第二，予以监禁而不予以矫正，通过"一关了之"使之与社会"隔离无害"；第三，不予以监禁也不予以矫正，实际上就是"一放了之"；第四，不予以监禁但予以矫正，如通常所说的社区服刑等；第五，展望性、发展性的更生保护。依据《联合国少年司法最低限度标准规则》（《北京规则》）、《联合国预防少年犯罪规则》（《利雅德规则》）和《联合国保护被剥夺自由少年规则》等联合国有关少年司法的相关文件，对未成年犯罪人进行特殊保护已成为国际通行的准则。社区矫正能够避免监禁刑的诸多缺陷，不仅是适合未成年人特点的刑罚执行方式，而且有利于其实现再社会化。2015 年 5 月 23 日，首届海峡两岸社区矫正论坛在北京工业大学举行，来自北京大学、北京师范大学、中国政法大学、司法部预防犯罪研究所、北京工业大学、天津社会科学院、华东政法大学、浙江工业大学、台北大学、台湾大学等科研机构的学者以及两岸社区矫正实务界人士 130 余人到会参加研讨。2015 年 12 月，台湾学者许福生教授到访天津社会科学院，以

---

* 本文为天津社会科学院社会治理与公共政策研究中心 2015 年度资助课题项目（项目编号 SHH2015 - 04），为本书作者与许福生合作完成，原载于《预防青少年犯罪研究》2016 年第 1 期。

学术讲座形式介绍台湾社区处遇相关理论与实务问题，与天津市犯罪学会会议代表就两岸社区矫正研究的前沿热点问题进行交流。

一 大陆未成年人社区矫正制度

1991 年颁布的《中华人民共和国未成年人保护法》是大陆未成年人保护事业的基本法律依据，其中第 38 条规定："对违法犯罪的未成年人，实行教育、感化、挽救的方针，坚持教育为主、惩罚为辅的原则。"目前，"社区矫正"已被正式写入《中华人民共和国刑法修正案（八）》；2013 年 1 月 1 日施行的《中华人民共和国刑事诉讼法修正案》设置了未成年人犯罪记录封存制度，对某些诉讼环节的特别程序作出规定，却未涉及未成年人社区矫正制度；而《中华人民共和国社区矫正法》尚未出台。2012 年最高人民法院、最高人民检察院、公安部和司法部联合发布的《社区矫正实施办法》是现阶段我国大陆地区开展未成年人社区矫正工作的主要依据。《社区矫正实施办法》第 33 条规定："对未成年人实施社区矫正，应当遵循教育、感化、挽救的方针"，还对未成年人社区矫正的执行方式作了专门规定。总体而言，大陆地区尚无独立的少年司法体系。

长期以来，大陆在未成年人社区矫正制度建设方面坚持政策先行，而法律法规相对滞后。1997 年最高人民法院通过的《关于办理减刑、假释案件具体应用法律若干问题的规定》规定，对于犯罪时未成年的罪犯的减刑、假释，在掌握标准上可以比照成年罪犯依法适度放宽。中央综治委预防青少年违法犯罪工作领导小组办公室于 2002 年制定了"青少年违法犯罪社区预防计划"，提出必须重视社区矫正工作。2003 年的《最高人民法院、最高人民检察院、公安部、司法部关于开展社区矫正试点工作的通知》，将罪行轻微、主观恶性不大的未成年犯列入社区矫正适用范围的重点对象之一加以规定。2009 年《最高人民法院、最高人民检察院、公安部、司法部关于在全国试行社区矫正的意见》也明确了对未成年犯罪人重点适用社区矫正。此外，大陆未成年人犯罪刑事案件处理常式中的"三缓"制度——缓诉、缓科、缓刑，也会涉及社区矫正。

2010 年 9 月，中央综治委预防青少年违法犯罪工作领导小组、最高人民法院、最高人民检察院、公安部、司法部、共青团中央联合发布《关于进一步建立和完善办理未成年人刑事案件配套工作体系的若干意见》（综治委预青领字［2010］1 号），该文"三、进一步加强公安机关、人民检察院、人民法院、司法行政机关的协调与配合"中的"（三）对未成年犯罪嫌疑人、被告人的教育、矫治"中的第 6 条第 2 款也规定："对未成年社区服刑人员应坚持教育矫正为主，并与成年人分开进行。"《社区矫正实施办法》第 33 条规定："对未成年人的社区矫正应当与成年人分开进行"，"未成年社区矫正人员的矫正小组应当有熟悉青少年成长特点的人员参加"，但是对于如何将未成年社区服刑人员与成年人分开执行，相关法律规范没有明确规定。在我国大陆基层司法所的社区矫正实践中，未成年社区服刑人员大多未与成年人分开执行，二者适用的矫正方案大致相同：要定期提交思想汇报、参加公益劳动，平时电话与社区矫正工作人员联系、汇报情况，严格履行请假、销假制度，并参与多种法制讲座、各类培训等。鉴于未成年人与成年人在身心发展阶段上差别很大，二者的社区矫正方案及矫正项目应当有所差别。建议在大陆街乡镇设立专门的未成年人社区矫正工作站，推进未成年人的社区矫正工作，为矫正对象提供个案评估、心理辅导和其他方面等专业帮助。

2011 年 5 月 1 日施行的《中华人民共和国刑法修正案（八）》将社区矫正正式写入刑法，标志着我国社区矫正法律制度的确立，为改革完善我国刑罚执行制度奠定了重要基础。中国共产党十八届四中全会通过的《中共中央关于全面推进依法治国若干重大问题的决定》中"加强重点领域立法"部分提出"制定社区矫正法"。大陆已将社区矫正法列入国务院的一档立法计划。吴宗宪作为主要负责人之一参与了北京师范大学刑事法律科学研究院起草《社区矫正法（专家建议稿）》的工作，该成果已出版，并获得"2013 年中国十大影响力法学理论研究成果"。他预计 2015 年内由国务院向全国人大提交《社区矫正法（草案）》，2016 年由全国人大常委会通过《中华人民共和国社区矫正法》。[①] 贾宇提出，迫切需要制定统一的未成年犯社

---

① 吴宗宪：《中国大陆社区矫正法的立法进展与官民互动》，载《首届海峡两岸社区矫正论坛论文集》，2015，第 31 页。

区矫正法，为我国未成年犯社区矫正工作提供法律依据。[①] 笔者认为，未成年人社区矫正相关问题应当在《中华人民共和国社区矫正法》中以专章的形式予以规定。在《中华人民共和国刑法》和《中华人民共和国刑事诉讼法》的修改过程中还要对有关未成年人社区矫正的适用问题做出具体明确的规定，如社区矫正中的减刑、假释的处理，社区矫正执法的主体、适用对象等。同时，应修改《中华人民共和国预防未成年人犯罪法》，在该法中明确规定未成年人社区矫正的主要内容，社区矫正的监督，以及对未成年犯罪人适用社区矫正过程中的权利保障[②]。

二　台湾未成年人社区矫正制度

在台湾，由于考虑到十二岁以上十八岁未满少年事件之本质、成因与特性，均与一般成人犯有所不同，因而在法律体系上，有专门处理少年事件之少年事件处理法。少年事件主要分为"少年保护事件"与"少年刑事案件"两大种类。"少年保护事件"，乃指少年触法行为未经移送检察官者、少年虞犯行为[③]、七岁以上儿童触法行为等，依少年事件处理法之规定，施以保护处分之事件。"少年刑事案件"，则指十四岁以上之少年触法行为，因有"少年事件处理法"第二十七条之情形，由少年法院移送于有管辖权之法院检察署检察官，依刑事诉讼法程序追诉、科处刑罚之案件。

台湾现行观护制度系采少年观护制度与成人观护制度二元化，从事观护（保护）业务之人在少年观护制度称为少年调查官及少年保护官（"少年事件处理法"第九条），在成人观护制度称为观护人（"保安处分执行法"第六十四条第二项）。另依"少年事件处理法"第九条之规定，少年调查官

---

① 贾宇：《未成年人犯罪社区矫正制度研究》，《人民检察》2011 年第 5 期。

② 林春玉：《论未成年人社区矫正立法调整的完善》，《天津法学》2011 年第 4 期。

③ 依据台湾地区少年事件处理的相关条例，少年虞犯行为系指少年有下列情形之一，依其性格及环境，而有触犯刑罚法律之虞者：（1）经常与有犯罪习性之人交往者；（2）经常出入少年不当进入之场所者；（3）经常逃学或逃家者；（4）参加不良组织者；（5）无正当理由经常携带刀械者；（6）吸食或施打烟毒或麻醉药品以外之迷幻物品者；（7）有预备犯罪或犯罪未遂而为法所不罚之行为者。参阅李茂生《新少年事件处理法目的规定释疑》，《月旦法学杂志》1998 年第 40 期。

职务如下：调查、搜集关于少年保护事件之资料；对于少年观护所少年之调查事项；法律所定之其他事务。而少年保护官职务则包括：掌理由少年保护官执行之保护处分；法律所定之其他事务。少年调查官及少年保护官执行职务，应服从法官之监督。一般情况下，少年调查官完成调查，经法官裁定保护管束后，责任转由少年保护官继续承担。台湾少年观护处分之主要内容包括：1. 审理前由少年调查官执行之审理前调查（"少年事件处理法"第十九条）；2. 审理中由少年调查官执行之（1）急速辅导（"少年事件处理法"第二十六条第一项第一款后段），（2）试验观察（"少年事件处理法"第四十四条）；3. 审理后由少年保护官执行之（1）假日生活辅导（"少年事件处理法"第四十二条第一项第一款），（2）保护管束，并得命为劳动服务（"少年事件处理法"第四十二条第一项第二款）等五种。由此可见，台湾地区少年观护制度中，其少年调查官及少年保护官，自少年法院（庭）受案后审理前、审理中至审理后，均参与观护（保护）业务[1]。

依据台湾"少年事件处理法"和少年观护制度，其未成年人社区矫正的执行主要分为以下两大类：1. 训诫，并得予以假日生活辅导。对于少年之训诫，由少年法院法官向少年指明其不良之行为，晓谕以将来应遵守之事项，并得命其立悔过书。行训诫时，应通知少年之法定代理人或现在保护少年之人及辅佐人到场。假日生活辅导由少年保护官对少年施以个别或群体之品德教育，辅导其学业或其他作业，使其养成勤勉习惯及守法精神；其次数由少年保护官视其辅导成效而定。2. 交付保护管束并得命为劳动服务。保护管束指在一定期间内（三年以内，至多执行到21岁为止），由少年保护官加以监督、管束、辅导与保护之处分。保护管束，系对于少年虞犯或犯罪少年经斟酌结果，以不处刑而有改善犯罪倾向者为之，其目的在促使受保护少年养成守法习惯，培养其重回社会自力更生之能力，达到预防犯罪之效果。少年法院将少年交付保护管束时，得命为其劳动服务，劳动服务时间为三小时以上五十小时以下，由少年保护官执行之，期间视辅导成效而定。保护管束执行已逾六个月，确有成效，认无继续执行之必要

---

[1] 许福生：《犯罪与刑事政策学》，元照出版社，2012，第367页。

者，或因事实上之原因以不继续执行为宜者，少年保护官得检具事证，声请少年法院免除其执行。少年在保护管束期间，违反应遵守之事项，不服从劝导达二次以上，而有观察之必要者，少年保护官得声请少年法院裁定留置少年于少年观护所中，期间以五日为限。此留置观察之裁定自为裁定之日起二年未执行者，免予执行。若少年违反规定之情节重大，或曾受上述之留置观察处分，再违反应遵守之事项，足认保护观察难收效果者，少年保护官得声请少年法院裁定撤销保护管束，将所余之执行期间令其在感化处所施以感化教育，其所余之期间不满六月者，应执行至六月。保护管束处分自裁定执行之日起，经过三年未执行者，非经少年法院裁定应执行时，不得执行之。此外，为矫正少年之不良习性使其悔过自新，依据《台湾少年事件处理法》、《少年福利法》及《儿童福利法》之规定，少年吸毒成瘾，或有酗酒习惯者得另谕知戒毒机构禁戒、治疗处分；少年法院于少年有某种特殊情形时将其交付安置于适当福利或教养机构、令入感化教育处所（如少年矫治学校）施以感化教育。

三 比较与展望

社区矫正制度与刑罚改革不可分。第二次世界大战后，社会防卫运动倡导非犯罪化和非刑罚化，行刑社会化思潮成为刑罚发展的国际性潮流，社区矫正制度应运而生。未成年人社区矫正制度，由于其矫正对象具有特殊性，在很多时候引领着整个刑事政策的变革。两岸未成年人社区矫正刑事政策均应以促进未成年犯复归社会和社会防卫为目标，教育矫正为主，惩罚次之。如何赋权于未成年犯，提升其复归社会的能力，是当前两岸未成年人社区矫正事业共同关注的议题。笔者认为，未成年人社区矫正工作的关键是通过建构社会支持网络体系，促进其实现再社会化。社会支持网络体系由法规政策等社会制度层面的支持系统、家庭支持系统、学校教育支持系统、同伴支持网络、第三部门支持网络等构成。台湾社工师许雅雯指出，台湾虽然有保护管束制度，但是因为观护人案量大，不能够对未成年社区矫正对象发挥实质督导功能，应当进一步完善台湾少年观护和保护管束制度。反观大陆在制度层面，2013 年新修订的《中华人民共和国刑事诉讼法修正案》对附条件不起诉制度做出了明确规定，这是大陆未成年人刑事立法进步之处。司法实践中，对未成年人附条件不起诉的监督考察缺位，制约了该诉讼制度发挥其功能。为落实未成年犯的"教育、感化、挽救"方针，大陆应当积极探索未成年人的保护管束制度，进一步加强对有不良行为的未成年人的有效监管。未成年人保护管束制度既可以在缓刑或者假释等刑罚制度中加以适用，也可以在附条件不起诉诉讼程序中适用。保护管束可以由人民法院做出，也可以由人民检察院做出。保护管束的实施，应设置专门机构，配备具备法律、社会、教育、犯罪学及心理学方面专长并有任劳任怨服务精神的工作人员，由检察机关负责监督。①

家庭、学校、同伴的社会支持对未成年人社区矫正亦十分重要。未成年人对家庭的关爱有其特殊心理需要，在未成年人社区矫正中家庭应当提供经济与物质上的支持、情感上的支持、家庭教育上的支持、社会交往方面的支持。针对问题家庭的未成年人社区矫正，社区矫正机构为未成年社区矫正对象设立养育家庭的做法值得推广（建议大陆妇联和关工委等社团组织给予其一定的补助）。养育家庭从未成年人的亲戚和社会爱心人士中选择，由其为未成年社区矫正对象提供个案指导和抚养，帮助其改邪归正，顺利回归社会。对于某些问题家庭的未成年社区矫正对象，良好的师生关系有助于弥补亲情关系的缺失，提升其信赖感、安全感，提高其挫折承受力②；另一方面，在学校教育中发展良好的同伴关系，能够得到同学和朋友的接纳与认同，则有利于其形成积极的自我概念和生活态度。对于因交友不慎而误入歧途的未成年社区矫正对象，其监护人和社区矫正工作人员的正确引导，对避免其重蹈覆辙实现再社会化非常重要。在台湾社会支持网络中，重视未成年社区矫正对象与家庭和学校的社会支持网络重建，但是没有资源针对其进行风险评估和社区矫正效果评估。③ 大陆将循证矫正引入

---

① 沈玉忠：《建构与完善：中国未成年人保护管束制度》，《预防青少年犯罪研究》2015 年第 4 期。
② 郭玲玲、刘俊世：《社会支持：青少年社区矫正的基石》，《当代青年研究》2007 年第 4 期。
③ 许雅雯：《台湾未成年人的社区更生保护资源：断裂与连结》，载《首届海峡两岸社区矫正论坛论文集》，2015，第 437 页。

社区矫正的研究尚处于起步阶段，冯卫国教授和王超博士选取了美国、加拿大、英国、日本、中国等国家和地区的 30 个社区矫正风险评估问卷，通过社会网络分析软件 UCINET6.212 对社区矫正风险评估因素的网络结构进行分析，对比各评估问卷的网络密度，并将各量表所列因素逐项编码汇总后列入 SPSS17.0 统计分析软件，采用个案汇总、描述统计、频率统计、t 检验、F 检验、多重比较和聚类分析等方法构建评估因素关系模型，探究中外风险评估因素差异。该研究发现，评估问卷在犯罪人基本情况、家庭居住情况和精神心理状况三个维度上，中国大陆和港台地区与外国的评估因素数目存在显著差异；在犯罪人基本情况和犯罪情况两个维度上，社区矫正人员与罪犯存在显著差异；在其他维度上未见显著差异。我国评估因素需科学选取和理性设计，并进行动态评估。[①] 刘邦惠教授带领的科研团队基于遗传算法（GA）和神经网络（BP）相结合设计了社区服刑人员危险性评估模型，并基于云计算模式构建了社区服刑人员危险性评估与矫正云平台。目前，刘邦惠教授的科研团队正在北京市朝阳区司法局的支持下，采集了 40 个司法所 450 名社区服刑人员的研究样本进行试验，并进一步修正模型。当前和今后一个时期内，两岸未成年人社区矫正理论和实践研究的重点是，在注重"犯因性需求"的基础上对未成年社区矫正对象实施个性化的社区矫正方案，并形成科学有效的风险评估体系。

---

① 冯卫国、王超：《中外社区矫正风险评估因素结构差异研究》，《法学杂志》2014 年第 7 期。

VI 天津犯罪调研

关于四川凉山"壁虎帮"在津入室盗窃犯罪的调查报告[*]

2008—2010 年，天津警方相继破获 6 个由四川省凉山州彝族吸贩毒人员组成的入室盗窃团伙。团伙头目从原籍地——四川凉山购买纯度较高的海洛因，用毒品控制团伙成员实施入室盗窃犯罪活动。团伙成员从小练就了"蜘蛛侠"一样的好身手：爬山、上树如履平地，六七层高的楼房几分钟便能爬到顶部，他们以赃物换取毒品海洛因进行吸食。鉴于该入室盗窃团伙作案方法的特点，即专门靠攀爬入室盗窃，其在津被称作"壁虎帮"。本文以这 6 个吸贩毒盗窃团伙为研究对象，分析其团伙成员情况、犯罪的规律和特点，以及犯罪的原因并提出其防控对策。

一 研究对象的基本情况（见表1）

表1 2008—2010 年天津警方破获的四川凉山"壁虎帮"入室盗窃案件

破案时间	破案警方	团伙成员
2008 年 1 月	公安红桥分局	6 人吸贩毒团伙，其中 2 人为艾滋感染者
2008 年 3 月	公安塘沽分局	48 人吸贩毒团伙，其中 19 人为艾滋感染者

---

* 本文原载于《中国监狱学刊》2011 年第 2 期。

贩毒人员 7 名，吸毒人员 121 名。其中，60 人为 HIV 病毒携带者。调查发现，90% 因与他人共用注射器静脉注射毒品而感染艾滋病。笔者重点调查了研究对象因注射吸毒感染艾滋病的有关情况：

（1）注射吸毒的原因，主要是朋友的劝说、注射用量少而且省钱、方便、注射的感觉好而且见效快，因此当毒品来源紧张或吸毒者没有足够的钱的时候就从口吸转为注射吸毒。

> 我一年多改为打针，因为口吸花的钱多，而打针用钱较少，而且打针后快上头，反应快，既方便又快捷，可随便找一个地方打针。（甲）

（2）聚众吸毒及其原因。绝大多数（76%）的研究对象喜欢聚众吸毒。

> 一般 3—5 人，有一次在一个房里 30 多人一起打针，我都感到害怕。（乙）
>
> 和朋友一起打针，气氛好、吸完后可以相互交谈。（乙）
>
> 如果吸毒过量，可以有朋友照应。（丙）
>
> 有时手上的钱不够买一份毒品的，就和别人共同凑钱买（一份），然后一起分毒品，一起打针。（丁）

（3）回抽血的情况。接近一半的人注射吸毒时回抽血 2—3 次，原因不尽相同。

> 用针打到血管里，打完后用针抽回血，反复抽几次，感觉享受一些，上头快一些。（丙）
>
> 针头还有毒品，不浪费。学人家的，如不回抽血，人家当你是傻瓜。（乙）

（4）共用针具的情况。绝大多数研究对象知道共用针具会传染艾滋病及肝炎等，但仍有 37 人共用过针具。其共用针具的原因包括，毒瘾发作时没有新注射器；买注射器困难；两人关系好，认为对方没有病；不知道共用针具的危害；时间来不及等。

大家一起吸毒时，如果我去买针，买回来怕被人吃完。（戊）

曾经有一两次用过人家的注射器，但我看他比较健康又是好朋友才一起。（己）

瘾起的时候，管不了那么多，但不知道有什么危害。（庚）

（二）团伙犯罪规律和特点

1. 组织结构严密

每个团伙内有1—2名头目，负责销赃和购买毒品，并用毒品控制团伙成员实施入室盗窃犯罪活动。据塘沽警方2010年7月抓获的"壁虎帮"吸贩毒盗窃团伙成员A交代，他们有严格的帮规，如：要将盗窃所得财物如实上交；进行盗窃时，如果被事主发现，能跑就跑，不允许反搞（抢劫）；如被抓获，不准揭发同伙等。如果违反帮规，要受到断指、伤腿、封嘴等处罚。

2. 犯罪目的明确

"壁虎帮"吸贩毒盗窃团伙作案的目的，就是非法盗窃他人钱物。在作案中其目标明确、计划周全、行动隐秘，具有一定的隐蔽性。据塘沽警方2010年7月抓获的"壁虎帮"吸贩毒盗窃团伙成员B交代，他们多选择其认为有钱的住宅小区，攀爬阳台或底层窗户护栏进入室内行窃，主要盗窃室内的手包、手机、衣裤内现金、易于携带的贵重物品（手表、首饰、笔记本电脑等）等。大多数团伙成员用盗窃的财物交团伙头目换毒品。

3. 作案具有一定的规律性

其一，作案时间的集中性。作案时间主要在午夜12点之后、凌晨4点之前人们熟睡的时候，白天从不作案。其二，作案手法的单一性。他们大多是2—3人合伙作案，白天踩点，深夜作案时只携带刀片或剪刀之类的作案工具，留一人在楼下望风，另一人或两人顺着水暖管道或天然气管道爬上去后，用刀片划破纱窗或直接拉开窗户，进入房间，从不撬门入室作案。

二 研究对象的生活境遇

在与"壁虎帮"吸贩毒盗窃团伙成员的访谈过程中，我们发现其在社会交往中主观上呈现一种自我封闭化的趋势。这种趋势的出现，在某种意义上也是客观存在的社会排斥和社会歧视的结果。

1. 社会交往的封闭化

在访谈中，我们可以感受到团伙成员的空虚和慵懒。在基本的生活方式上，他们表现出一种人格化的懒散和懈怠。他们因为毒品带来的生理和心理的改变，变得安静而不愿与人交往。他们在吸毒以后已经失去了大量不吸毒的正常朋友，社会交往圈变得越来越窄。多数团伙成员由于对毒品的严重依赖，形成了极端偏异的生活、行为模式，且有较强的孤独感。他们因为不得不与主流社会相隔离，而加入吸贩毒盗窃团伙，同时对"亚文化群体"产生心理认同。在调研中发现，大多数团伙成员这种自我封闭化的生活方式已经固化，与主流社会价值观念和行为方式相距甚远。他们在无意识下重复着他们的生活，无意识中远离社会成为一个边缘且不为社会所知的亚文化群体。许多团伙成员对"一朝道友，终生道友"深有体会。

2. 受到比较严重的社会排斥和社会歧视

艾滋吸毒者的高病死率、多途径传染以及目前尚不可治愈等特点，引发了社会恐惧和与此相伴随的社会排斥和社会歧视。[①] 因此，他们不仅要面对毒瘾和疾病的折磨，还要为"艾滋吸毒者标签"所带来的社会后果而苦恼。

> 周围的人对我们都避而远之。我们受够了家人的冷言冷眼。我们这些同病相怜的人只好在一起打发时间。（ANAE）
>
> 我卖血感染艾滋病以后，经常感冒，皮肤病也是时好时坏。治病花费很大，我又找不到工作，吸毒时感觉好些。（庚）

---

① 向德平等：《困境与出路：艾滋病患者的社会处境研究》，社会科学文献出版社，2009，第232页。

那时（歧视）严重得很。人都吓死了。有一个人去理发，别人说
他有艾滋病，理发的理到一半就跑了。（辛）

他们（邻居）怕传染，知道我家有人得了这病，赶紧换纱窗纱帘，
怕蚊子咬了我，再叮他。（甲）

笔者还通过问卷给出对艾滋吸毒者社会排斥和歧视的可能形式，即拥有
受损身份的艾滋吸毒者是否遭受到了未感染者（他人）在以下社会行动上的
排斥性社会回应。这些社会行动包括：他人是否去您家中串门；他人是否和
您一起同席吃饭、喝酒；他人是否和您握手；他人是否购买您生产或经营的
商品；他人是否愿意雇用您，或帮助您找活干；他人是否在路上遇见时和您
打招呼；他人是否和您一起打牌或进行其他娱乐活动；他人是否去您家帮忙
料理红白喜事；他人是否愿意在您发病时帮忙送医院；他人是否会比较关注
您的一举一动，以便随时保持和他们的距离。表3显示，他人针对23名"壁
虎帮"吸贩毒盗窃团伙成员所采取的社会排斥行动的自我报告（见表3）。

表3　23名"壁虎帮"吸贩毒盗窃团伙成员所遭受社会排斥和歧视的自我报告

社会行动类别	会	要看情况	不会	得分
他人是否去您家中串门	16	2	5	12
他人是否和您一起同席吃饭、喝酒；	14	2	7	16
他人是否和您握手	13	5	5	15
他人是否购买您生产或经营的商品	13	4	6	16
他人是否愿意雇用您，或帮助您找活干	4	2	17	36
他人是否在路上遇见时和您打招呼	20	1	2	5
他人是否和您一起打牌或进行其他娱乐活动	18	2	3	8
他人是否去您家帮忙料理红白喜事	18	2	3	8
他人是否愿意在您发病时帮忙送医院	17	3	3	9
他人是否会比较关注您的一举一动，以便随时保持和他们的距离	8	3	12	19

表3的赋值方案：第1—9项："会"＝0分；要看情况＝1分；"不会"＝2分。第10项：
"会"＝2分；要看情况＝1分；"不会"＝0分。有效样本：N＝23。

按照得分从高到低（也即按照歧视严重程度从高到低）来看，前5项
分别是："他人不愿意雇用艾滋吸毒者，或帮助其找活干"（36分）、"他人

关注艾滋吸毒者的一举一动，以便随时保持和他们的距离"（19分）、"他人不再愿意购买艾滋吸毒者生产或经营的商品"（16分）、"他人不再愿意和艾滋吸毒者一起同席吃饭/喝酒"（16分）、"他人不再愿意和艾滋吸毒者握手"（15分）。而受到歧视严重程度最轻的前5项则分别是："他人路上遇见艾滋吸毒者时是否还打招呼"（5分）、"他人是否会帮忙料理艾滋吸毒者家里的红白喜事"（8分）、"他人是否还会和艾滋吸毒者一起打牌或进行其他娱乐活动"（8分）、"艾滋吸毒者发病时，他人是否愿意帮忙送医院"（9分）、"他人是否去艾滋吸毒者家中串门"（12分）。据此，我们大致可以得出如下的结论：对艾滋吸毒者的最典型的社会排斥和社会歧视行动，是在就业方面和个体层次的社会互动——如个体间空间距离的维持、个体间的直接身体接触等。与此相反，在承载着道德张力的社会—文化层次的社会互动中——如红白喜事和协助送医院，以及在非直接身体接触的社会互动中（如打招呼），则呈现出较低程度的歧视。因为感染艾滋病，不但艾滋吸毒者通过劳动获取收入的能力下降，而且由于社会排斥和社会歧视，他们能够争取到的就业机会也大大减少。因此，他们通过合法手段获得收入的机会明显减少。在生存压力之下，他们加入吸贩毒团伙，从事"以盗养吸"的犯罪活动，也是应对社会排斥和歧视的无奈之举。

三　对策建议

1. 在社会层面构建社会支持网络

本研究将社会支持分为物质性支持、情感性支持、信息性支持和同伴性支持。物质性支持主要是提供服务或者物质帮助他人解决实际的问题和困难。情感性支持主要向他人提供鼓励、关心和爱意，使人感到温暖和信任。信息性支持即给予或提供信息、建议和指导，如帮忙介绍工作等。同伴性支持即与他人接触，满足人际关系的需要，缓解压力，促进积极人生态度的产生。[①]

---

① 王雁飞：《社会支持与身心健康关系研究综述》，《心理科学》2004年第5期。

笔者对研究对象社会支持需求进行考察，对其提出的主要问题是："你现在需要帮助吗？如果需要，需要哪些方面的帮助和援助？对你来说，最重要的是什么？"结果显示，有81%的研究对象表示需要帮助和支持，其中对物质性支持的需要占到了70%，对情感性支持的需要占到了48%。此外，认为物质性支持最重要的研究对象占到了45%（见表4）。笔者认为，开展"艾滋吸毒者治疗社区"试点工作，确保艾滋吸毒者的基本社会保障，对改善其社会处境更具有现实的意义。

表4　"壁虎帮"吸贩毒盗窃团伙成员对不同社会支持类型的需求

	需求情况	物质性支持	情感性支持	信息性支持	同伴性支持
需求（%）	81	70	48	22	20
最重要的需求（%）	81	45	21	13	2

在社会层面构建社会支持网络，对改善艾滋吸毒者的社会处境，预防其违法犯罪起着至关重要的作用。首先，要坚持社会舆论的正确导向，既要使社会公众充分了解艾滋病的传播、远离毒品的相关知识，还要尽最大努力消除对艾滋吸毒者的社会歧视、污名化等不利于其社会处境的消极因素。其次，要因人而异地对艾滋吸毒者给予不同性质的社会支持。有的艾滋吸毒者更希望获得经济上的资助，而有的艾滋吸毒者更希望得到社会的认可和尊重。只有针对性地为其提供不同性质的社会支持，才能达到社会支持的最大效果。最后，应当把握社会支持的度。从研究对象的心理和行为特征可以看出，大部分艾滋吸毒者对于生活没有明确的打算，对于未来没有明确的希望，生活中走一步算一步，其生存的信心和动力明显不足。笔者认为，有效的社会支持必须把握一个度，不足和过度都不理想。不足则不能解决其生存的需要，过度则会造成依赖，使其丧失自救自助的动力。

2. 在个人层面，要积极引导和鼓励艾滋吸毒者矫正自我认知，开展自救与自助

艾滋吸毒者因为受到社会情境和社会文化环境的影响，出现了自我认知的偏差，多数人认为自己低人一等，受到了社会的歧视，而做出了错误的自我评价。从个人层面来看，改善艾滋吸毒者的社会处境必须从矫正自我认知出发。矫正自我认知除了需要自己的努力外，还需要相应的机构为其提供相应的心理指导，如：定期为艾滋吸毒者提供心理服务，鼓励其走出阴影，积极投身社会生活之中。一方面，艾滋吸毒者应该充分认识到开展自救与自助的必要性，树立起社会信心；另一方面，政府和相关机构可通过开展"艾滋吸毒者治疗社区"试点工作，为艾滋吸毒者自救自助提供便利条件，如直接给予经费的支持或者给予政策方面的支持，引导和鼓励其自救与自助。

3. 提高社会公众的犯罪被害防范意识

"壁虎帮"吸贩毒盗窃团伙之所以能屡屡得手，两年内作案近 300 起，造成了百万余元的经济损失，与当前居民生活小区存在的防范弱点不无关系。一是居民在家中放有大量现金，又不注意存放方式，很容易被犯罪分子发现，客观上刺激了犯罪的欲望。据调查，在滨海新区某住宅小区被盗的两户中，共窃得现金 5000 余元，手机、数码相机等其他财物价值近 15000 元。该团伙在此一下手就窃得价值近 20000 元的财物。于是，事隔一周，就再次"光顾"了这个小区另三家住户，又窃得现金 3800 多元，价值 10000 多元的财物。二是家庭防盗措施滞后。调查发现，目前天津市大部分住宅小区的家庭都安装了防盗门，还有一部分楼栋安装了楼寓式防盗门，有效遏制了撬门入室盗窃案件的发生。但是，他们却忽略了其他入室口——窗户的防盗设施建设。经初步调查，在 282 家被盗住户中，绝大部分住户都没有安装防盗窗。因此，犯罪分子并不需要携带复杂的作案工具，即可轻而易举地从窗户进入房间行窃。三是邻里之间缺乏协防意识。很多居民不爱管"闲事"，在案发的第二天才想起在发案时现场有响动或狗叫的声音，却未及时起床查看或提醒。有的居民甚至对自家房间里的响动都缺乏警觉，总认为家里有人，小偷不敢进来，放松了警惕。此外，居民的报案意识太差，也为侦破工作带来很大不便。据不完全统计，在"壁虎帮"吸贩毒盗窃团伙曾经作案的小区，因种种原因未报案的所占比例达 30% 以上。

针对此类案件的发案规律以及在治安防范方面存在的问题，我们认为，应当加强群防群治，进一步提高社会公众的犯罪被害防范意识。要解决防范工作与犯罪分子作案规律特点相脱节的问题，增强防范的针对性。要加强路面、街道和居民住宅区的夜间巡逻，守候伏击，对可疑人员、车辆进行盘查，遏制盗窃案件高发的势头。要在居民小区内开展多种形式的防盗宣传，提高群众的防范意识。在大量的案件中，群众的防范意识薄弱是犯罪分子频频得手的主要原因。因此，辖区派出所和小区物业管理部门应当大力加强对人民群众的防范宣传，通报盗窃犯罪的规律、特点，提高广大群众的自我防范意识。

近五年来天津市绑架犯罪案件透析[*]

绑架犯罪案件是指，以勒索财物为目的，绑架他人作为人质，使用暴力、胁迫、麻醉或者其他方法绑架他人的案件。它不仅侵犯了公民人身权利，而且还侵犯了公民的财产权利，是复合型犯罪。在几年的调研中，我们获取了天津市有关绑架犯罪案件的第一手数据。本文拟对 2002 年至 2006年发案的 154 起绑架案件所涉及的一系列的数据进行统计分析，从而揭示天津市有关绑架犯罪的特点。

一 绑架犯罪案件的主要特点

2002 年至 2006 年，天津市绑架案发案呈逐年上升趋势，共发案 154起，破获 154 起，主要呈现以下特点。

一是以勒索金钱为目的，赎金数额不断攀升。154 起案件中，以绑架人质为手段勒索赎金的 138 起，占 89.6%；由经济纠纷引发的 10 起，占6.5%；以绑架人质为手段进行报复的 6 起，占 3.9%。勒索赎金的数额不

---

* 本文原载于《犯罪与改造研究》2008 年第 2 期。

▌245

断攀升，由几千元、数万元攀升至数十万元、上百万元。

二是以结伙犯罪为主，职业化特征明显。154 起案件中，结伙或团伙作案 123 起，占 79.9%，呈逐年上升态势，从 2002 年的 13 起增长至 2006 年的 36 起。有的犯罪团伙已逐渐发展成为职业化的绑架犯罪集团，并且集团内部组织严密，成员固定，分工明确，配合默契，实行一条龙作业，已明显呈现出职业绑架犯罪集团的基本特征。如 2004 年本市打掉的以王某某为首的犯罪集团职业化特征最为明显。该犯罪集团成员多达 15 人，组织严密，成员固定，拥有汽车、军用手枪、子弹、警服、手铐、假警察证等一大批较为专业的作案工具。该犯罪集团在 2000 年至 2003 年，先后冒充警察实施了多宗绑架案，勒索金额少则数十万元人民币，多则 400 万美金。

三是精心策划犯罪方案，充分做好准备工作。在作案时间上，多选择夜间作案，以逃避或减少目击者；在作案地点上，多选择侵害对象上下班、上下学途中的僻静道路或居民小区楼道、电梯、停车点等人员较少的偏僻场所；在作案方式上，有的以拦截、跟踪尾随等方式，有的通过编造谎言、制造借口将侵害对象骗至家中、暂住地或其他事先准备的场所，且人质被控制后，迅速将其带离现场；在关押人质的场所上，多选择出租房屋、旅店、施工场地或野外废弃的棚屋、院落等不易被发现的场所。

四是暴力性特征突出，社会危害加剧。实施绑架时使用刀枪等工具的日益增多，2002 年持刀实施绑架的 3 起，2006 年 20 起，占当年总数的 41.7%；手段残忍，有的犯罪分子为防止人质反抗逃脱或控制现场局面，往往伤害人质或现场其他人员，在 154 起案件中，14 起案件的人质被害，占 9.1%；实施绑架与其他犯罪行为复合交叉，在绑架过程中往往伴有抢劫、强奸等犯罪行为。

五是作案手段日趋成熟，反侦查意识增强。犯罪分子选择作案目标随意性较强。在某一地区或范围内，具有一定经济条件或在某种环境中便于控制的人，都有可能成为侵害的对象。犯罪分子设法割裂与案件的因果关系，制造侦查障碍、转移侦查视线。犯罪分子活动空间跨度增大，其突出表现为选择作案目标、实施绑架、转移和藏匿人质、与人质亲属联系以及获取赎金等一系列犯罪活动在不同场所、不同地点甚至异地完成，想方设法逃避公安机关的侦查和追捕。近年来，犯罪分子反侦查意识增强。有的租用车辆或临时盗抢汽车作为交通工具，有的改变口音或冒充其他身份加以伪装。作案后，利用手机、IC 卡电话、电子邮件等通信方式"大做文章"，逃避侦控和打击。交接赎金时，通过银行账户提取赎金，减少被抓捕风险，有的则不断变换交接地点，试探是否报警或摆脱警方追踪。

二　绑架犯罪案件犯罪人的基本情况

1. 实施绑架犯罪行为的犯罪分子大多为男性，女性犯罪（包括合伙犯罪中的女性参与）的只占 10% 左右。

2. 犯罪分子的年龄大多在 18 至 40 岁之间。此年龄段的犯罪分子约占总量的 90%。

3. 犯罪分子大多户口在农村，作案的那一时期正在经商，或正在市、镇打工，或处于无业状态。此类身份的人约占全部绑架犯罪分子人数的 75%。

4. 犯罪分子文化程度偏低，半数左右的犯罪分子有过违法犯罪经历。在绑架团伙犯罪案件中，具有违法犯罪经历和受过刑事处罚的犯罪人占有相当大的比例，相同的经历使这些人很容易产生共鸣，一拍即合。追求快速致富、集体暴富的非法欲望，使他们结成了团伙，共同实施绑架犯罪。

5. 犯罪分子实施绑架犯罪活动之前大都有预谋过程。有预谋的案件占全部绑架案件的 98%。只有少数的"激情绑架"才没有预谋。由于预谋，所以绝大多数犯罪分子在实施绑架行为之前对被绑对象及其家庭情况都有一定程度的了解和掌握。

6. 犯罪分子实施绑架的动机大都为获取钱物。也有少数的是出于泄愤报复而实施绑架，但目前出于其他动机而实施绑架的情况还极为鲜见。

鉴于绑架犯罪的基本组织形式为结伙作案，笔者在调研中还对绑架犯罪群体心理进行了实证性调查。在绑架犯罪团伙中，成员之间的心理模仿、暗示、互动、感染等会产生从众、罪责扩散等心理效应，并在此基础上出现一种融合绑架犯罪团伙成员共同心理特征的群体犯罪心理。笔者 2007 年8 月曾对天津监狱关押的 23 名因绑架入狱的某犯罪团伙成员进行了深度访谈。通过访谈，笔者发现，绑架犯罪团伙中的核心人物常常用隐语、体态动作等影响、控制成员的心理与行为，指挥犯罪活动。团伙一般成员以具有违法犯罪经验的核心成员为榜样，对他们的言行进行模仿学习，从而加深了其反社会倾向，并由此掌握了更多的犯罪技能。绑架犯罪团伙中，每个成员之所以在实施绑架犯罪时敢于下手，甚至残忍地杀害人质，是因为有犯罪群体的支撑，形成了"群胆群威"，共同实施犯罪的局面。该团伙成员 A 说："大家一起干，可以壮胆。如果我自己单独行动，我可能下不了手。"该团伙成员 B 说："大家一起动手，'责任'可以分担，即使受到处罚，也会减轻。"由此可见，绑架犯罪团伙成员的从众心理和群体的支持力量，使其成员产生"作案责任分担"心理，使犯罪群体的总体能量可能超过单个犯罪成员能量之和，从而使团伙犯罪的恶性程度与危害性不断加深。

三 绑架犯罪案件被害人情况

2002 年至 2006 年，154 起案件中涉及的绑架受害者近 200 人，（那些因受恐吓威胁而不敢报案的受害者尚不包括在内）。绑架犯罪方式的流行初期，绑架受害对象大都集中于知名的工商界人士、国外入境人员及其子女。但近年来，工薪收入者的受害比例明显上升，一些青少年犯罪团伙、吸毒的"瘾君子"及其团伙往往为数千元钱，甚至数百元钱而绑架人质。在 154 起案件中，绑架犯罪案件被害人的情况呈现出以下三个特点：

1. 绑架案的被害者大多为男性。女性（含多人被害时，其中有女性的）被当作被绑对象的只占全部案件的 8.3%。而这些被害的女性又大多是有高收入的"白领"。

2. 被害者的年龄分布在各个年龄段。其中，16 岁以下的小孩被害率偏高，在 154 起案件中，以年龄在 16 岁以下小孩为对象的案件约占全部案件的 11%。作案人认为，少年儿童容易哄骗，身单力薄，便于挟制；在转移、藏匿过程中目标小，不易引人注意；而且绑架小孩，由于家长普遍爱子如命，所以轻易不敢报案，且舍得花钱赎命。

3. 被害人的身份比较复杂。犯罪分子往往只考虑对象是否有绑架的价值和是否有利于下手，而不计较被害者的身份。在被害者中，农民（指户口在农村，现在村镇或市里经商、打工的）占 52%，学生（包括年龄在 16 岁以上的）占 13%，商人占 9%，公司职员占 5%，公务员占 5%，其他（含赌徒、吸毒人、港澳同胞、海外侨胞等）占 16%。

在调研中，笔者还对绑架犯罪案件中被害人的被害性问题进行了专题调研。绑架犯罪案件中，被害人的被害性具有以下两个特征：1. 目标的可侵害性。笔者在调研中发现，犯罪人对绑架目标的选择主要关注两点：一是被害人是否具有较高的赎金期望值；二是是否有可能以人质换赎金。犯罪人对被害人可侵害性的判断一般有两条途径：其一，利用公共媒体的公开信息捕捉目标。以知名的企业界、政界、文艺界人士的社会地位及其在行业中的影响，推测他们的收入、财产并进一步了解他们的家庭成员、住址、工作和生活规律等，从而推断这些目标是否具有绑架的价值和可能性。其二，利用社交机会和公共场所的活动捕捉目标。一些被害人言语不慎、交友不当将个人的经济、家庭和活动规律等有关情况外露，引起犯罪人的注意并激发了他们的绑架动机。在我们所调研的 154 例绑架案件中，约有 55% 的被害属于后一种情况。2. 犯罪人在空间上能够近距离触及侵害目标，并能够胁迫或诱骗被害人进入可控制状态。笔者对 154 例绑架案件的调查表明，有 37% 的绑架以诱骗的手段使被害人落入圈套，13% 的绑架是诱骗和暴力兼用，45% 的绑架直接使用暴力。若受害人在绑架发生时做出呼救和自救的反应，能够有效地减少被害机会，说明大部分受害人缺乏绑架被害防范意识，以致对已经发生的绑架被害不知所措；犯罪人无论是直接入室或是诱骗被害人入室，在一定程度上也是由于受害人自我保护意识不强，以致犯罪人有机可乘；犯罪人往往选择被害人单身行走于上学、放学途中的儿童，将他们秘密劫持或以谎言、玩具等诱骗入套。笔者曾经随机抽取 35 名被害人进行调查，无一例自诉曾有绑架被害的心理准备。有的儿童已经被绑匪诱骗，一路上还高高兴兴地跟同学打招呼。有的成年人遭到绑架，还不知道究竟发生了什么事，有的以为对方弄错了对象，以致不能做出恰当的求助反应。

通过对绑架案件被害人的被害性的考察，笔者认为，绑架被害预防首要的、基本的工作是积极开展被害防范教育，提高群众的被害防范意识，从主观上减少被害发生的条件，这是绑架被害预防中最具积极意义的切入点。

新型城镇化进程中天津市示范小城镇刑满释放人员调查报告[*]

20世纪后半叶，继发达国家城镇化水平达到60%—80%之后，发展中国家也纷纷于20世纪80年代前后进入快速城镇化时期，区域性的城镇化甚至成为当地经济与社会发展的重大目标。但随之产生的城市人口问题、交通问题、生态环境问题以及居民的心理问题等，对城市的发展乃至区域城镇化的进程有负影响，甚至上述问题所形成的"城市病"会衍生出新的社会问题，如犯罪率居高不下。

党的十八大报告指出，要坚持走中国特色新型城镇化道路。所谓新型城镇化，是指坚持以人为本，以新型工业化为动力，以统筹兼顾为原则，推动城市现代化、城市集群化、城市生态化、农村城镇化，全面提升城镇化质量和水平，走科学发展、集约高效、功能完善、环境友好、社会和谐、个性鲜明、城乡一体、大中小城市和小城镇协调发展的城镇化建设路子。在新型城镇化进程中，社会环境和公众的思想观念、生活方式等将发生深刻的变化。而刑释人员回归社会后，普遍存在着就业困难、生活贫困等一系列问题，不能适应新型城镇化所带来的社会变革，不可避免地成为城市社会的最

---

[*] 本文为天津市2014年度社科规划委托研究项目（项目编码为TJZDWT130110），课题组负责人刘晓梅，参与人刘晓梅、任庆起、赵文聘、张智宇等，执笔人刘晓梅。

底层群体。在生活的压力以及自暴自弃心理动机的作用下，一部分人选择重新走上犯罪道路，甚至产生报复社会的犯罪动机，其社会危害不容小觑。

本课题主要调研天津新型城镇化进程中刑释人员的情况。课题组成员深入天津市蓟县、津南、宁河、西青、宝坻、北辰、东丽等区县的 43 个示范小城镇的司法所进行调研，[①] 通过问卷调查和个案访谈，了解刑释人员的就业、养老保险、医疗保险、失业保险等情况，以及东丽、西青等地开展刑释人员帮教安置工作的主要经验及其存在的主要问题，在此基础上提出完善刑释人员社会保护的建议，以期为天津市出狱人的社会保护事业发展提供前瞻性的指导。

一 调研对象和调研方法

从天津市 43 个示范小城镇 4821 名刑释人员中（见表 1），课题组随机抽取 483 名进行问卷调查（调研样本分布见表 2），得到有效问卷 456 份。为了使研究样本具有代表性，课题组在每个示范小城镇采取分层随机抽样法。篇幅所限，仅以刑释人员最多的津南区为例（见表 3）。本研究还在宝坻的潮阳街，西青的精武镇和辛口镇，东丽的金钟街和无瑕街等共选取 30 个个案样本的档案资料进行查阅，对其中的 9 个典型个案进行过多次深度访谈，得到了比较翔实的一手调研资料。课题组利用 SPSS 专业统计软件，对数据进行整理录入和变量统计分析。

表1　天津市 43 个示范小城镇刑释人员情况统计（截至 2014 年 4 月 20 日）

单位：人

	刑满释放人员人数	男	女
蓟县	272	250	22

① 为解决大城市中小城镇建设资金不足以及土地制约的问题，2005 年，天津市大胆探索以"宅基地换房"办法建设示范小城镇。党的十八大提出：推动信息化和工业化深度融合、工业化和城镇化良性互动、城镇化和农业现代化相互协调，促进工业化、信息化、城镇化、农业现代化同步发展。天津市委、市政府及时总结经验，推出了以示范小城镇建设为龙头，推进示范工业园区、农业产业园区、农村居住社区"三区联动"发展的战略。"三区"互利互动，广大农民真正成为拥有股金、薪金、租金和保障金的"四金"农民。截至目前，天津市已启动四批共 43 个试点示范小城镇建设，涉及 100 万农民，已有 40 万农民迁入新居。

续表

	刑满释放人员人数	男	女
津南	1250	1190	60
宁河	496	470	26
西青	1079	1004	75
宝坻	92	87	5
北辰	840	790	50
东丽	792	733	59
总计	4821	4524	297

表 2　调研样本分布情况

单位：人

	样本数	男	女
蓟县	27	25	2
津南	125	119	6
宁河	50	47	3
西青	108	100	8
宝坻	9	9	0
北辰	85	80	5
东丽	79	73	6
总计	483	453	30

表 3　津南区刑满释放人员与调研样本情况

单位：人

津南区示范小城镇	刑释人员			样本数		
	男	女	刑释人员合计	样本合计	男	女
八里台	245	16	261	27	25	2
北闸口	93	1	94	9	9	0
葛沽	169	9	178	18	17	1
双桥河	141	6	147	14	14	0
咸水沽	249	8	257	26	25	1
小站	233	17	250	25	23	2

续表

津南区示范小城镇	刑释人员			样本数		
	男	女	刑释人员合计	样本合计	男	女
辛庄	60	3	63	6	6	0
合计	1190	60	1250	125	119	6

（一）就业保障情况

调研发现，天津市的小城镇建设为刑释人员带来更多的自谋职业机会。自谋职业的刑释人员占43个示范小城镇刑释人员的86%（见表4），如宝坻区潮阳司法所（原宝坻区马家店镇司法所）92名刑释人员全部自谋职业。津南区涉及示范小城镇建设的村镇共有7个，其中6个示范小城镇的刑释人员全部是自谋职业，咸水沽镇刑释人员257人，249人自谋职业。

表4 天津市43个示范小城镇刑释人员就业情况统计

单位：人

人数	就业形式		
	自谋职业	推荐就业	无业
4821	4164	417	240

个案：

宝坻潮阳街道（原马家店镇）东广林木村刑释人员ZYD，女，32岁，2011年因容留他人吸毒被判处有期徒刑一年缓刑两年。期满解除社区矫正转入安置帮教，由潮阳司法所继续对其进行帮教。

ZYD父母双亡，独自抚养同母异父的弟弟ZHF（11岁，小学六年级，在宝坻区城关镇第四小学借读）。ZYD老家的房屋年久失修无法居住，又无钱修缮，姐弟俩只好租住在四小附近的平房，其姐每天接送照顾弟弟，很注重弟弟的学习，领点零活在家里搞加工，生活拮据。司法所干警了解情况后及时与村干部、镇民政部门联系为其办理了低保，ZHF每月领取1800元低保补助，很大程度上缓解了姐弟俩的生活压力。司法所干警还向ZHF赠送了课外读物。现在ZYD在当地开发区某服装厂打工，ZYD 表示一定要遵纪守法，努力工作供弟弟上学，将弟弟培养成国家的栋梁，将来回报社会。

个案：

宁河县北淮淀乡刑释人员 YFS（2011 年 12 月刑满释放）在朋友的帮助下自谋职业经营某饭店，目前收入丰厚，状态比较稳定。

天津 43 个示范小城镇刑释人员中无业的约占 5%。67.1% 的被调查者回归社会后没有参加过政府组织的就业培训。地方政府组织就业培训，对解决刑释人员的就业问题至关重要，不仅能帮助刑释人员学习知识技能，获得谋生的本领，还能在很大程度上降低刑释人员重新犯罪的可能性。调研了解到，没有专项经费是大多数示范小城镇很少组织刑释人员就业培训的主要原因。调查还发现，65.6% 的刑释人员从事体力劳动，这反映出刑释人员的文化和技能水平还有待提高，同时也说明了帮教机构和培训组织的重要性。

（二）其他社会保险情况

调研发现，目前刑释人员没有养老保险、医疗保险、失业保险的占绝大多数，他们对未来生活有恐惧感。在这种焦虑不安心理影响下，个别刑释人员有可能选择通过犯罪获得财富积累来保障未来生活。课题组通过调查问卷对 43 个示范小城镇刑释人员社会保险方面进行了调查。调查显示，刑释人员回归社会后，没有养老保险的占总数的 91.9%，没有医疗保险的占 94.7%，没有失业保险的占 92.1%（见表 5、表 6、表 7）。社会保障的缺失，是导致刑释人员再犯罪的重要原因之一。

表 5　回归社会后是否有养老保险

	人次	所占比例（%）
有	37	8.1
没有	419	91.9
合计	456	100

表6　回归社会后，是否有过医疗保险

	人次	所占比例（％）
有	24	5.3
没有	432	94.7
合计	456	100

表7　回归社会后，是否有过失业保险

	人次	所占比例（％）
有	36	7.9
没有	420	92.1
合计	456	100

二　近年来天津市示范小城镇对刑释人员的帮教安置及其工作难点

1. 天津市对刑释人员的帮教安置工作的基本情况

刑释人员回归社会后，绝大多数自谋职业，能够主动配合基层司法所的帮教安置工作。也有刑释人员不到户籍地司法所报到，用假身份证、假姓名、假地址混迹于社会，成为刑释流动人员。

为推进监管改造安置帮教一体化工作机制，2012年市司法局出台《天津市刑释解教人员衔接工作管理办法》。现阶段刑释人员社会保障与安置工作，从整体上讲应有一套完整的程序，包括回归报到、登记、建档立卡、签定帮教协议、落实帮教人员、安置、重点人头管理、随访记录、考察评议鉴定、解除帮教等。

2. 各地实践中值得推广的好做法

（1）出台政策，对刑满释放特困人员给予临时救助。

刑释人员回归社会后的首月往往一时难以找到工作，缺乏经济来源，特别是那些家庭成员为低保户、本人离异、子女未成年、父母年迈等特殊困难人群，更面临着生活无着落的困境，而在其生活最困难的阶段，往往容易因种种原因重新犯罪。从2008年起，东丽区便制定了《关于做好刑释解教特困人员临时救助工作的试行办法》（以下简称《办法》），对服刑劳教前至刑释解教后为东丽区户籍，刑释解教后仍居住在户籍地的特困人员，由区安置帮教办公室在其刑释解教后首月，给予一次性临时救助金 800 元。特困人员包括刑释解教"三无"人员（无劳动能力、无生活来源、无家可归）；家庭成员享受最低生活保障，而本人无其他生活来源，暂时未就业；家庭生活遇有特殊困难的，如家庭成员重病、子女未成年、本人离异生活困难等。

个案：

该《办法》实施后首位获助人王某某，在押前系金钟街大毕庄村村民，42 岁的他因盗窃先后两次判刑入狱 13 年，夫妻离异，孩子归女方，其父病故，母亲常年有病由其兄赡养。大毕庄村委会考虑到王某刑满释放后，既没有住处，又无生活来源，且身体有病，暂时无法就业，认定其符合救助条件，属于刑释解教特困人员，及时填写《特困人员临时救助审批表》上报街司法所核实，东丽区安置帮教办公室按照有关程序予以审批。王某某刑满释放出狱当天，金钟街司法所干警、大毕庄村干部一起到监狱将他接回，在金钟街司法所，由街领导、司法所干警及村干部对他进行了集体帮教，鼓励其树立重新生活的勇气，自食其力，做守法公民。王某某接到 800 元特困救助金时非常感动，连连表示感谢党和政府的关心和救助，决心要改过自新，做一个对社会有用的人，回报社会。

(2) 与有关部门积极协调，为刑释人员寻找就业门路，解决生活出路。

西青区在区委、区政府的统筹下，建立起集教育、培训、就业指导、食宿、帮教为一体的过渡性安置帮教基地。区内 9 个街镇分别依托企业建立起安置基地，让刑释人员的就业有保障。蓟县在 3 个当地企业建立刑释人员安置基地，已安置刑释人员 14 名；对有一技之长的刑释人员，已推荐 6 人到企业和经济实体就业。各地还鼓励刑释人员自谋职业，通过灵活多样的形式实现就业，包括非全日制、临时性、季节性工作，逐步实现安置就业市场化、社会化、多元化。

个案：

西青区辛口镇刑满释放的 XA 经营一家小卖店。回忆 2010 年刚出狱时的窘迫，他说，"我没有一技之长，想自己做生意又没有本钱，生活特别困难。多亏了区安帮办的支持，帮我办理了 5 万元小额贷款，才开了这家店。"现在，他的小卖店每月都有不少盈利，贷款也早已还清。

（3）帮助刑释人员解决回归社会后遇到的家庭矛盾和劳动纠纷，提供社会支持。

个案：

宝坻潮阳街道（原马家店镇）烧角村刑释人员 DYL（男，23 岁）2010 年 12 月 14 日因强奸罪被判处有期徒刑 1 年，缓刑 2 年，社区矫正期满转入安置帮教。潮阳司法所继续对其进行帮教。

在安置帮教期间，DYL 在某服装厂上班。因该服装厂拖欠其工资 4600 元，他曾多次催要均遭到厂方拒绝。司法所得知这一情况后，与潮阳街道劳动保障部门工作人员多次找到服装厂协商此事，厂方以种种理由拒不支付 DYL 工资款。通过司法所干警对该厂负责人反复耐心细致的讲解《劳动合同法》等相关法律规定，厂方答应支付工资，DYL 终于拿到了 4600 元血汗钱，非常感动。他表示以后会更加努力工作，遵纪守法，成为一个对社会有用的人。

个案：

西青精武镇小南河村 WDL 因违法犯罪曾多次入狱服刑，2003 年 6 月 26 日又因犯放火罪被公安机关抓获，后被人民法院判处有期徒刑 14 年，于 2004 年 2 月 25 日起在西青监狱服刑。2013 年 6 月 25 日，WDL 刑满释放后到司法所报到。司法所干警通过与其谈话沟通了解到，因为小南河村拆迁平改，WDL 原有平房被改造成了楼房，但该房屋被其二哥实际占有，且没有意愿归还给 WDL，言语中流露出过激的情绪。为避免矛盾进一步升级，司法所干警来到小南河村委会，试图通过村委会出面协调解决 WDL 家的房屋纠纷。但是由于 WDL 的二哥态度十分坚决，经多次调解也没有达成解决方案，而且兄弟二人的关系每况愈下。在多方调解未果的情况下，镇安帮办一方面做好 WDL 的思想稳定工作；另一方面则深入小南河村了解相关情况，到村委会调取了分房的相关证据材料，为提起民事诉讼做好相关的准备工作。考虑到 WDL 在经济上确有困难，镇安帮办又与区安帮办请示，通过司法局法律援助中心帮助 WDL 解决家庭房屋纠纷。在法律援助律师和司法所干警的悉心劝导下，WDL 二哥同意将房产归还 WDL，兄弟二人重归于好。

3. 目前刑释人员安置帮教工作的难点

一是刑释人员流动性增强，帮教工作难度增加。由于小城镇建设多采取先拆迁后还迁的做法，大部分村民先搬出原有住房自行在外租房居住，待还迁楼竣工后统一进行还迁。刑释人员自行租房居住者增多，且租房地点更换频繁，这使司法所很难及时跟踪了解他们的生活工作状况，给安置帮教工作措施的落实带来难度。有的刑释人员迁居后不愿向其他人透露居住信息，给帮教工作带来许多不便。拆迁导致原村居被打乱，居民分散于不同住址，也不利于村委会发挥安帮职能。

二是刑释人员融入社会困难。大部分刑释人员在服刑期间，家里已经完成了拆迁或还迁工作，在他们出监所后，以前成长的环境已发生了很大变化，他们进入了一个完全陌生的环境，更增加了刑释人员对社会的陌生感。加之邻里之间因为其刑满释放的身份，对其表现出社会歧视和排斥，更增加了他们融入社会的难度。有些企业在招工时存在顾虑，且企业安置刑释人员的工种大多是重体力工作，安置种类较为单一。个别刑释人员的父母、兄弟姐妹与其断绝来往，或者夫妻离异时住房判给对方，导致其回归社会后无处居住，无家可归。

个案：

刚出狱的半年时间里，不敢出去找工作，不喜欢和外人交往。在家里待着实在悠得慌，整天不是看电视就是傻傻的待着，总觉得自己是犯过错的人，出去后怕别人瞧不起……虽然我的家人在我出狱后都

对我很好，但是我接受不了别人用异样的眼光看我，我连出去倒垃圾都不敢。——刑释人员 LT

他出狱后，为了给他筹集资金做个小买卖，我和他爸到处借钱，但亲戚朋友会借给我们的（钱）很少。我和他爸平时下楼散心时，都不敢去和邻居聊天，因为她们会拿各种话来刺激我们。——LT 的母亲

个案：

我努力地找到了一份合适的工作，虽然很辛苦但是毕竟能够自食其力。有一次公司丢失东西，所有人都怀疑是我偷的，同事们都用异样甚至鄙夷的眼神看我，结果我被老板开除了。我真无辜，我以前是犯过错误，但是我得到应有的惩罚了，这么大的教训我一辈子都不会忘记，我真的什么违法的事情都没再做过。可是没有人相信我的解释，就这样我失业了。我对生活彻底失去了信心，有时候看到别人在我背后的指指点点，我除了逃避还能怎么办呢。——刑释人员 JH

三是有的基层帮教组织软弱涣散。有的村还迁工作虽已完成，但还迁小区的社区居委会没有及时成立，村委会、居委会处在交替并存的阶段，造成刑释人员安置帮教工作组织的涣散，帮教小组及成员难以确定，大大增加了司法所做好安置帮教工作的难度。个别社区安置帮教组织名存实亡，使安置帮教工作中的一些管理措施难以得到真正的贯彻落实。而街道司法所名义上虽然有专人负责刑释人员安置帮教工作，但大多还要承担人民调解、法制宣传等其他工作任务，尽管广大司法助理员凭着对事业的执着，兢兢业业、努力工作，但仍然有不少安帮工作难以落实到位。

此外，有的刑释人员就业观念存在问题，对就业期望值过高，粗活、累活不愿意干，挣钱少的活不愿意干，这也是当前刑释人员安帮工作的一大难题。

4. 刑释人员再犯罪典型个案例举

个案：

津南区 DY 于 2004 年 11 月刑满释放后，在津南区咸水沽镇某小区

内的洗浴中心开设赌场，聚敛钱财，先后笼络了杨某、段某、刘某、闫某、陈某等骨干成员，形成了较稳定的犯罪团伙。DY 等人通过打压同行、围标、串标等手段垄断了津南区的天津大道、海河教育园以及双港镇、辛庄镇、咸水沽镇、双桥河镇的部分村庄土地整合的拆迁工程，从中攫取了巨额利益。2006 至 2009 年间，该团伙有组织地实施了多次聚众斗殴、故意伤害、寻衅滋事等违法犯罪活动。仅津港高速公路一期工程部分项目土方供应一项，DY 所得土方款就高达 1224 万元。2008 年 12 月某日上午，DY 等人来到双桥河镇政府，参加相关拆迁工程的招、投标活动。双桥河镇居民 DM 对 DY 等人承担了津南区的多处拆迁工程表示不满，遭到 DY 等人的殴打，后来 DY 等人还将 DM 强拉上车，挟至他处再次殴打。

2011 年 6 月，DY 被津南区法院以组织、领导黑社会性质组织罪，聚众斗殴罪等数罪并罚，一审判刑九年半。其他团伙成员因参加黑社会性质组织罪及聚众斗殴或故意伤害罪分别获刑。

个案：

HT（家住蓟县新城，26 岁）2007 年曾因敲诈勒索罪被判处有期徒刑 3 年 6 个月；2010 年 4 月又因寻衅滋事被劳动教养一年。刑满释放后为牟取不义之财，潜伏在宝坻某洗浴中心内伺机盗窃。2012 年 3 月 3 日，盗窃洗浴中心的客人王先生一部价值 4000 元的三星手机。3 月 7 日，又盗窃张某放在更衣柜内的钱包，窃得 3500 元现金和信用卡、身份证等物。HT 最终被警方抓获归案。

从刑释人员再犯罪的原因分析中，我们可以得出，刑释人员回归社会后，有相当一部分人没有经济来源，找工作十分困难，依靠自己的力量不能解决问题，十分需要社会的帮助。调研发现，生活困难是刑释人员再犯罪的主要原因，大多因为刑释人员没有工作。由于长时间与社会脱离，他们没有了找工作的资本，没有生活来源，加之对刑释人员的社会保障缺乏，一些人迫于生活压力走上再犯罪的道路。

三 进一步完善刑释人员社会保护的对策建议

刑释人员是社会的特殊群体也是弱势群体，需要社会有专门配套政策予以保护。如何采取积极有效的措施防控刑释人员再犯罪，对于促进社会稳定和谐具有十分重要的现实意义。基于对天津市 43 个示范小城镇刑释人员社会保障状况及其安帮工作的调研，提出如下几点建议：

1. 针对刑释人员制定专门的法律法规

针对刑释人员社会保障问题制定专门的社会保障法是完善这一制度的基础。《宪法》第 45 条、2004 年《〈宪法〉修正案》第 23 条、《监狱法》第 37 条都是关于刑释人员保障方面的法律条文，可以将它们视为国家对刑释人员社会保障权的确认，因此可将《宪法》和《监狱法》作为制定刑释人员社会保障专门法律规范的依据。从世界范围来看，继英国于 1862 年颁布《出狱人保护法》后，《重返社会法》（德国）、《犯罪者预防更生法》（日本）、《在监人重返社会法》（美国）、"更生保护法"（中国台湾地区）等推动了刑释人员社会保护立法在全球视域内的发展。2004 年我国中央八部委出台《关于进一步做好刑释解教人员促进就业和社会保障工作的意见》。在 2006 年 3 月全国召开两会期间，山西人大代表韩雅琴已提出制定出狱人保护法的议案。在出台出狱人保护立法方面，我国已有个别省制定了专门的地方性法规或规章。如广东省制定了《安置刑满释放人员和解除劳动教养人员的规定》，于 1994 年 3 月施行。浙江省制定了《归正人员安置帮教工作办法》，于 2002 年 10 月实施。笔者认为，我国制定一部专门的出狱人社会保护法势在必行，应以立法的形式推进出狱人社会保障机制的完善；建议天津市出台《安置帮教刑满释放人员的规定》。

2. 加大政府对刑释人员社会保障工作的支持

目前，我国对刑释人员的社会保障工作，无论是投入的人力、财力，还是重视程度都很有限，不利于保障工作的开展。经费紧张，管理人员紧缺，都给刑释人员安置帮教工作带来很大难度。鉴于政府对保障公民享有社会保障权负有不可推卸的责任，对处于弱势地位的刑释人员而言，应该由政府承担起刑释人员的职业技能培训，就业指导服务和就业岗位信息指导以及扶持发展刑释人员过渡性安置企业以及提供失业、医疗、养老的社会保险等工作。吉林监狱试点实行的为在押人员办理生活保险的工作，大大降低了刑释人员的再犯罪率，值得我市借鉴。2008 年天津市东丽区政府出台《关于做好刑释解教特困人员临时救助工作的试行办法》，由财政出资给予刑释解教特困人员首月救助的做法，值得推广。

3. 基层司法所对刑释人员推行个性化的保护方案

刑释人员在家庭、财产、健康、心理等方面所存在的差异性，要求我们不断创新刑释人员保护方法，完善刑释人员社会保护的内容，推行个性化的保护方案，满足刑释人员社会保护工作的需求。在具体方法上，可采用"定点式保护"与"跟进式保护"。"定点式保护"主要针对"三无"申请者（无家可归、无亲可投、无业可就），其主要特点是刑释人员保护机构为申请者提供住所及其他基本生活保障，并在保护中发挥主导作用，即主要由刑释人员保护机构确定保护内容。"跟进式保护"则适用于其他申请者，其主要特点是刑释人员自己解决居住场所，刑释人员保护机构主要依据刑释人员申请保护的内容为其提供相应的保护，在保护工作推进中根据刑释人员的具体情况为其提供相应的保护建议。在保护内容上，可以划分成物质、医疗、就业、升学、法律援助、心理咨询等几大类，在每一大类中再细化为若干类型，并尽可能明确每一类型的保护条件，既要给予刑释人员必要的保护，又要防止因过度保护而产生的不利影响。

4. 提升刑释人员社会保护的社会化程度

政府应更多地通过授权民间社会保护力量或购买服务的形式让更多的社会力量参与刑释人员社会保护事业。如可以发起建立"出狱人社会保护协会"这一社会组织或民间组织，广泛鼓励、吸收民间力量组织、参与这一工作，同时在业务上接受司法行政机关的指导。民间组织由于没有权力色彩和强制因素，完全以仁爱互助之心参与刑释人员社会保护，对于促进刑释人员真正融入社会发挥着特殊的作用，同时也有助于弘扬宽厚、博爱的社会风气，推动社会管理创新，推进社会建设。在这一点上，国外的做法值得借鉴。"为了避免刺激出狱者，不宜以国家名义从事保护，最合适的莫过于由社会团体来担当这一职责。"国外对刑释人员社会保护大多是由社会机构实施的。从我国的发展来看，国家也已确定了转变政府职能的战略，"小政府、大服务"是时代的趋势。因此，建议着力提升刑释人员保护的社会化程度，依托社会组织，加大民间的参与力度。

为促进刑释人员的社会融入，建议建立社会工作介入刑释人员社会融入的服务模式。①"社会工作"起源于西方的宗教慈善事业，是以利他主义为指导，以科学知识为基础，运用科学的方法进行的助人服务活动。西方国家一般将以预防犯罪、违法行为矫治为工作目标的社会工作者称为"司法社工"。2003年8月，在上海市政法委统一领导下，上海成立了3个专业社工社团——上海市自强社会服务总社、上海市新航社区服务总站、上海市阳光青少年事务中心，为吸戒毒人员、社区服刑和刑释解教对象、社区闲散青少年提供社会化帮教服务，政府则通过购买服务的形式，支持社会组织按照政府的委托和授权从事预防和减少犯罪的工作。上海市的成功经验表明，司法社工制度是一项具有帮扶刑释人员与维护社会和谐稳定双重功能的社会制度，能有效解决刑释人员回归社会后脱管漏管和缺失关爱的现象。上海的经验值得借鉴。

司法社会工作在我国是一个新生事物、新兴职业，需要政府重视、引导和扶持。天津市应当积极引导和规范社会力量进入司法社会工作领域，促进司法社工从以下几方面参与刑释人员再犯罪预防：1. 开展前期介入。刑释人员出狱后，往往不同程度地存在对社会的不适应感。因此，司法社工的早期介入显得尤为必要。首先，建立刑释人员帮教档案，录入相关信息；其次，指定司法社工负责跟进，在全面评估、熟悉个案特征的基础上拟定帮教方案，通过个性化帮教消除刑释人员的排斥情绪和对社会生活的不适应感；最后，针对就业无门、生活无着的人员，根据其实际情况协助申请低保，或提供前期回归社会就业指导等司法社会服务工作，为其制订全面合适的过渡计划和目标。2. 开展心理干预或辅导。受服刑影响，刑释

① 社会工作是指遵循"助人自助"的价值理念，运用个案、小组、社区、行政等专业方法，以帮助机构和他人发挥自身潜能、协调社会关系、解决和预防社会问题、促进社会公正为职业的专业工作者。

人员往往会受到他人和社会的歧视，加上可能遇到的生活困难等，这些会给他们的心理带来很大打击。司法社工可根据每一名刑释人员的个性特征和心理状况采取不同的针对性措施，运用平等、尊重、接纳、注重教化等社会工作的理念和方法帮助他们克服不良心理，培育健康的人格，树立起重新融入社会的信心，从源头上消除他们重新犯罪的可能。3. 开展就业指导。实践证明，刑释人员重新犯罪与其释放后就业无门、缺少生活来源和精神寄托紧密相关。随着社会的发展，社会工作的技术含量、文化水平要求越来越高。这对于大部分无工作经历、无就业技能、无学历文凭、无技术职称且有前科污点的刑释人员而言，无疑是雪上加霜。因此，司法社工针对文化水平较低的刑释人员，要主动联系培训机构，给予职业培训，或寻找招聘信息，为他们创造更多的就业机会。对身体有残疾、陷入生活困境的刑释人员，则向政府安置帮教部门申请安置，帮助他们走出困境。4. 实施技能培训。司法社工除了提供回归就业指导外，还要建立帮教培训基地，实施技能培训工程。一是通过创办过渡性安置实体或就业安置基地，安排无家可归、无亲可投、无业可就的刑释人员就业。二是要与社会培训机构联合建立就业技能培训中心，与社会资质考试并轨，同时制定减免培训费的优惠政策，有针对性地加强他们的劳动技能培训，提高其自身的劳动技能水平和适应社会的劳动能力。5. 实行帮教质量评估。司法社工应对帮教的每一名刑释人员在帮教过程各个环节的效果进行评估，主要包括遵守法律、掌握劳动技能、社会交往、心理健康状态、就业情况等问题及行为危险性等内容。并进行纵向的阶段性比较，分析其进步情况与不足之处，根据评估结果，及时调整帮教措施，提出下一步帮教建议。

天津市 B 区贪污贿赂犯罪
状况分析[*]

当前，职务犯罪的滋生与蔓延已经给我国的法治现代化建设造成了严重阻碍，近年来一直是司法机关打击犯罪的重点。尤其是党的十八大以来，打击贪污贿赂犯罪更是因为顺应人民群众的期待而被提上重要日程。本文研究的贪污贿赂罪主要是刑法第八章中规定的国家工作人员在履行职务时利用职务上的便利，实施的各种贪污贿赂挪用犯罪行为的统称，这种犯罪行为往往是最典型、最严重的腐败现象，其犯罪危害最终指向国家政权的核心，对国家和社会具有严重的现实危害性。打击贪污贿赂犯罪行为决定着反腐败斗争的走势，直接关系到党和国家全面深化改革的成效，是巩固党的执政地位的重要内容，是保证国家长治久安的关键。本文通过对天津市 B 区人民检察院反贪局 2010 年至 2014 年 3 月份所查处的贪污贿赂犯罪案件进行调查分析，总结归纳出天津市 B 区贪腐犯罪的特点及防控对策。

一 B 区贪腐犯罪的基本情况

(一) 立案侦查案件及大要案情况

从 2010 年至 2014 年 3 月份 B 区共立案侦查各类贪污贿赂案件 101 件，

---

* 此文为本书作者与谢超群合作完成，原载于《犯罪防控与法治中国建设——中国犯罪学学会年会论文集（2015 年）》。

立案侦查犯罪嫌疑人 177 人（分别为 2010 年 24 件 33 人，2011 年 23 件 48 人，2012 年 24 件 41 人，2013 年 22 件 42 人，2014 年一季度 8 件 13 人）。其中大案率 70%，共 71 件 119 人（分别为 2010 年 16 件 11 人，2011 年 19 件 41 人，2012 年 16 件 29 人，2013 年 19 件 38 人）；要案率 4%，共立案侦查县处级以上领导干部犯罪要案 5 件 6 人（分别为 2010 年 1 件 1 人，2011 年 2 件 3 人，2012 年 1 件 1 人，2013 年 1 件 1 人，见表 1、图 1）。

表 1 2010 年至 2014 年受理案件及大要案情况

	立案	大案	要案
件数	101	71	5
人数	177	119	6

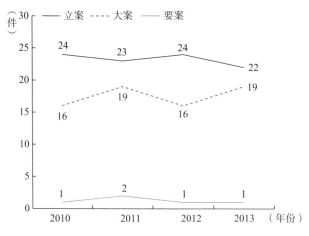

图 1 2010 年至 2013 年大要案走势

（二）高触犯罪名及犯罪金额

通过对已侦查终结并作出生效判决的 48 起案件进行分析，贪污、受贿、行贿、挪用公款类罪名占绝大多数，其中贪污 32 人，挪用公款 7 人，行贿、受贿 8 人，私分国有资产 4 人，单位行贿、受贿 4 人。全部案件涉案金额高达 1137.32 万元，其中挪用公款犯罪案件涉案金额最多，达 444 万元，占全部犯罪涉案金额的 48%；贪污犯罪案件最多，涉案人员占比例最大，涉案金额仅次于挪用公款罪，占全部涉案金额的 45%，其中贪污金额最少的只有 1 万元，最多的达 56 万元；其次为行受贿罪（见图 2、图 3）。

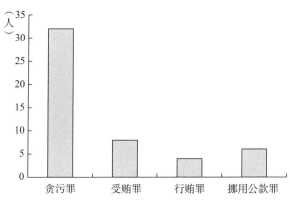

图 2　犯罪类型数量

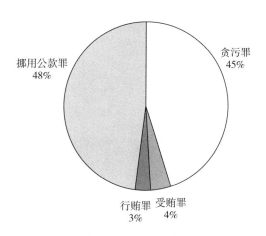

图 3　涉案金额比例

（三）犯罪人性别、年龄、学历及职级情况

B 区已侦案件的 48 起案件中，犯罪人主要以男性为主，占总人数 83%，女性占到 17%（见表 2）。职务犯罪行为人在年龄构成上，以 41—50 岁的成年男性为主，31—50 岁年龄阶段犯罪最高，共占全部犯罪人员的 66%（见图 4）。在学历方面，文化程度绝大多数为中专及以上文化程度，占全部犯罪人员的 64%（见图 5）。通过对犯罪嫌疑人的职务级别情况进行统计发现，其中县处级 2 人占 4%，正科级 9 人占 20%，其余均为副科及以下一般工作人员，约占 76%（见图 6）。

表 2　犯罪人性别比例（%）

	贪污罪	受贿罪	行贿罪	挪用公款罪
男	98	25	50	88
女	2	75	50	12

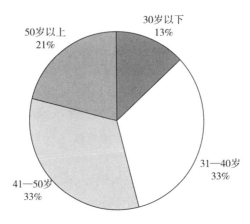

图 4　犯罪人年龄

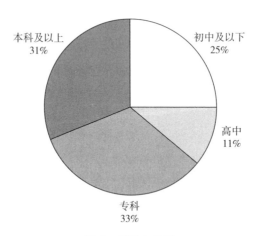

图 5　犯罪人学历

（四）B 区贪污贿赂犯罪主要特点：

1. 权钱交易、权钱结合在犯罪中表现突出

B 区处于改革开放的前沿区域，随着区域内各项经济的飞速发展，一些消极、腐朽的拜金主义、利己主义思潮逐渐侵入少数人员的头脑，利用手

中的权力谋取个人私利进行权钱交易就成了犯罪的最突出表现。有的犯罪呈现出由领导岗位向关键岗位扩张的趋势，如虽不具备领导职务但掌管项目审批资金调度等特定岗位犯罪。从职务身份的统计数据可以看出，单位一把手和掌管一定特权的人员占据主要比例。2010 年至 2014 年已做出生效判决的 48 起案件中，其中局长、经理、主任等单位或部门负责人一把手是犯罪主体的案件有 19 件，占全部案件的 40%，其余 29 件中犯罪主体虽不是一把手，但基本上属于单位或企业的掌管特定权力人员，占全部案件的 60%，主要覆盖审计、收费、出纳、会计、医疗系统主任及助理人员、主管药剂人员、银行、安全等特定岗位（见图 7）。这一现象反映了贪污贿赂犯罪正有由经济管理行业向党政机关蔓延之势。

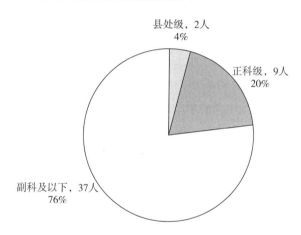

图 6 犯罪人职级比例

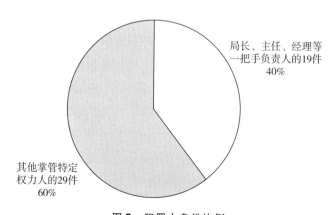

图 7 犯罪人身份比例

2. 案件数量数额明显增加、涉及领域更具行业部门特征

自从 B 区政府正式成立以来，案件数量相比成立之前明显增加，这一方面与新区政府加大打击力度有关，另一方面也说明犯罪数量也在急剧增加。犯罪金额达到百万元以上的案件越来越多，涉及领域更加广泛，不仅涉及金融、电力、建筑、酒店等国有企业，而且进一步渗透到海关、工商、税务、医疗卫生、教育等行政公共领域。通过对 2010 年至 2014 年已生效判决的 48 起案件进行统计看出，行政机关及事业单位的政府公务人员 37 人中，海关、土地、安监、政府部门、税务、乡镇组织等政府部门有 19 人；其他事业单位中，医疗机构 9 人、教育系统 4 人，勘探系统 5 人；其余的国有公司人员中，电力行业 6 人，建筑工程领域 14 人，石油石化系统 53 人，银行系统 5 人，国有酒店 4 人。据此，发生在行政机关的案件有 14 人，占 21%，发生在事业单位及参照公务员管理的机构有 23 人，占 23%，发生在国有公司的人员 82 人，占 33%，其他人员 27 人，占 23%（见图 8、图 9）。

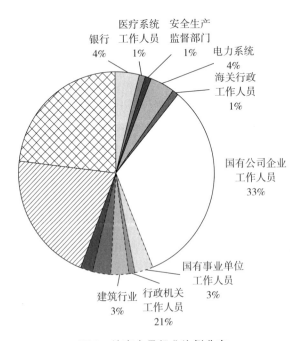

图 8　涉案人员行业比例分布

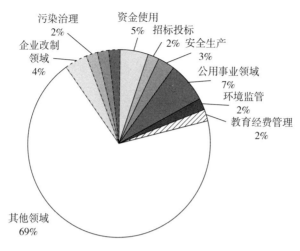

图 9   案件涉及领域比例分布

3. 犯罪手段呈隐蔽化且趋智能化

贪污贿赂犯罪的主体文化水平与智力水平都相对较高，且熟悉与其职务相关的专业及相关法律法规，犯罪手段都相对比较隐蔽。通过对 B 区 2010 年至 2014 年的犯罪进行统计，发现犯罪主要采取较为隐蔽的财务手段，最常用的是侵吞手段，占全部案件的 23%；其次是盗窃，占 19%；其他如直接收受、私分、直接挪用、收款不入账等手段分别占有一定比例（见图 10）。高科技的迅速发展以及电脑网络等专业的高科技培训的普及，

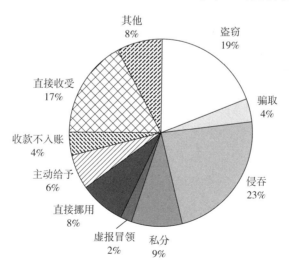

图 10   犯罪手段及其比例

也为犯罪人员实施智能化犯罪提供了理论及心理基础。通过对 B 区该时期犯罪作案手段的分析，发现利用 QQ、微信等电脑手机软件以及网银进行联络交易从而犯罪的比例越来越高，其反侦查能力也越来越强。

二　B 区贪污贿赂犯罪多层次原因分析（贪污贿赂类犯罪的犯罪手段及其比例见图 10）

1. 个体心理主观原因

（1）犯罪主体个人贪欲心理强而意志薄弱

犯罪个体的贪欲与意志的薄弱是其实施犯罪的内在心理因素，贪欲导致其实施犯罪的动机形成，而意志的薄弱促成犯罪行为的发生。这主要表现在部分犯罪主体经不起身边各种诱惑的考验，不能抵御和克服外在消极因素的影响，从利己主义出发对社会进行观察，形成错误观念，心理失去应有的平衡，从而将自己手中的权力和职责转化为获取财富享受奢靡生活的手段。

案例：作者曾经查办的某国有星级酒店销售经理 S，之前曾在国外留学，回国后担任某国有星级酒店销售经理一职，由于长期受国外花天酒地奢靡生活的不良影响，回国后在担任销售经理期间依然经常出入高档商场购买国际一线品牌的奢侈服装，并经常出入高消费的夜总会、酒吧。长期的高消费使其入不敷出，遂利用收取客户住宿费的方式大量挪用酒店资金累计达 200 万元，构成挪用公款罪，被判处有期徒刑 8 年。

（2）犯罪主体个人法制意识淡薄

犯罪主体个人特权思想过于严重导致其忽略法律法规的学习及警示作用，从而长期随意滥用手中权力，致使其在某种程度上产生"合法"职务行为的错觉。盲目的从众心理也会使犯罪个体畏罪心理渐渐淡化，认为权钱交易只是习以为常的人情往来而非犯罪行为。法制意识的淡薄使特定权力有偿使用日益严重，进而形成贪污犯罪领域的权力寻租现象。[①]

---

① 周振想：《公务犯罪研究综述》，法律出版社，2005，第 61 页。

案例：作者查办的某医院负责市场宣传的正处级主任 G，因法律意识淡薄，利用手中掌握的对外招标的权力，长期收受投标方给予的回扣累计高达 200 万元，构成受贿罪，后被判处有期徒刑 11 年。

2. 社会体制等客观原因

（1）改革转型时期客观上为犯罪提供可能

B 区作为国家改革综合配套试验区，2009 年 10 月正式启动包括国有企业、行政机关在内的各项管理体制改革，改革范围涉及整个辖区，面积达 2270 平方公里。为适应改革开放的需要，很多国有企业需要进行股份制改造或向社会拍卖重组。由于地域面积广，短时期内政治体制的改革势必无法赶上经济体制的改革的步伐，无法形成配套合力，变革中的经济体制客观上为犯罪主体实施贪污类犯罪提供了温床。随着城镇化进程相应加快，涉及征地拆迁、土地开发等领域的犯罪亦明显增多。一方面，资产重组中社会分配的不公平及平均主义成为私分国有资产犯罪产生的客观心理基础；另一方面，新旧经济体制转轨过程中出现的缺漏与弊端以及权力与经济的转化为某些侵吞国有资产的贪污犯罪提供了可能。

案例：作者参与查办的某园林公司会计 T 某，在他所在的国有企业面向社会挂牌拍卖前，多次挪用单位公款达 300 万元，构成挪移公款罪；某国有建筑企业总经理 Z，利用国有企业重组时面向社会挂牌拍卖之机，私自将价值数百万元的国有房产侵吞为己有，构成贪污罪，后被判处有期徒刑。

（2）监督机制滞后难以在短时期内对同类犯罪有效节制

目前，对于贪污贿赂犯罪的法律监督体系存在尚有待完善，一方面，就监督主体而言，往往只重视组织监督的单一性、向下监督的单向性；就监督方式而言，则局限于监督的从属性，尤其具有缺乏科学监督机制的随意性；在监督时间上具有很大的被动性与滞后性，缺乏前瞻性。① 制约机制与监督机制失衡，难以发挥对贪污贿赂犯罪的威慑作用，即使在监督中发现类似问题，由于后续监督措施的乏力也难以形成对同类犯罪有效的节制与调控。

---

① 周振想：《公务犯罪研究综述》，法律出版社，2005，第 62 页。

案例：区内某工程局财务人员 X，贪污 180 余万元、挪用公款 385 余万元，在较长时间里肆意作案，贪污、挪用巨款时间长达四年半之久才被发现。

某国有公司两名工作人员涉嫌贪污犯罪被检察机关查办，事隔三年后该公司再次发案，一名主管销售的副经理又携款潜逃，涉案金额达 60 余万元。

三　加强 B 区贪污贿赂犯罪防控的对策

贪污贿赂犯罪的"防"是研究的重心，因此，我们通过上文对 B 区贪污贿赂犯罪发生的客观原因和主观原因两方面的分析，进一步研究区内贪污腐败犯罪关于"防"的成功举措，总结其普遍规律，进而寻求对本区域内贪污贿赂犯罪"治"的措施。

（一）B 区防治贪污贿赂犯罪的主要经验

1. 结合 B 区区域特点，积极开展专项预防

B 区地域面积广而居民分散，具有点多面广的区域特点，为增强区内行政执法人员的廉政勤政意识，B 区检察院成立后，先后与新区区委党校共建预防职务犯罪警示教育基地，与新区纪委共同开展职务犯罪专项预防。专项预防开展形式包括巡回展览、法制宣讲、集中学习及个别教育，内容涉及党规党纪、典型案例、犯罪心理分析和落马官员的心灵忏悔等，涵盖了发生在党政司法、社会经济、城市建设、质检监察、科教文卫、基层政务等执法部门的各类典型案例。工作组相继在海关、检验检疫、公安、消防、政府机关、各功能区管委会巡回展出 20 余场，参观人数达 20000 人，并向相关单位赠送警示教育光盘《职责与犯罪》100 余套。专项预防工作在新区营造了廉洁、高效、公平、优质的司法环境，取得良好的预防犯罪效果。

2. 侦防一体、检企共建，形成长效预防机制

在查办犯罪的同时，B 区检察院与区内公司签署《检企联防共建协议书》，明确检企双方将通过资源共享、文明共创、优势互补、共建共赢的方

式，加强法制和廉政文化建设，完善企业管理制度，从而加强区域合作，实现侦防一体化，形成检企共建的预防职务犯罪合力。检察院定期到企业开展"企业常见法律问题解析及预防建议"巡回展览，累计参观人数逾 6200 人。对已查办结束的案件，深刻剖析职务犯罪发案原因，积极开展针对性、操作性强的个案预防，向廉政风险较高的部门和岗位发送有针对性的检察建议，并建立典型案件通报制度。通过"一案一分析、一教育、一建议、一整改、一回访"的个案预防，及时向发案单位及所属行业系统通报案件情况、剖析发案原因、以案释法说理，提出防范对策建议，促使有关单位主动查找、堵塞制度和管理漏洞，力求达到"办理一案、警示一片、治理一线"的效果。

案例：某地税局干部 W 某受贿案件发生后，新区检察院对导致 W 某犯罪的主客观原因进行了深入分析，向其所在单位发出了检察建议，并及时向新区该系统进行了通报。该机关迅速据此完善规章制度和操作流程，强化制度执行力，消除风险隐患，从根本上降低了同类案件发生的概率。

针对对某局干部 Y 某受贿案件时发现的问题，检察院与新区相关部门签署了《惩治和预防职务犯罪联席会议会议纪要》，建立了惩治和预防该类职务犯罪工作的长效配合机制。

3. 专群结合、依靠群众，充分发挥宣传作用

B 区检察院注重营造良好的舆论环境，坚持"打防结合、预防为主、专群结合、依靠群众"的工作方针。为加大对职务犯罪的预防宣传，B 区检察院探索在区内社区推广设立"建设者之家"等多种主题巡回检察室，通过开展"检察开放日"活动，充分发挥社区司法社工作用，并尝试与 B 区电视台合作开办专题栏目，将警示教育覆盖到新区各个领域，引起社会广泛关注。上述活动均取得积极的社会效果，基本上形成了点、线、面有机结合，区、街镇联动互补的预防犯罪体系建设网络。

（二）B 区防治贪污贿赂犯罪建议

1. 通过法律完善控制区内贪污贿赂犯罪

法律预防理论指出，国家应通过制定法律规范社会成员的社会行为，并通过执法司法活动重申法律，而社会成员又应通过学习法律明确其要求，

从而控制犯罪的发生。① 在区域性立法层面,结合 B 区改革综合开发开放配套试验区的区域性特点,需制定更加完善的"从重从严"的贪污贿赂犯罪地区政策及地方规章,进一步确立 B 区职务犯罪惩治与预防工作体系。在从严惩处的原则下,坚持预防协调的原则,做到立法精神与立法规定相一致、立法规定与诉讼实践相一致、刑法措施与非刑法措施相一致等。② 构建使犯罪者难以规避的严密反贪污贿赂法网,创新预防职务犯罪制度使预防职务犯罪做到有法可依。③

2. 强化非刑事制度监督,注重事前预防

建立完备的非刑事预防制度,将防治对策的中心置于刑事法之前、刑事法之外的其他各行业法律制度中。尤其是要完备与新区相适应的会计法律法规、银行法律法规、税务法规、反不正当竞争法规、海关外贸法规以及公务员行为规范等地方性法规。进一步完善适应本区域内的各项法规制度,加强犯罪前的监督管理,健全有约束力的监督体系,目前需要重点加强的有两个:一是权力机关的监督。各级权力机关应当改变只听汇报的被动监督方式,开辟多方监督渠道,进行主动监督。二是社会监督尤其是媒体舆论监督。我国目前一些公务行为的透明度还不高,人民群众对国家机关及其工作人员的活动知之甚少,限制了社会监督作用的发挥。积极探索创新滨海新区行政司法体制改革,使权力在阳光下运行,尽力提高职务行为的透明度,并疏通和完善群众举报职务犯罪的途径,使人民群众的监督更好地发挥作用。

3. 坚持思想矫正与多种形式的教育并重

检察机关不仅要讲究案件的法律效果,而且要注重思想矫正,使司法向后延伸,即社会效果的后续延伸。这就要求检察机关在查办案件中既要考虑自身工作的需要,也要考虑犯罪嫌疑人今后的社会生涯,真正发挥法律对犯罪嫌疑人的威慑和预防作用。④ 另外,对于国家工作人员,要开展

---

① 吴志明:《社会管理创新预防和减少犯罪的上海实践》,上海人民出版社,2011,第 278 页。
② 高明暄、姜伟:《职务犯罪的刑法政策》,《中国人民大学学报》1991 年第 5 期。
③ 梁过庆:《国际反贪污贿赂理论与司法实践》,人民法院出版社,2000,第 106—107 页。
④ 刘晓梅:《城市犯罪及其防控研究——基于天津市的调查》,天津社会科学院出版社,2012,第 201 页。

经常性的教育活动，使之不想犯罪、不敢犯罪。在本区域内开辟职业道德常规教育课堂，尝试邀请专家学者定期为公务人员、国企人员讲解从政道德意识。① 自 B 区检察院成立以来，先后尝试与区内部分国有企业共同开展"检企共建"，在区内高危行业领域单位进行职务犯罪典型案例巡回展览等预防职务犯罪的新模式，这些工作已经在新区内产生了良好的法律及社会效果。可以进一步探索在党委的统一领导下，把纪委、组织部门、宣传部门、党校以及新闻单位，文化艺术部门的力量集中起来，发挥思想教育工作的整体优势，形成纵横交错的思想教育网络，形成强大的预防职务犯罪思想教育攻势，加大思想政治教育工作力度，营造拒腐防变的浓厚氛围。②

4. 积极探索注重本土导向的社会控制及综合治理创新

本土导向是社会服务和社会管理中值得关注的议题，表现为未来经验的本土化和本土经验的专业化。③ 当前，国家推出京津冀协同发展的重大国家战略发展规划，作为改革开放的排头兵，天津 B 区行政管理体制等各项改革均已走在全国的前列。国家赋予 B 区先行先试的优先政策，这对贪污贿赂犯罪的社会综合控制及治理措施创新提供了更为广阔的空间。应在本土导向实践中积极探索社会控制和综合治理创新，积累有益经验，为建立京津冀一体化防控贪污贿赂犯罪对接体系提供理论支持。一是探索腐败案件社会控制，即从社会角度，依据贪污犯罪产生的社会原因，对其产生的多种条件进行控制以铲除其犯罪土壤，从而达到对贪污犯罪良好的控制效果。可以对社会控制网络——包括正式反腐败社会网络（纪检系统、检察系统、审计系统、国安系统、保卫系统、公安系统、检察系统、法院系统）和非正式的社会控制网络（举报中心、信访机构）方面的联合——进行更加深入地探索和实践。④ 二是探索贪污犯罪的综合治理，坚持在党委和政府的领导下组织和动员社会各方面的力量，运用经济、政治、法律、行政、

---

① 张中友：《预防职务犯罪——新世纪的社会工程》，中国检察出版社，2000，第 191—193 页。
② 参见何平洲《职务犯罪的原因及预防对策》，《重庆工商大学学报》2008 年第 11 期。
③ 顾东辉：《上海社会工作实践的本土导向》，《青年学报》2014 年第 4 期。
④ 周振想主编《权力的异化与遏制——渎职犯罪研究》中国物资出版社，1994，第 43、第 129—130 页。

文化教育等手段将司法专门工作与群众工作相结合。① 减少引发不良心理的客观因素。主要措施包括尝试建立适应 B 区地区经济发展的收入分配制度、具有区域特色的公务人员任职审核制度，率先尝试财产申报制度，制定区域内的公务人员及家属从业禁止制度等。

参考文献

［1］刘白驹：《性犯罪：精神病理与控制》，社会科学文献出版社，2006。

［2］陈善平：《一例性意向极端增强的女性精神分裂症》，《临床精神医学》1994 年第 3 期。

［3］〔英〕霭理士：《性心理学》，潘光旦译，生活·读书·新知三联书店，1987。

［4］〔日〕广濑胜世：《女性与犯罪》，姜伟、姜波译，国际文化出版公司，1988。

［5］郑瞻培：《精神科疑难病例鉴析》，上海医科大学出版社，2000。

［6］李从培：《司法精神病学》，人民卫生出版社，1992。

［7］贾谊诚：《实用司法精神病学》，安徽人民出版社，1988。

［8］〔美〕约翰·道格拉斯等：《闯入黑社会》，李龙泉译，昆仑出版公司，1998。

［9］祁建华：《非经济目的卖淫问题初探》，《青少年犯罪研究》1992 年第 10 期。

［10］〔奥〕弗洛伊德：《图腾与禁忌》，杨庸一译，中国民间文艺出版社，1986。

［11］张向峰：《六组 32 例癔症性附体案例分析》，中国心理卫生杂志，1992 年第 4 期。

［12］〔美〕金西. 人类男性性行为［M］.潘绥铭，译. 北京：光明日报出版社，1989.200.

［13］骆世勋、宋书功：《性法医学》，世界图书出版公司，1996。

［14］吴宗宪：《国外罪犯心理矫治》，中国轻工业出版社，2004。

［15］吴宗宪等：《非监禁刑研究》，中国人民公安大学出版社，2003。

［16］刘仁文：《恢复性司法面对面化解矛盾》，《检察日报》2003 年 7 月 23 日。

［17］郭建安等：《社区矫正通论》，法律出版社，2004。

［18］陈兴良主编《刑事法评论》第 12 卷，中国政法大学出版社，2003。

［19］Zehr, Howard, Changing Lenses: *A New Focus for Crime and Justice*, Herald Press, 1990.

---

① 樊凤林、宋涛主编《职务犯罪的法律对策及治理》，中国人民公安大学出版社，1994，第 575—597 页。

［20］ Allison Morris and Gabrille Maxwell，"Restorative Justice in New Zealand：Family Group Conferences as a Case Study"，1998，*Western Criminology Review.*

［21］ 韩丹：《流行文化视野中的吸食新型毒品行为研究——以南京市为例》，《青年研究》第 3 期。

［22］ 韩丹：《城市毒瘾——吸毒行为的社会学研究》，东南大学出版社，2008。

［23］ 景军：《中国青少年吸毒经历分析》，《青年研究》第 6 期。

［24］ 王荣华：《上海社会报告书》，上海社会科学院出版社，2009。

［25］ 吴宗宪：《西方犯罪学》，法律出版社，2006。

［26］ 夏国美、杨秀石等：《社会学视野下的新型毒品》，上海社会科学院出版社，2009。

［27］ 杨善华：《当代西方社会学理论》，北京大学出版社，1999。

［28］〔美〕杰克·D. 道格拉斯：《越轨社会学概论》，河北人民出版社，1987。

［29］ RobertL. Burgess & Ronald Akers，"A differential association-reinforcement theory of criminal behavior"，*Social Problem*，Vol. 14.

图书在版编目(CIP)数据

犯罪学评论 / 刘晓梅编著. -- 北京：社会科学文
献出版社，2017.9
ISBN 978 - 7 - 5201 - 1104 - 1

Ⅰ.①犯…　Ⅱ.①刘…　Ⅲ.①犯罪学 - 评论　Ⅳ.
①D917

中国版本图书馆 CIP 数据核字(2017)第 168863 号

犯罪学评论

编　　著／刘晓梅

出 版 人／谢寿光
项目统筹／王　绯
责任编辑／李　晨　郭瑞萍

出　　版／社会科学文献出版社·社会政法分社 (010) 59367156
　　　　　　地址：北京市北三环中路甲 29 号院华龙大厦　邮编：100029
　　　　　　网址：www.ssap.com.cn
发　　行／市场营销中心 (010) 59367081　59367018
印　　装／三河市尚艺印装有限公司

规　　格／开　本：787mm × 1092mm　1/16
　　　　　　印　张：17.75　字　数：264 千字
版　　次／2017 年 9 月第 1 版　2017 年 9 月第 1 次印刷
书　　号／ISBN 978 - 7 - 5201 - 1104 - 1
定　　价／79.00 元

本书如有印装质量问题，请与读者服务中心 (010 - 59367028) 联系